ココで差がつく！

貿易・輸送・通関実務

春山利廣 著

成山堂書店

本書の内容の一部あるいは全部を無断で電子化を含む複写複製（コピー）及び他書への転載は、法律で認められた場合を除いて著作権者及び出版社の権利の侵害となります。成山堂書店は著作権者から上記に係る権利の管理について委託を受けていますので、その場合はあらかじめ成山堂書店（03-3357-5861）に許諾を求めてください。なお、代行業者等の第三者による電子データ化及び電子書籍化は、いかなる場合も認められません。

はじめに：あなたをスペシャリストに

　本書は、日本の輸出入を支える「貿易」、「輸送」、「通関」の三分野に勤務する「新人（新入社員及び異動による新人）」と「派遣社員」を対象にした講座である。「貿易」、「輸送」、「通関」は不可分の関係にあり、たとえば、「貿易」の担当者は「輸送」や「通関」と無関係に業務を遂行することはできない。本書は３つの分野を簡潔にまとめオールインワンの構成である。

　輸出入は我々の日常生活に密着した存在である。近隣のスーパーマーケットには多数の輸入品が並んでいる。外地を旅行すれば、日本製品が町中にあふれている。輸出入の現場業務が「貿易」、「輸送」、「通関」である。この３つの分野の新人や派遣社員は、与えられたマニュアルに従えば担当業務を自然と処理できる仕組みになっている。しかし、「貿易」、「輸送」、「通関」に不測の事態はつきものであり、時として輸出入の「壁」になる。悪天候で船が遅延する、取引相手が倒産する、相手国の輸入規制が変わるなどである。

　輸出入の「壁」が出現したときの対応が新人と派遣社員の課題である。出現した「壁」を傍観する者は組織の「コマ」となり、積極的に対応する者が「スペシャリスト」になる。積極的な対応とは専門家を使うことである。出現した「壁」に最も適した専門家を選択し、必要な情報を提供することが「壁」を早期に克服する解決策である。専門家とは、３つの分野の専門業者（商社、NVOCC、通関業者など）、及び読者の上司である。

　積極的な対応を行うスペシャリストに必要なのは、不測の事態の発生原因を把握し対応策を選択する能力である。この能力は、「貿易」、「輸送」、「通関」の基礎知識を土台とする。本書を初めて手にする読者は大部の本と感じるかも

しれない。その感覚こそスペシャリストになる第一歩である。他の新人や派遣社員と異なる存在こそスペシャリストである。本書に網羅した豊富な基礎知識に裏打ちされた"実務スペシャリスト"のみが緊急時の現場業務を管理できるのである。

"実務スペシャリスト"に到達した新人や派遣社員は、キャリアアップの目標として「真の専門家」を目指すべきである。たとえば「貿易の専門家」である。担当業務に関する知識と処理能力はだれにも負けない存在が目標である。しかし、一分野に特化しては真の専門家とはいえない。「貿易」、「輸送」、「通関」の最終目的は、輸出入を支障なく完了することである。輸出入の複雑な工程の一部を担う「専門家」は3つの分野の全工程に目配りできる存在でなければならない。本書の基礎知識は真の専門家に跳躍するスタート台になる。

本書は、新人と派遣社員を主な読者に設定したが、「貿易」、「輸送」、「通関」の三分野の中堅やベテランの使用に耐える構成である。長年の経験で蓄えた知識の体系化に役立つと信じる。

読者が、実務スペシャリストになり、我が国の輸出入に貢献すること切に願うものである。

平成28年5月

春山　利廣

目　　次

はじめに：あなたをスペシャリストに

第1章　貿易

1．貿易の形態 ……………………………………………………………… 1
　（1）直接貿易　*2*
　（2）間接貿易　*3*
　（3）仲介貿易（三国間貿易）　*4*
　（4）並行輸入　*6*
　（5）逆輸入　*7*
　（6）委託加工貿易　*9*
　（7）開発輸入と OEM　*10*
　　ココで差がつく！重量と容積　*12*

2．信用状取引の概要 …………………………………………………… 13
　（1）取引先の選定　*14*
　（2）売買交渉　*16*
　（3）信用調査　*17*
　（4）売買契約書　*19*
　（5）信用状の開設　*20*
　（6）貨物の手配と保険契約　*21*
　（7）輸出通関と船積み　*22*
　（8）荷為替手形の作成と買取銀行による買取り　*23*
　（9）荷為替手形の送付と銀行間の決済　*24*
　（10）輸入通関と貨物の引取り　*25*

3．信用状と荷為替手形 ………………………………………………… 25
　（1）信用状　*26*
　（2）荷為替手形　*28*
　（3）信用状付き荷為替手形　*31*

（4）信用状なし荷為替手形　*32*
　　（5）信用状と荷為替手形を使用しない取引　*35*
　4．インコタームズ ………………………………………………………………… *37*
　　（1）インコタームズと貿易条件　*37*
　　（2）インコタームズ、海上運送約款、貨物海上保険　*37*
　　（3）インコタームズの11条件　*40*
　　ココで差がつく！仕訳　*45*
　5．貿易代金の決済と為替 ………………………………………………………… *46*
　　（1）現金払い　*46*
　　（2）為替の概要　*47*
　　（3）逆為替　*48*
　　（4）並為替　*51*
　　（5）ネッティング　*53*
　　（6）為替相場　*55*
　　（7）輸入金融　*60*
　　ココで差がつく！B/Lの発行　*64*
　6．貿易に係る保険 ………………………………………………………………… *65*
　　（1）貨物海上保険　*65*
　　（2）貿易保険　*73*
　　（3）PL（Product Liability）保険　*78*
　7．貿易に係る法令 ………………………………………………………………… *81*
　　（1）関税三法　*82*
　　（2）輸出貿易管理令と輸入貿易管理令　*83*
　　（3）輸出入に関連する国内法　*84*

第2章　輸送

　1．輸出貨物の準備 ………………………………………………………………… *88*
　　（1）貨物明細　*89*
　　（2）納期　*89*
　　（3）納品場所　*91*
　　（4）梱包　*93*

（5）荷印　*96*
2．輸入貨物の準備 ……………………………………………………………… *97*
　　　ココで差がつく！バン詰め　*99*
3．国内輸送 ……………………………………………………………………… *99*
　　　（1）輸送手段　*100*
　　　（2）トラック輸送　*102*
　　　（3）鉄道輸送　*110*
　　　（4）海上輸送　*112*
　　　（5）輸出貨物の国内輸送　*115*
　　　（6）輸入貨物の国内輸送　*117*
4．国際輸送 ……………………………………………………………………… *122*
　　　（1）国際輸送の現状　*122*
　　　（2）海上輸送　*124*
　　　（3）航空輸送　*142*
　　　（4）複合一貫輸送　*146*
　　　ココで差がつく！輸送温度　*148*
5．輸出貨物の船積手配 ………………………………………………………… *149*
　　　（1）ブッキング　*149*
　　　（2）シッピングインストラクション　*150*
　　　（3）ドックレシート　*151*
　　　（4）輸出通関　*152*
　　　（5）船積通知（シッピングアドバイス）　*152*
6．輸入貨物の荷受手配 ………………………………………………………… *153*
　　　（1）船積通知の受領　*153*
　　　（2）輸入通関　*153*
　　　（3）荷受け　*154*
　　　（4）貨物確認　*155*
　　　ココで差がつく！庫内作業　*156*
7．国内輸送に係る保険 ………………………………………………………… *156*
　　　（1）輸出FOB保険　*157*
　　　（2）運送業者貨物賠償責任保険（運送業者受託貨物賠償責任保険）　*158*

第3章　通関

1. 通関業者 …………………………………………………………………… *160*
    - （1）通関業者の役割　*160*
    - （2）通関業者への指示　*168*
2. 輸出通関の流れ …………………………………………………………… *170*
    - （1）輸出申告書の提出　*170*
    - （2）税関の審査　*171*
    - （3）輸出許可　*172*
    - （4）事後調査　*172*
    - ■ココで差がつく！部品輸出　*173*
3. 輸入通関の流れ …………………………………………………………… *174*
    - （1）輸入申告書の提出　*174*
    - （2）税関の審査　*175*
    - （3）関税等の納付　*175*
    - （4）輸入許可　*175*
    - （5）事後調査　*175*
4. HSコード ………………………………………………………………… *176*
    - （1）HSコードの概要　*176*
    - （2）関税率表の解釈に関する通則　*177*
5. 課税価格 …………………………………………………………………… *182*
    - （1）課税価格とは　*182*
    - （2）原則的な課税価格の決定方法　*184*
    - （3）原則によらない課税価格の決定方法　*190*
    - （4）課税価格の決定の特例　*193*
    - ■ココで差がつく！予備品　*195*
6. 関税率 ……………………………………………………………………… *196*
    - （1）関税率の種類　*196*
    - （2）国定税率　*197*
    - （3）協定税率　*198*
    - （4）簡易税率　*199*

（5）税率の適用順位　*201*
7．特恵関税 ･･･ *203*
　　（1）特恵関税の構成　*204*
　　（2）原産地の認定　*208*
　　（3）特定品目の原産地の認定基準　*210*
　　（4）原産地証明書と運送要件証明書　*212*
8．減免税の制度 ･･･ *214*
　　（1）変質、損傷等の場合の減税及び戻し税　*215*
　　（2）加工または修繕のため輸出された貨物の減税　*216*
　　（3）無条件免税　*217*
　　（4）再輸入免税　*218*
　　（5）再輸出免税　*218*
　　（6）輸入時と同一状態で再輸出される場合の戻し税　*219*
　　（7）違約品等の再輸出または廃棄の場合の戻し税　*219*
　　（8）加工、組立のために輸出された貨物の減税　*220*
9．消費税と付帯税 ･･･ *221*
　　（1）消費税等の納付　*221*
　　（2）付帯税　*222*
10．輸出してはならない貨物、輸入してはならない貨物 ･･･････････････････････ *227*
　　（1）輸出してはならない貨物　*227*
　　（2）輸入してはならない貨物　*227*
　　（3）疑義物品と認定手続き　*228*
　　ココで差がつく！象牙の輸入　*228*
11．輸出入通関の必要書類 ･･･ *229*
　　（1）仕入書（インボイス）　*230*
　　（2）原産地証明書　*232*
　　（3）梱包明細書（パッキングリスト）　*233*
　　（4）その他の書類　*233*
12．輸出入通関に関する便利な制度 ･･･ *235*
　　（1）NACCS　*235*
　　（2）延納制度　*238*
　　（3）事前教示　*240*

（4）評価申告書　*241*

　　　（5）予備審査制度（予備申告）　*243*

　　　（6）輸入許可前における貨物の引取り　*244*

　　　（7）ATAカルネ　*245*

　13．AEO制度 ………………………………………………… *248*

　　　（1）AEO制度の概要　*248*

　　　（2）輸出者とAEO制度　*250*

　　　（3）輸入者とAEO制度　*252*

　　　（4）製造者（メーカー）とAEO制度　*255*

　　　（5）AEO制度の国際化　*256*

　　　ココで差がつく！親子間取引　*257*

　14．他法令 ……………………………………………………… *257*

　　　（1）他法令とは　*257*

　　　（2）外為法と輸出貿易管理令、輸入貿易管理令　*258*

　　　（3）輸出貿易管理令　*259*

　　　（4）輸入貿易管理令　*264*

　　　（5）外為法以外の主な他法令　*268*

第4章　輸出業務フローと輸入業務フロー

　1．輸出業務フロー ……………………………………………… *281*

　　　（1）LCLの業務フロー　*281*

　　　（2）FCLの業務フロー　*293*

　　　ココで差がつく！トラック送り状　*296*

　2．輸入業務フロー ……………………………………………… *297*

　　　（1）LCLの業務フロー　*297*

　　　（2）FCLの業務フロー　*304*

索　引 ……………………………………………………………… *309*

本書において「実務スペシャリスト」とは読者自身のことである。日本の輸出入の現場業務を担当する実務者である。同時に、定型的な日常業務の処理にとどまらず、不測の事態に対応する応用力を備えたスペシャリストである。「実務スペシャリスト」は、国内の輸出入業務はもとより外地の業務も遠隔で管理する真のスペシャリストである。

　本書に登場する実務スペシャリストは、特に明記のない限り各項の主役に属する実務スペシャリストである。たとえば、輸出に関する項であれば「輸出者に属する実務スペシャリスト」であり、輸入に関する項であれば「輸入者に属する実務スペシャリスト」である。

　また、実務スペシャリストに必須の用語は＜　＞に記載した。

　なお、本書に記載した法令や料金は、明記のない限り2016年1月1日現在のものである。

第1章　貿易

1．貿易の形態

　日本の輸出入の現場業務を担う実務スペシャリストが最初に学習する項目が貿易形態であり、貿易形態が現場業務に及ぼす影響である。

　輸出業務を担当する実務スペシャリストの目的は、貿易取引の売買契約に従って日本から貨物を出荷し代金を回収することである。いっぽう、輸入業務を担当する実務スペシャリストの目的は、売買契約に従って代金を支払い、日本の港に到着する貨物を受領することである。輸出入者の実務スペシャリストが貿易取引の交渉に関与するケースは稀であり、売買契約の締結後にその実行を担当するのが通常である。しかし、輸出入に係る全ての業務が売買契約通りに、かつ、何の支障もなく履行されるとは限らない。不可抗力、たとえば台風、ハリケーン、地震などの自然現象、あるいは、地域紛争や暴動などの人為的な障害により売買契約の履行は妨げられる。また、輸出貨物の生産遅延や輸入者

の資金不足など契約当事者の都合により売買契約の修正が求められる事態は日常的に発生する。輸出入者の実務スペシャリストは外地の実務者との交信を密に保ち、貿易取引に係る異常事態を早期に察知すべきである。また、当初の売買契約の履行が困難になった場合に、異常事態を克服する変更案を作成しなければならない。売買契約の変更や修正は実務スペシャリストの担当を超えるが、実行可能な変更案を提案するのは実務スペシャリストの重要な役割である。実務スペシャリストが外地の実務者と交信する際に留意すべきは、交信相手と交信項目の適切な選択である。貿易形態により交信相手や交信項目は変わるのである。主要な貿易形態として直接貿易、間接貿易、仲介貿易、並行輸入、逆輸入、委託加工貿易、開発輸入、OEMを取り上げる。

＜不可抗力＞
売買契約の履行を困難にする不可抗力は各種あるが、実務スペシャリストは台風や洪水などの自然災害と暴動や内乱などの人為的な混乱を区別する必要がある。自然災害は貨物海上保険の対象であり、また、日本の輸入通関は自然災害の影響に対応する特別な手続きを用意している。いっぽう、暴動などの人為的な混乱は取扱いが微妙である、たとえば、貨物海上保険の対象にするには特約の締結が必要である。

（１）直接貿易

　貿易には複数の形態があり、最も一般的なのが直接貿易である。輸出者と輸入者は売買契約を締結し、輸出者が貨物を送付し輸入者が代金を支払う。貿易の当事者が輸出者と輸入者に限定される簡潔な形態である。

　実務スペシャリストにとって、直接貿易は単純な形態である。輸出入の現場業務に関し疑問や問題が生じたときに交信すべき相手は常に特定されている。輸出者の実務スペシャリストが梱包明細や船積通知などを送る相手は輸入者である。逆に、輸入者の実務スペシャリストは、送られてきた書類に不備を発見

したときの交信相手は輸出者である。輸出者の実務スペシャリストの交信相手は輸入者、輸入者の実務スペシャリストの交信相手は輸出者と明快である。

> **POINT**
> ・書類の様式と記載事項
> 　輸出入者の実務スペシャリストは送付されてきた書類の内容チェックを怠ってはならない。内容とは、様式と記載事項の双方である。新規の貿易相手と交換する書類であれば、まず様式、次に記載事項の審査が必要である。また、継続して取引する貿易相手であれば、書類の様式が変わっていないことを確認の上で記載事項の確認を行う。
> ・辻褄の合わない記載事項
> 　継続して取引を行う貿易相手の書類は辻褄の合わない記載事項が混入する恐れがある。書類の作成者は、PCソフトを活用し過去の取引に使用した書類を土台に新しい書類を作成するのが一般化している。作成過程で、過去の取引記録の修正を忘れる、あるいは、不要部分を消し忘れるなどのミスが発生するのである。

(2) 間接貿易

輸出者と"本来の輸入者"の間に第三者が介在するのが間接貿易である。介在する商社や代理店が輸入者になるので、"本来の輸入者"は、商社や代理店から輸入後の商品を買い取る立場、すなわち購入者（エンドユーザー）になる。輸入者と購入者（エンドユーザー）の間の商取引は貿易取引ではなく、国内販売の売買契約である。輸入者は、輸入通関を終了し内国貨物になった商品をエンドユーザーに納品する。

実務スペシャリストが留意すべきは日々の交信相手の選択である。たとえば、「輸出者」の実務スペシャリストにとって、正規の交信相手は中央に位置する「商社や代理店」である。また、「購入者」の実務スペシャリスが交信する正規の相手は中央に位置する「商社や代理店」である。

間接貿易による日本への輸入は、中央の「商社や代理店」が一定量の在庫を国内に持ち、在庫から納品する方法を取れば混乱は生じない。「購入者」の実務スペシャリストは「商社や代理店」との交信に専念すればよい。いっぽう、「購入者」が「輸出者」と実質的な貿易取引を交渉し、書類面の手続きや資金繰りの関係で「商社や代理店」を仲介者、すなわち「輸入者」とする場合は注意が必要である。「購入者」の実務スペシャリストが船積時期、数量、梱包形態などを直接「輸出者」に問い合わせるのは避けられない。ただし、交信内容を無制限に拡大するのは危険である。たとえば、輸入商品の単価や代金の支払い時期などは「輸出者」と「輸入者」に限定し「購入者」に開示すべき情報ではない。「購入者」が「輸出者」と直接交信する内容は、事前に「輸入者」を含め確認すべきである。

POINT

　間接貿易には輸出者、輸入者、購入者の3者が関与する。実務スペシャリストが主として取り扱う貨物情報、船積情報、書類作成などは3者間で共有できる情報である。ただし、常に共有されるとは限らない。たとえば、輸入者が同一商品を複数の購入者に販売しており、船積情報を購入者ごとに操作する可能性を否定できない。輸出入者の実務スペシャリストは、自身の立場と同時に間接貿易に参加する他の2者の立場に配慮し、共有できる情報と秘密にすべき情報を峻別しなければならない。

＜船積情報＞
船積情報（シッピングアドバイス）は、輸出者が船積みの事実を輸入者に連絡するものである。品名、数量、価格、船名、積地出港日、揚げ地到着予定日などを記載し、貿易取引の貨物を契約通りに船積みしたことを通知する。輸入者は、船積情報を受け取ると貿易代金の決済、輸入通関、貨物引取りの準備を進める。

（3）仲介貿易（三国間貿易）

　輸出者と輸入者の間に商社や代理店等が介在する貿易形態である。この貿易形態には2つ売買契約が存在する。すなわち、仲介者と輸出者、ならびに仲介者と輸入者の売買契約である。仲介者は、輸出者に対しては輸入者の立場であり、輸入者に対しては輸出者の立場になる。売買契約に仲介者が介在するが、

貨物は輸出者（下図の"輸出者A"）から輸入者（下図の"輸入者B"）に直接送付されるのが一般的である。

実務スペシャリストが留意すべきは間接貿易と同様に日々の交信相手の選択である。貨物が、「輸出者A」から直接「輸入者B」に送られるので、「輸出者A」と「輸入者B」の実務スペシャリストは互いに交信することに違和感を持たない。しかし、仲介貿易は、仲介者を中央においた２つの売買契約があることを忘れてはならない。仲介者を経由せずに直接交信することは、仲介者の仲介業務と損益を損なう危険がある。「輸出者A」と「輸入者B」の直接交信を認める情報の範囲は事前に確認すべきである。

近年増加中なのはメーカーが行う仲介貿易である。日本のメーカーが外国の輸入者と売買契約を締結し、商品は東南アジアの子会社から出荷する形態である。日本のメーカー（親会社）が"仲介者"であり、東南アジアの子会社は上図の"輸出者A"に該当する。親会社は、東南アジアに設置した子会社を会社の一部と認識し国内工場に出荷を指示するのと同一手順とみる傾向がある。しかし、分類上は仲介貿易であり、「親会社」と「子会社」の間には売買契約の締結と契約に基づく商品の出荷や清算業務が発生する。

POINT

輸出者Aと輸入者Bの実務スペシャリストが取り扱う貨物情報や船積情報、また、受領した船積書類に係る問い合わせなどは内容により交信相手の確認が必要である。貨物明細や各種証明書などの現場業務に関する情報は"輸出者A"から"輸入者B"に直接流れるのが順当である。しかし、貿易代金の金額確認や支払時期などは仲介者と交信する事項である。

（4）並行輸入

並行輸入は、輸入国において独占販売権を有する代理店や販売店が輸入する商品と同一の商品を別のルートで輸入して販売する手法である。多くの国で行われている貿易の形態であり、日本では商品の持つ商標やイメージ、信用を阻害しない限り合法である。

日本で並行輸入品を扱う輸入者は、輸出国のメーカーから購入できないので輸出国や第三国の卸業者や販売店から商品を購入することになる。したがって、商品が日本に到着するまでに介在する業者が増え輸入コストは上昇する。並行輸入されるのは割高の輸入コストを吸収できる商品であり、外国の販売価格と日本の販売価格の間に大きな差があるブランド商品が典型例である。

この貿易形態に関与する実務スペシャリストは、日本出し貨物であれば輸出者になる卸業者や販売店に勤務する。日本向けの商品であれば輸入者に勤務することになる。当然であるが、正規ルートの製造者や代理店への配慮が必要である。

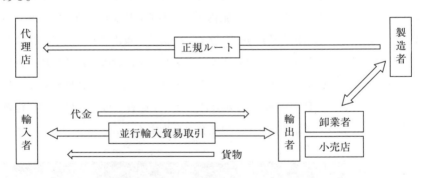

上図の輸入者、あるいは、輸出者の実務スペシャリストは、売買契約が輸出者と輸入者の間で締結され、正規ルートと並列であることを明確に理解すべきである。並行輸入の売買契約は正規ルートを構成する製造者や代理店は一切関与しない。

貨物輸送に関する情報交換は、輸出者と輸入者の間で実施するので特段問題

が生じることはない。留意すべきは、通関時に使用する貨物明細、成分、仕様等に係る交信、また、不良品や使用者のクレームに関する交信である。輸入者は、製造者や正規ルートの代理店と交信する立場ではなく輸出者を経由して製造者と交信する。また、輸出者の実務スペシャリストは、輸入者から受けた質問や要求をそのまま製造者に転送することはできない。輸出者は、製造者と取引を持つ卸業者、あるいは、小売店の立場で製造者と交信するのである。

並行輸入の商品を扱う輸入者の実務スペシャリストは、不良品や使用者からのクレームへの対応がとりわけ重要になる。並行輸入商品を扱う輸入者は、問題のある商品をいったん輸出者に戻し、製造者に交換や修理を依頼することになる。日数を要する上に、並行輸入した商品の輸出と再輸入を手配する必要がある。再輸入時に関税の免除を受けるには、輸出時に再輸入の手続きを行わなければならない。不良品の交換や修繕は「輸送」と「通関」に密接に関連したアフターサービスである。

POINT

輸入者の実務スペシャリストにとって、取扱商品の輸入コストに関与する機会は稀だがアフターサービスは重要な担当分野になる。アフターサービスの品質は、不良品の交換や修繕に費やすコストとの相関関係が強い。たとえば、修繕品を製造者に送付する際に航空機を利用すれば必要日数は削減され顧客サービスは向上するが費用は海上輸送に比べ割高になる。実務スペシャリストは、並行輸入した商品のアフターサービスに係る社内マニュアルの導入を提案すべきである。

（5）逆輸入

逆輸入は典型例が二種類存在する。一つは、日本のメーカーが外地の子会社から輸入して販売するケースである。日本で販売する商品の品揃えが目的である。たとえば、外地のマーケットを主たるターゲットに開発し外地の工場で生産した製品を輸入し日本の販売網に乗せる手法である。メーカーの戦略は、主要マーケットの近隣で生産することにより製造と販売のコストを削減し、需要の少ない日本市場は輸入で対応するものである。一例をあげれば、日産自動車

の"マーチ"はタイ、インド、中国、メキシコなどの工場で生産されているが日本では生産されていない。日本で販売されるマーチはタイ工場の製品である。

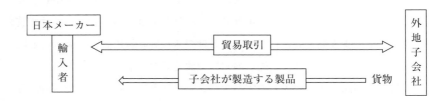

　逆輸入のもう一つの種類は、日本から輸出された商品の輸入である。日本のメーカーが外地のマーケット用に開発し輸出した商品を輸入する。輸入者は当該商品を生産したメーカーと異なる者であり、外国のマーケットで商品を購入しわざわざ日本に輸送して販売するのである。輸入者の戦略は希少価値のアピールである。往復の輸送料や貿易に係る手数料により輸入品の販売価格は割高になる。しかし、他人の持っていない商品を希望する需要者は少数だが存在する。小規模だが確実なニッチマーケットを対象にした輸入である。外地マーケット用に生産された商品は、日本メーカーの製造品であり品質面に不安がないのがセールスポイントである。

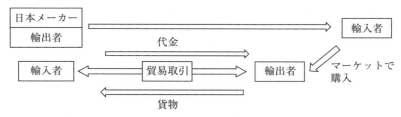

＜ニッチマーケット＞
一つのマーケットの中で特定の需要や顧客層に限定した小規模なマーケットを指す。たとえば、一戸建て住宅のマーケットで20億円を超える物件は特定の富裕層を対象にしたニッチマーケットである。また、秘境ツアーは、一般的なツアー客が行かない場所を訪れたいと願う小規模な需要にこたえるものである。

(6) 委託加工貿易

　委託者は外地の製造者と加工に関する契約を締結し、原材料を製造者向けに輸出し加工後の製品を輸入する。原材料に関しては輸出者、製品に関しては輸入者になる。日本の製造者が委託加工を受注する場合は「順委託加工貿易」、逆に、日本から外国の製造者に加工を委託する場合は「逆委託加工貿易」と称する。

　商品を売買する貿易形態と異なり、製造者が引き受ける加工サービスが契約の中心になる。ただし、委託者が全ての原料や材料を送るとは限らない。受託した製造者が一部の原材料を自国内、あるいは第三国から調達するケースがある。委託加工貿易を単純なサービス契約とみるのは危険である。

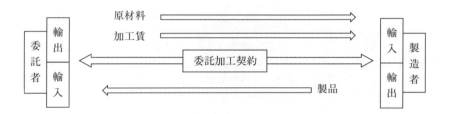

　上図の委託者や製造者の実務スペシャリストは、常に加工工程に注意を払う必要がある。たとえば、原材料の輸入が遅れれば加工工程に狂いが生じ製品の輸出に影響が及ぶ可能性が大きくなる。台風や洪水などの自然災害により加工工場に被害があれば製品の輸出に及ぼす影響は長期化する。実務スペシャリストは、原材料の輸送、加工工程の稼働状況、製品の輸出手配の進捗状況を常に把握しなければならない。

　日本の製造者が順委託加工貿易の契約を締結し日本の工場で加工する場合は保税工場の起用が有利である。輸入した原材料を外国貨物のままで加工することができ関税等の支払いは不要である。保税工場を使用しないときは、原材料を輸入する際に関税や消費税等の支払いが必要である。輸入業務を担当する実務スペシャリストは、加工場所が保税工場か通常の工場かにより輸入手続きが

異なることを理解しなければならない。通関と保税に関する知識が求められる場面である。

　逆委託加工貿易により日本から原材料を輸出する場合は、輸出原材料を使用した製品の輸入時に関税の軽減を受けることができる。ただし、一定の種類の製品に限られる。関税の軽減を受けるには輸出時の手続きが必要であり、輸出時に税関が確認した原材料が外地で加工され製品として輸入されるまでを追跡する体制を整備しなければならない。この業務に携わる実務スペシャリストは、関税の軽減に関する関税暫定措置法の知識が必要であり、関税の減税計算に必要な書類の手配を製造者と打ち合わせる通関知識が求められる。

POINT

　委託者や製造者（受託者）の実務スペシャリストは、輸送と加工の進捗状況に注意を払わなければならない。委託加工貿易は、単純な商品の輸出入と異なり、製造者が受注する賃加工であり原材料の輸出からスタートする。その後は、一つの工程に遅延が発生すれば全体のスケジュールを狂わす可能性があり、実務スペシャリストは直ちに警鐘を鳴らさなければならない。さらに、製品を日本に輸入する際は関税の軽減の手続きが必要であり、委託者と受託者は共同で減税用の書類を作成しなければならない。実務スペシャリストは貿易、輸送、通関に関する知識を最大限に発揮する機会である。

＜外国貨物＞
外国貨物の定義は第3章で学習するが、「外国から日本に到着し輸入許可前の貨物」と理解すれば実務上の支障はない。日本国内における外国貨物の保管は保税地域に限定される。保税地域は目的により5種類に分類され、外国貨物を原料として製品を製造する保税地域が保税工場である。

（7）開発輸入とOEM

　開発輸入とOEMは、外国のメーカーが製造した製品を輸入する貿易形態である。製品の仕様やデザインなどを自国で作成し、外国のメーカーに製造を依頼するのが開発輸入である。いっぽう、OEMは、外国のメーカーが自国のマーケットに供給している製品の中から輸入国のマーケットに適合する商品を選定し、輸入者の商標やロゴを付けて輸入する形態である。日本が得意とした家電製品や機械類は、日本のメーカーが開発輸入やOEMを受ける立場であった。

しかし、最近は、日本の輸入者が外地の製造者に発注した商品、特に耐久消費財を店頭で見かけるケースが増加している。

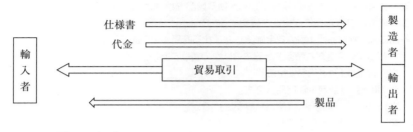

開発輸入の図である。
OEMでは、仕様書に代わり既存商品のロゴや商標などの変更を依頼する。

　輸出者（製造者）や輸入者の実務スペシャリストとって、開発輸入とOEMに係る実務処理は基本的に直接貿易と同様である。製造工程の進捗状況、貨物の物理的な移動などに関する交信、また、輸入通関に必要な貨物の明細（仕様、成分、性能など）は輸出者と輸入者の間で確認することができる。

　開発輸入における貨物の仕様は輸入者側で設定している。したがって、輸入者の実務スペシャリストが輸入通関に使用する資料やデータは、輸出者が仕様書通りに製造したことを確認すれば十分である。いっぽう、OEMは、商品の仕様を含め全ての情報は輸出者から入手する。

　日本向けの開発輸入やOEMを扱う実務スペシャリストは日本の国内法に留意しなければならない。開発輸入であれば、日本から送った仕様書を順守し製造されれば問題は生じない。しかし、OEM輸入は、本来は外地マーケット向けの商品を日本向けに変更するものである。たとえば、電気製品は電圧やコンセントの形式、食品であれば添加物等が問題になる。日本の国内法に基づく安全性の確認を取得する必要があり、輸入通関時に安全確認の手続完了を税関に証明しないと輸入は許可されない。

POINT

日本の輸入者の実務スペシャリストは、輸入貨物の物理的な輸送と通関の管理に加え安全基準の確保が重要な業務になる。電気製品を例にとれば、一般財団法人電気安全環境研究所に依頼して安全性を確認するのが通常の手順である。安全性の確認手順は商品により異なる。1回の安全確認で完了する商品、定期的に安全確認を要する商品などがある。安全基準に係る主たる法令は次の通りである。

電気製品：「電気用品安全法」
生活用品：「消費生活用品安全法」
消費者向けの製造品：「製造物責任法」
食　　品：「食品衛生法」
医薬品等：「薬事法（医薬品、医療機器等の品質、有効性及び安全性の確保等に関する法律）」

＜OEM＞

OEMは、Original Equipment Manufacturerの略である。本来は、自社製品を製造するメーカーを指す言葉である。販売力を持つ会社が市場で売れそうな商品を発掘し、当該商品を製造するメーカーに商標やロゴを変更した商品の製造を依頼するのがOEMの本来の姿である。ただし、「OEM」の用語は、他社が作成した仕様の製品を製造するメーカー、すなわち開発輸入の意味で使われる場合がある。

ココで差がつく！　重量と容積

サラリーマンは、朝食の後に家を出ると重さが1キロほどのビジネスバッグを持って駅まで1〜2キロの道を急ぐ毎日である。日本人にとって重量の1キロと距離の1〜2キロは極めて自然な表記であり、標準的な度量衡である。しかし、度量衡は万国共通ではない。日本の有力な貿易相手である米国は日本と全く異なる度量衡を使用している。

　　　米国の度量衡　重量：オンス（28.35g）、ポンド（453.6g）
　　　　　　　　　　容積：キュービックフィート（CFT）　1㎥=35.314CFT

貿易の現場では度量衡の違いに起因するトラブルが発生する。たとえば、米国から40フィートコンテナで輸入した貨物に係る仕入書の数値を輸入申告書に換算したときである。
・仕入書　　　重量：3,880ポンド　　容積：1,318CFT
・輸入申告書　重量：17,600kg　　　容積：37.32㎥

輸入申告書の重量や容積は貨物の種類ごとに定められた単位で記入する。この単位はメートル法が基準である。いっぽう、貿易取引の契約単位は自由に設定できる。仕入書にヤードやポンド使用した場合はメートル法の単位に換算する。日本人はヤードやポンドに不慣れで換算ミスを排除できない。上記の例は、重量の換算に間違いがあり正しくは1,760kgである。貨物が家庭用雑貨であり、容積と重量の比率が異常であることに通関士が気付いた。

換算ミスの数値は、472kg/㎥と家庭用雑貨にありえない重量になる。
　貿易は習慣や環境を異にする相手との取引であり、取引相手の度量衡は日本と同一とは限らない。実務スペシャリストは貿易取引の数字を慎重に取り扱わなければならない。また、貨物の種類ごとに重量と容積の関係を理解すると高度な管理業務が可能になる。「差がつく」ポイントである。

2．信用状取引の概要

　直接貿易、かつ、信用状を使用した貿易取引は次の流れになる。信用状を使用した取引は漸減傾向といわれる。しかし、信用状取引は貿易取引に係る長い歴史の中で生み出された叡智、工夫、仕組み、ノウハウが凝縮されている。実務スペシャリストは信用状取引の流れをしっかり理解すべきである。以下は、日本から輸出され、海上輸送されるLCL（小口貨物）を例にとる。

（1）取引先の選定
（2）売買交渉
（3）信用調査
（4）売買契約書
（5）信用状の開設
（6）貨物の手配と保険契約
（7）輸出通関と船積み
（8）荷為替手形の作成と買取銀行による買取り
（9）荷為替手形の送付と銀行間の決済
（10）輸入通関と貨物の引取り

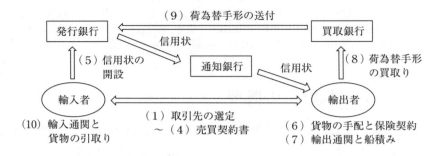

（1）取引先の選定

①市場調査

貿易取引を希望する商品の市場調査である。一般的な取引環境の調査と商品に係る調査に大別される。

Ⅰ．取引環境の調査

貿易取引を希望する国の文化、社会体制、政治体制、経済制度、通商規制、流通体制などの調査である。たとえば、日本からの輸出であれば、日本製品を拒否する文化的、あるいは宗教的な要因はないか、また、日本で一般的な商品を受け入れる生活習慣や所得層の有無などを調査する。逆に、日本への輸入であれば、製造国の品質管理、価格体系、デザインなどが日本のマーケットに受け入れられる水準にあるかを調査する。

Ⅱ．商品に係る調査

貿易取引を希望する商品に係る情報の収集である。日本からの輸出であれば、輸出先における想定購買層と販売価格、ならびに、競合相手の存在などを調査する。自社商品を部分的に改良して新マーケットに投入するのであれば、想定される品質や機能、デザイン、価格などを調査する。日本に輸入する場合は、目標とする商品の品質や価格、現地マーケットでの購買層や評判などが調査項目になる。

②取引先情報の入手

　市場調査の結果、貿易取引の相手国として有力と判断すれば具体的な取引先の選定に進む。まずは、可能性を持つ輸出者、輸入者、製造者などの情報を入手し取引候補のリストを作成する。取引候補の情報は日本国内で入手する方法と外国に出向いて入手する方法がある。

Ⅰ．日本国内における情報収集

【ダイレクトリー】

企業の名簿である。国別、業種別にまとめられており、日本国内の主要な図書館や商工会議所などに常備されている。

【JETRO】

独立行政法人日本貿易振興機構（Japan External Trade Organization）は輸出と輸入の取引候補に関する各種の情報や調査レポートを完備している。また、貿易振興を目的とする各種のセミナーを開催している。

【在日外国機関】

各国が日本に置く大使館や領事館には商務担当官がおり自国の貿易政策、経済政策、通関事情などの情報を提供している。また、自国の輸出入業者や製造者等の情報も保有している。大使館などの公的機関とは別に、複数の国の商工会議所が在日事務所を設置し会員の業務内容などを紹介している。日本商工会議所のまとめによると、在日事務所の総数は29国、30事務所になる。内訳は、欧州16国（17事務所）、北米2国、南米1国、アジア8国、大洋州1国、アフリカ1国である。詳細は日本商工会議所のホームページで確認できる。

Ⅱ．海外における情報収集

【見本市】

大規模から中小規模まで各種の見本市が世界各地で定期的に開催されている。工作機械、IT機器、食品、菓子などの品目別に開催されるのが一般的でありJETROのホームページで開催場所と期間を入手できる。見本市にブースを持ち自社商品を提示すれば多くの情報を入手できる。また、単に来場するのみでも出店者との商談が可能であり、併せて、競合他社や進出予定のマー

【商工会議所】

貿易取引の候補と定めた国の主要都市にある商工会議所に依頼すれば、同会議所のメンバー各社の情報を入手できる。

【コンサルタント】

調査会社に取引候補の選出を依頼する方法である。自社の取引条件をまとめ、条件に合致する候補の調査を依頼する。自社の希望に沿った取引候補を選定できるが費用と時間を要する。

（2）売買交渉

貿易の取引候補が固まると具体的な売買交渉に進む。売買交渉は次の「Ⅰ．勧誘」から開始し「Ⅴ．承諾」を目指す。勧誘や引合いの段階は複数の候補者との交信を維持し、次第に交渉先を絞り込むのが通常の手法である。価格交渉に進むと、貨物の引渡場所が重要な要素になりインコタームズ（「4．インコタームズ」を参照）を使用するのが一般的である。

Ⅰ．勧誘（Proposal）

取引先候補に売り込みを行う。通常は輸出者が自社製品のカタログや価格表などを輸入者に送付する。

Ⅱ．引合い（Inquiry）

輸出者の提示した製品に興味を持った輸入者がより詳細な情報を求める行為である。たとえば、商品の性能や機能のより詳細な情報、数量がまとまった場合の値引き、納期、また、単価の低い製品であればサンプルの要求などである。

Ⅲ．申込み（Offer）

輸出者と輸入者の双方が取引に関心を持つと具体的な商談に進む。商品の梱包、納期、値段などを相手に提示し承諾を求めるものである。輸出者側からの申込みをSelling Offer、輸入者側からの申込みをBuying Offerと呼ぶ。

Ⅳ．反対申込み（Counter Offer）

輸出者、もしくは、輸入者の最初の申込みを相手が受け入れるケースは稀である。通常は、相手の申込みに対し、自社に都合のよい内容に変更した反対申込みを送り譲歩を求める。反対申込みが提示された時点で元の申込みは無効になる。反対申込みは、輸出者と輸入者の間で相互に複数回提示されるものである。

Ⅴ．承諾（Acceptance）

輸出者、もしくは、輸入者が提示した反対申込みに対し他方が承諾すると売買契約が成立する。売買契約は輸出者と輸入者の双方が承諾を表明した時点で成立するが、後日の紛争を避けるために契約書を作成するのが通常である。

（3）信用調査

輸出者と輸入者の双方とも「（2）売買交渉」と並行し交渉相手の信用調査を行う。貿易取引は、国境を越えた商取引であり、商品の受渡しと代金支払いの間に時間差を生じるのが通常である。したがって、交渉相手が契約通りに商品を送付する、あるいは、契約通りに代金を支払う確約はない。信用調査により商品送付や代金支払いの確約が得られるものではないが、売買契約を確実に履行すると信じる相手であることを確認する。代表的な調査項目は次の4つである。最初の3つを「調査の3C」、4つ全てを「調査の4C」と呼ぶ。

- Capital（資産、財務状態）
- Capacity（営業力、業歴）
- Character（誠実性、評判）
- Conditions（政治、経済環境）

輸出者と輸入者はそれぞれ調査項目を決定した上で具体的な調査方法を選定する。外国に所在する取引候補の信用調査であり間接的な調査になる。主要な方法は次の通りである。

Ⅰ．銀行に照会する

取引候補が利用している銀行に信用照会を行う方法である。一般的に行われる信用調査であり、売買交渉を進める過程で交渉相手に自社の取引銀行を通

知するのが商慣習である。通知のあった取引銀行に直接問い合わせる、もしくは、自社の取引銀行を通じて信用照会を行う。

信用照会の銀行を交渉相手に通知する際に、自社と問題を生じている銀行は避けるのが当然である。また、信用照会を受けた銀行は、自行の取引会社の悪い情報を積極的に開示するか疑問である。したがって、照会先の銀行から得られる情報は、取引候補の一般的な評価と理解すべきである。

II．信用調査機関に依頼する

日本国内の企業調査は帝国データバンクと東京商工リサーチの2社がほぼ独占している。外国企業の調査はダン社（Dun & Bradstreet）の行うダンレポートが有名であり、東京商工リサーチが提携し情報を提供している。他には、Experianもよく知られた調査会社である。同社は日本法人（Experian Japan）を設立し企業情報を提供している。ダン社やExperianなどの外国の調査会社を避け、日本に基盤を置く調査会社に外国企業の信用調査を依頼する場合はJETRO、船井総研、また、銀行系の調査会社が選択肢になる。

調査会社は膨大なデータを保有しており、調査依頼を受けた会社に関するデータを容易にまとめることができる。逆の見方をすると、データが蓄積されていない会社の調査は時間を要する。

III．同業者に照会する

取引候補の同業者や取引先に業界内の評判などを聞く方法である。情報を収集している会社が取引候補の同業者などと取引がある、あるいは、面識がある場合を除き入手した情報の信頼度に難がある。

IV．格付け機関を利用する

格付け機関は、日本では「信用格付業者」と呼ばれ金融庁に届け出が必要である。届け出を行った会社の中で日本を基盤とする会社は（株）日本格付研究所と（株）格付投資情報センターである。外地を基盤とする格付け会社はムーディーズ、スタンダード＆プアーズ、フィッチ・レーティングスが日本法人を設立し活動している。これらの格付け会社が発表する企業格付けから取引候補の信用度を判断する。「投資適格」、「中程度のリスク」、「投機的要

素有り」など格付け会社により表現は異なるが会社の信用度を段階的に表示している。ただし、取引候補が必ず格付け対象になっているとは限らない。

（4）売買契約書

　貿易取引の売買契約は諾成契約であり輸出者と輸入者の合意により成立する。しかし、国境を越えた商取引であり、後日の紛争を避けるために売買契約書を取り交わすのが通常である。合意に至るまでの売買交渉は、商品の性能や機能、個数、納品日、価格などの主要項目を交渉するもので、銀行手数料、船積通知の発送、紛争の解決方法などの一般的な取引条件は売買交渉から外れるのが通常である。しかし、一般的な取引条件は売買契約書に記載され契約の一部を構成する。契約書の作成に関しては以下の事項に注意しなければならない。

Ｉ．書式

　売買契約書の書式は、世界的に認められた標準形は存在しない。したがって、輸入者が準備する「注文書型」と輸出者が準備する「注文請書型」の二種の様式が採用候補になる。「注文書型」と「注文請書型」は、それぞれに定まった様式はなく作成する会社により書式は異なる。

　「注文書型」と「注文請書型」の記載項目に大きな違いはないが、根本的な違いは適用法令である。輸入者は、輸入者の居住する国の法令に従って契約書を作成し、輸出者も同様である。貿易取引に関し輸出者と輸入者の間に紛争が発生した場合は以下の通り適用法令の順位が決められている。

第１順位　国際私法（売買契約書に使用された国内法）
第２順位　当事者間の合意した法令
第３順位　ウィーン売買条約（条約締結国は自動的に適用される：日本は批
　　　　　准済である）

したがって、売買契約書が準拠する国内法、すなわち、輸出者の国内法か輸入者の国内法のいずれかが問題解決を図る際の基準になる。さらに、契約書の作成者は国内法以外の条項も合法的、かつ、論理的である限り自社に有利な内容にするのは当然である。したがって、輸出者と輸入者は使用する契約

書の選定に関し慎重に交渉するのが通常である。

輸出者や輸入者が新しい取引先と売買契約を締結する際は、契約書の様式を含め内容を慎重に審査するのが一般的である。しかし、継続取引の回数が増えるにしたがって、契約書の審査は価格や納期などの主要項目に偏る危険性がある。売買契約書を取り扱う実務スペシャリストは、到着した契約書の様式と内容が合意通りであることを常に確認すべきである。

II．タイプ条項と印刷条項

売買契約書の記載事項は、「注文書型」と「注文請書型」のいずれを採用しても「タイプ条項」と「印刷条項」に大別される。

【タイプ条項】
契約書の空欄にタイプで加筆する項目の総称である。商品名、個数、インコタームズ、価格、船積時期、納品場所など売買交渉で合意した項目である。

【印刷条項】
契約書にあらかじめ印刷されている条文である。契約書に使用する用語の定義、銀行費用の負担者、貨物海上保険の種類、商品の保証内容、契約に係る紛争の解決方法、紛争解決のための準拠法などである。

印刷条項はI．の通り使用する書式により内容が異なる。準拠法を例にとれば、日本からシンガポールに輸出される際の「注文書型（輸入者の様式）」に適用される準拠法はシンガポール法、「注文請書型（輸出者の様式）」は日本法になる。

（5）信用状の開設

輸入者は契約に従って信用状を開設する。貿易取引に際し信用状の使用は絶対的な条件ではない。信用状の使用は輸出者と輸入者の合意事項であり、売買契約に明記する必要がある。信用状の発行手順は次の通りである。

I．取引銀行に発行を依頼する

輸入者は、自社の取引銀行に信用状の発行を依頼する。依頼を受けて信用状を発行する銀行が「発行銀行」になる。発行銀行は、信用状を発行すると信

用状の宛先＝輸出者（「受益者」と呼ぶ）に対し記載金額の支払義務が生じる。発行銀行の支払義務は、輸入者からの貿易代金の回収とは無関係に生じるものである。仮に、信用状の発行後に輸入者が倒産しても、発行銀行の輸出者に対する支払義務は有効に存続する。発行銀行にとって信用状の発行は与信行為であり、輸入者の与信に問題のないことを確認の上で発行を引き受ける。

Ⅱ．輸出者への通知

信用状は、「発行銀行」から輸出地の提携銀行を経由して輸出者に通知される。輸出地の提携銀行は「通知銀行」と呼ばれる。「通知銀行」を介在させるのは、偽の信用状の流通を阻止するためである。通知銀行には、信用状の真偽を確認する手段としてサインや暗号などが発行銀行から送られている。

偽の信用状は貿易マーケットに頻繁に出回っている。一見して怪しい様式のものから、通常の信用状をコピーしたもの（したがって内容は極めて正当）、あるいは、犯罪資金の浄化を狙うマネーローンダリングと思われるものなどである。輸出者の実務スペシャリストは、信用状を受領したときは内容とともに通知ルートを確認しないと危険である。

＜与信＞
取引相手に与える信用の限度額である。たとえばクレジットカードの使用限度額である。クレジットカードは、カード所有者が商店等で使用した金額をカード発行会社が商店等に支払い、後日カード所有者から回収する仕組みである。カード発行会社は必ず回収できる保証がないのでカード所有者の使用に限度額を設定するのである。銀行と取引先の関係も同様である。銀行は無制限に融資や支払保証を引き受けることはなく、取引先に設定した限度額の範囲内で取引先の要望に応じている。限度額を与信枠と呼ぶ。

（6）貨物の手配と保険契約

輸出者は輸出貨物の船積準備を進める。国内取引と異なり、貿易取引の貨物手配は、単に契約した商品を揃えることで完了しない。揃えた貨物を梱包し、次に輸出通関を行い予定船に船積みするまでの一連の作業である。特に梱包は、長期の海上輸送に耐える強度が必要であり国内輸送と根本的に異なる形状になる。

海上輸送中の貨物ダメージをてん補する貨物海上保険は、売買契約に明記したインコタームズの条件により負担者が決まる。たとえば、FOBは輸入者、CIFは輸出者が負担する。しかし、負担者に関係なく、貨物海上保険は運送危険の発生前に契約を締結する必要があり「予定保険」＋「確定保険」の組み合わせになる。

【予定保険】
貨物の梱包後の個数、重量、容積、また、積載予定の船名や積港など保険契約に必要な全ての項目が確定する前に締結する仮の保険契約である。

【確定保険】
予定保険に使用した「予定の項目」、たとえば、船名や積港が確定に変わった時点で予定保険を確定保険に切り替える。確定保険に切り替える前に貨物の移動は始まっており運送危険は発生している。

予定保険を使用することにより、運送危険が発生した時点で貨物海上保険を有効にすることができる。保険料の支払いは、確定保険の締結時点である（「6．貿易に係る保険（1）貨物海上保険」を参照）。

（7）輸出通関と船積み

輸出通関と船積みは一連の流れである。貨物手配の時点で想定した梱包後の個数、重量、容積をもとにブッキングを行い、貨物が完成するとCFS（小口貨物をまとめてコンテナに詰める施設：「第2章　1．輸出貨物の準備」を参照）への移動と連動して輸出通関を行う。貨物がCFSに到着し物理的に船積可能な状態に置かれ、かつ、輸出通関が終了すると船社の手配で船積みが行われる。

【ブッキング】
貨物の完成予定が判明すると輸出者（通関業者）は船社に連絡し予定船のスペースを確保する。この手続きをブッキングと呼ぶ。ブッキングは、船社に積地・揚げ地、貨物の種類、梱包の種類と個数、重量、容積、通関業者などを通知し船社からブッキングナンバーを受領する。この時点では、輸出貨物

の梱包は「予定」であり船社に通知する貨物の個数、重量、容積はAboutで支障ない。

【輸出通関】

梱包の完成した輸出貨物を港に輸送する物理的な移動と連動し通関業者が輸出申告書を税関に提出する。輸出申告書の記載事項は関税法に規定されており、特に重要な項目はHSコードと申告価格である。また、個数、重量、容積は輸出梱包を整える前の数値（「ネット」と称する）を使用する。

【船積み】

輸出貨物が船社の指定するCFSに到着するとCFSはブッキングと貨物を比較し離齬のないことを確認する。船社やCFS用の書類に記載する貨物の個数、重量、容積は梱包後の数値（「グロス」と称する）である。グロスの数値は、港の現場で必要に応じて計測できる数値であり、通関用の数値と一致しない。CFSは輸出者からの船積指示、また、輸出通関の完了を確認の上で輸出貨物をコンテナに詰め予定船に積み込む。

船積み後に、輸出者は船社から船荷証券（B/L）を受領する。また、輸出者は船積通知（シッピングアドバイス）を輸入者に送り、輸出貨物の明細や船積日、揚げ港の到着予定日などを知らせる。

＜ネットとグロス＞
輸出貨物を船積みする港ではネットとグロスが同じタイミングで使用されるので使い分けに注意が必要である。ネットは輸出通関用に使用する個数、重量、容積であり売買契約の数値と合致するのが大半である。グロスは輸出梱包後の数量である。輸出入の通関はネットを使用し、B/Lなど輸送に関連する書類はグロスを使用する。

（8）荷為替手形の作成と買取銀行による買取り

輸出者が作成する為替手形は発行銀行や輸入者に対する請求書といえる。為替手形の作成に合わせて輸出者は添付する書類を揃える。添付書類は信用状に明記されており、代表的なものは船荷証券（B/L）、保険証券、インボイスの三種で三大添付書類と呼ばれる。船荷証券は貨物を輸送する船社、保険証券は

貨物海上保険を引き受けた保険会社が発行する。インボイスは輸出者が作成する。三大添付書類をはじめとする添付書類は、まとめて船積書類と呼ばれる。

　為替手形と船積書類を合わせて荷為替手形と称する。輸出者は、荷為替手形を自社の取引銀行に持ち込み買取りを依頼する。取引銀行が買い取れば「買取銀行」になる。信用状に買取銀行の指定がある場合は、輸出者は荷為替手形を指定の買取銀行に提示しなければならない。ただし、輸出者が指定された買取銀行と取引を持たない場合は、自社の取引銀行に買取りを依頼し、取引銀行を経由して買取銀行に荷為替手形を持ち込むことが可能である。

　輸出者から買取りを依頼された銀行は、信用状と荷為替手形の内容を審査し問題がなければ買取りを行う。すなわち、為替手形の記載金額を輸出者に支払い（立替払い）荷為替手形を引き取る。輸出者は輸出代金を受け取り貿易取引を完了する（荷為替手形は「3．信用状と荷為替手形」を参照）。

<裏書>
輸出者は荷為替手形を銀行に持ち込む際に為替手形やB/Lなどに裏書を行う。裏書とは、有価証券に記載された権利を他人に移転する手続きである。裏書をする権利者が裏書人、権利の移転受けるものが被裏書人になる。裏書を続けることで有価証券の権利を次々に移転させることができる。

（9）荷為替手形の送付と銀行間の決済

　輸出者から荷為替手形を買い取った銀行は、荷為替手形を発行銀行に送付する。輸出者に立替払いした金額は、発行銀行との提携契約（コルレス契約）に従って清算する。輸出者への支払い、また、銀行間の清算のいずれも輸入者の代金支払いとは無縁のタイミングで実行される。

　発行銀行は、荷為替手形の到着を輸入者に通知し貿易代金の決済を要求する。輸入者は、輸出者から送られてきた船積通知（シッピングアドバイス）から荷為替手形の到着を予想しており、貿易代金を支払って荷為替手形を入手する。ここで信用状はその役割を終了する。

<コルレス契約>

為替業務に関する銀行間の契約である。為替手形の取立依頼、送金の支払い、信用状の授受などの為替業務の役割分担、また、為替業務に伴う銀行間決済の方法などを取決める。

(10) 輸入通関と貨物の引取り

輸入者は、荷為替手形を構成する船積書類の船荷証券、保険証券、インボイス、パッキングリストなどを使用して税関から輸入許可を取得する。同時に、船荷証券を船社に提示しデリバリーオーダー（D/O）の発給を受ける。輸入者は、輸入港において船社の委託を受けて貨物を管理するCFSに輸入許可書とD/Oを提示し貨物を受領する。この時点で、輸入者も貿易取引を完了する。

> **POINT**
>
> 実務スペシャリストが（1）から（10）までの全ての手順を一人で担当することはあり得ない。（5）から（10）までの1項目、あるいは、2～3項目を担当するのが通常の業務分担である。しかし、信用状取引の全体像の理解は重要である。担当業務の工程で問題が発生したときに適切な対応策を検討するには全体像の把握、特に担当業務の前後の業務を正確に理解している必要がある。

3. 信用状と荷為替手形

貿易取引における信用状の使用は任意であり、輸出者と輸入者の合意で使用する。信用状は、売買契約の対象になった商品の船積確認や貿易代金の支払いを第三者の銀行に委託するものである。銀行は貿易交渉に関与しないので、売買契約書の記載内容を正確に信用状に転記しなければならない。銀行は、荷為替手形が信用状の要求を完全に満たせば、売買契約の商品が船積みされたと認定し貿易代金を支払う。

信用状は使用しないが荷為替手形を使用する貿易取引は可能である。また、信用状も荷為替手形も使用しない取引は親子間の取引などで行われている。

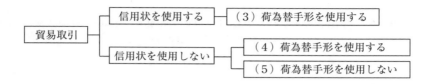

（1）信用状

①信用状の種類

信用状には次の種類があり、輸出者と輸入者の合意により使用する種類を選択する。一般的に使用されるのは取消不能信用状、かつ、Open L/Cである。

Ⅰ．取消不能信用状（Irrevocable L/C）

発行された後は、当事者全員の合意がない限り取消しや内容の変更（アメンドメント）を認めない信用状である。当事者とは、輸出者、輸入者、発行銀行である。

Ⅱ．確認信用状（Confirmed L/C）

発行銀行に加え「他の銀行」が支払いを保証する信用状である。発行銀行の信用力が乏しい場合に使用する。資金力の弱い銀行が信用状を発行すると、輸出者は信用状の要求事項を忠実に実行しても貿易代金を回収できない事態が発生する。この種の危険を回避するのが確認信用状である。発行銀行が支払不能に陥っても、確認を行った「他の銀行」が信用状の金額を支払うのである。当然だが、「他の銀行」は発行銀行より信用力の高い銀行でなければならない。

実務スペシャリストは、到着した信用状の内容を点検する際に発行銀行の信用力を確認すべきである。

Ⅲ．買取銀行指定信用状（Restricted L/C）

荷為替手形の買取りを特定の銀行に限定した信用状である。買取銀行を特定しない信用状はOpen L/Cと呼ばれる。買取銀行が特定されている場合に、輸出者が当該買取銀行と取引を持たない場合は自社の取引銀行を経由して買取りを依頼する。実務スペシャリストは、到着した信用状に買取銀行の指定

がある場合は代金回収を担当する部署に通知すべきである。

Ⅳ．回転信用状（Revolving L/C）

連続して貿易取引を行う輸出者と輸入者が使用する信用状である。前回の貿易取引の決済が終了した時点、あるいは、前回の貿易取引から一定期間の経過後に信用状の保証する金額が自動的に復活する。

Ⅴ．譲渡可能信用状（Transferable L/C）

信用状に記載された貿易取引の全て、あるいは、一部を輸出者以外に譲渡することを認めた信用状である。

②信用状の送付方法

発行銀行は輸出地にある提携銀行（コルレス先）に信用状を送付し輸出者への連絡を依頼する。提携銀行は「通知銀行」と呼ばれ、送付されてきた信用状の真贋を確認した上で輸出者に信用状の到着を通知する。発行銀行が通知銀行に信用状を送付する方法は次の三種類があり、売買契約に従って輸入者が発行銀行に指示する。

Ⅰ．フルケーブルアドバイス

信用状の全文をケーブル（電線や光ケーブルなどを使用した有線通信）で送付する。最も早い送付方法だが費用は高い。

Ⅱ．プレリミナリーケーブルアドバイス

信用状の主要部分をケーブルで送付し、残りは郵送で送付する。ケーブルで到着した部分には、郵送で全文が届くと注記される。信用状の全文を入手するまでに時間を要するが主要部分が先に届くので輸出者は輸出準備を進めることができる。

Ⅲ．郵送

信用状の全文を郵送で送付する。送付費用は低額だが輸出者は信用状を受領するまでに時間を要する。

③信用状のアメンドメント

　信用状を受領した輸出者は内容を詳細に点検する必要がある。信用状に基づいて貿易代金を支払うのは発行銀行であり、発行銀行は売買契約に関与せず支払いの基準は信用状である。信用状の記載事項が100％満たされれば、信用状に記載された金額が発行銀行から輸出者に支払われる。輸出者と輸入者が締結した売買契約書と信用状の間に差異があれば、信用状の記載事項が優先される。

　取消不能信用状は原則として発行後の取消しや修正は認められない。ただし、当事者の全員、すなわち輸出者、輸入者、発行銀行の三者が合意すれば取消しや修正が可能である。輸出者が、売買契約書と信用状の間に差異を発見した場合は直ちに輸入者と連絡を取り信用状の修正（アメンドメント）を要求しなければならない。放置すれば、信用状の記載事項が有効とみなされ、輸出者は従わなければならない。修正（アメンドメント）の発生頻度が高いのは次の項目である。

- 信用状に売買契約の合意内容と異なる記載がある、あるいは、合意内容の一部が記載されていない。
- 輸出者が実行困難な条件が含まれている。たとえば、船積完了後に荷為替手形を買取銀行に提示するまでの期間が異常に短い。
- 売買契約の締結後に、輸出者が信用状の内容を履行するのが困難な事態が発生した。たとえば、災害により製造工場の生産が止まっている、あるいは、国際紛争により原材料の入手が困難になった。

　修正の要請を受けた輸入者は発行銀行と協議し、受け入れる場合は信用状の発行時と同様に通知銀行を経由して修正（アメンドメント）を輸出者に通知する。

（2）荷為替手形

①為替手形

　為替手形には国際的に定められた様式はない。下に挙げたサンプルは典型的な様式だが、記載項目の位置が異なる様式がある。また、記載事項を極力絞っ

た簡単な様式も使用されている。

Bill of Exchange

No.THM0800145
For USD150,500.00　　　　　　　　Tokyo, August 23,2015

　At　xxxxxx　sight of this First Bill of Exchange (Second of the same tenor and date being unpaid) pay to The Tokyo Central Bank LTD. or order the sum of US Dollars One hundred and Fifty thousand and Five hundred only Value received and charge the same to account of The Home Appliances LTD. 150 Broadway East Castle, Long Beach California USA.

Drawn under　The First California Bank LTD.

Irrevocable L/C No. FCB0600558-JP　dated June 5, 2015

Drawee　　　　　　　　　　　　　　Drawer
　The First California Bank LTD.　　Tokyo Home Manufacturer LTD.
　10-8 Broadway West Castle Park,　2-1 Kanda Tsukasa-Cho, Chiyoda-Ku
　Long Beach California USA.　　　Tokyo, Japan

表題はBill of Exchange（為替手形）であり、記載事項は次の通りである。

1行目：　手形振出人の整理番号（THM0800145）

2行目：　為替手形の請求金額（USドル150,500.00）、ならびに、発行場所と発行日

3行目：　Atとsightの間に空欄がある。サンプルはXXXで空欄を消しているので一覧払手形になる。空欄に期間を書き込むとユーザンス手形になる。

3行目：　this First Bill of Exchange... は組手形の説明である。この為替手形は、同一の内容で二通発行されている（「組手形」と称する）。一通が支払われたときは他の1通は無効になる。

5行目：　為替手形の金額を文字で記入する。2行目の金額と同額である。

6行目：　輸入者名を記入する。

8行目：　信用状の発行銀行

9行目：　信用状の種類と番号

Drawee：名宛人。為替手形が支払いを求める相手である。信用状の規定に

より、発行銀行になる場合と輸入者になる場合がある。輸入者を記載する場合は、6行目の輸入者名の欄を空欄にする。

Drawer：為替手形の振り出し人、すなわち輸出者である。

＜一覧払手形とユーザンス手形＞
一覧払手形は、貿易代金の決済を直ちに行うことを要求する手形である。輸入者は、銀行から一覧払手形の提示を受けた場合は貿易代金の決済を行わない限り船積書類を受け取ることができない。いっぽう、ユーザンス手形は、輸入者の貿易代金の決済に猶予を与える手形である。輸入者は決済を約束することで船積書類を入手し貨物を受け取ることができる。貿易代金の決済は、ユーザンス手形に記載された猶予期間内に実施すればよい。

②荷為替手形

為替手形を作成した輸出者は、信用状に記載された添付書類を揃え荷為替手形を完成させる。添付書類は、インボイス、B/L、保険証券の三大添付書類をはじめ原産地証明書、梱包明細書、性能証明書、成分表など品目や向け地により異なる。輸出者は、信用状が要求する添付書類をもれなく揃えなければならない。輸出者が荷為替手形を作成する際に注意しなければならないのは「時間」と「同一性」である。

Ⅰ. 時間

信用状には有効期間が明示されている。有効期間内に、買取銀行における買取りを完了しないと信用状は無効になる。さらに、信用状には、船積みの最終期限や船積みから買取りまでの期間制限が記載されている。輸出者は、船積予定船を決めると同時に以下の手続きの予定日を確定し、全ての手続きが信用状の要求する期間内に収まることを確認すべきである。

- 個々の船積書類の作成日は信用状の要求する期間に収まること。
- 保険証券の有効期間は船積み前、すなわち輸送の危険が発生する前であること。
- B/Lの受領日（「B/Lを揚げる」と称する）。B/Lは船積書類の中で最後に入手する可能性の高い書類である。すなわち、B/Lの受領が荷為替手形の完成を意味する。

- 荷為替手形を買取銀行に提示する予定日。

Ⅱ．同一性

荷為替手形を構成する個々の書類に記載する事項は信用状と一致しなければならない。まず、為替手形に記載する輸入者の氏名、住所、金額、品名は信用状と同一とする。次に、インボイスは、商品名が信用状と同一でなければならない。商品名を除くインボイスの記載事項は信用状と同一にする必要はないが、齟齬を生じる文言は許されない。B/Lや保険証券、その他の書類は信用状と完全な同一性は求められないが信用状と齟齬を生じる箇所のないことを確認する。

次に、書類ごとに信用状の求める通数が揃っていることを確認する。また、書類上に通数の表記があるものは、表記に誤りのないことを確認する。「First Original、Second Original」や「Original、Duplicate、Triplicate」等の表記である。

＜First Original、Second Original＞

「First Original、Second Original、Third Original」や「Original、Duplicate、Triplicate」は、B/Lや各種証明書を複数発行する場合に使用する連続番号である。第一正本、第二正本、第三正本を意味する。為替手形も通常は同じ内容の正本が二通発行される。正本が複製発行された場合にそれぞれの正本が持つ効力は同一であり、正本の一通が本来の目的に使用されたときは他の正本は無効になる。

（3）信用状付き荷為替手形

信用状付き荷為替手形の流れは「2．信用状取引の概要」の通りである。信用状が本来の力を発揮するのは荷為替手形と一緒に買取銀行に提示されたときである。買取銀行が為替手形に記載された金額を輸出者に立替払いするのは信用状の添付により発行銀行からの代金回収が確実と判断するからである。荷為替手形が信用状の要求を完全に満たすのが立替払いの条件である。荷為替手形が信用状の要求を1項目でも満たさない場合は、発行銀行が貿易代金の支払いを拒否する可能性があり、輸出者から荷為替手形の提示を受けた銀行は買取りを行わない。

上記は信用状取引の通常の手順だが、発行銀行の信用度が低いと輸出者の取引銀行は買取りを拒否し取立扱いにする。輸出者は立替払いを受けることができず、取引銀行が発行銀行から信用状の記載金額を回収した後に貿易代金を受け取ることになる。

> **POINT**
> 　輸入者の実務スペシャリストは、取引銀行に信用状の発行を依頼する書類に売買契約書の内容が適正に反映されていること、特に金額と船積時期を入念に確認すべきである。いっぽう、輸出者の実務スペシャリストは、到着した信用状と売買契約書との間に齟齬のないことを確認し、さらに、荷為替手形と信用状を買取銀行に持ち込む予定日から逆算し諸々の船積手続きの完了予定日を確認する。完了予定日を一覧表にまとめると管理が容易である。

（4）信用状なし荷為替手形

　信用状は使用しないが貿易代金の決済に荷為替手形を使用する取引である。この取引は信用状取引の流れを応用できる。信用状を使用する取引は（1）から（10）の工程であったが、信用状を使用しない取引は（5）以降の工程が変わる。

信用状を使用した取引	信用状を使用しない取引
（5）信用状の開設	（5）貨物の手配と保険契約
（6）貨物の手配と保険契約	（6）輸出通関と船積み
（7）輸出通関と船積み	（7）荷為替手形の作成と取立依頼
（8）荷為替手形の作成と買取銀行による買取り	（8）荷為替手形の送付と代金の取立て
（9）荷為替手形の送付と銀行間の決済	（9）貿易代金の決済と送金
（10）輸入通関と貨物の引取り	（10）輸入通関と貨物の引取り

3．信用状と荷為替手形

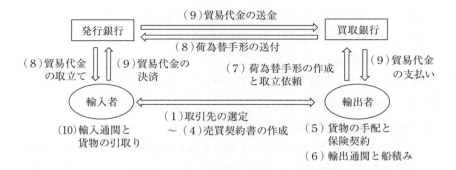

　信用状を使用しない取引は、信用状取引の「(1)取引先の選定、(2)売買交渉、(3)信用調査、(4)売買契約書」は同一の手順である。信用状付取引は(4)の後に「(5)信用状の開設」が続くが、信用状を使用しない取引は(4)に続いて「(5)貨物の手配と保険契約」に進む。信用状を使用しない取引は、輸出入者にとって次の点が信用状取引と異なる。

【輸出者】
売買契約に基づいて輸出貨物を手配し船積みするが輸出代金を回収できる保証はない。輸入者の支払いがあって初めて代金が回収できる。

【輸入者】
輸出者が売買契約通りに貨物を準備している保証がない。信用状取引は、買取銀行が信用状の要求する書類が揃っていることを確認の上で貿易代金を支払う。信用状を使用しない取引では、輸入者は船積書類が到着するまで船積みされた貨物を確認する手段はない。

　信用状を使用しない貿易取引の(7)から(9)は信用状取引と異なり概要は次の通りである。
(7) 荷為替手形の作成と取立依頼
　輸出者は為替手形を作成し、売買契約書に定めるインボイス、B/L、保険証券などの船積書類を添付し荷為替手形を完成させる。輸出者は荷為替手形を自社の取引銀行に提示するが、取引銀行は信用状による支払保証がないので買取

りは行わずに取立扱いにする。信用状取引と異なり、輸出者はこの時点では貿易代金を回収できない。

(8) 荷為替手形の送付と代金の取立て

輸出者から荷為替手形を預かった取引銀行は、輸入地のコルレス先に送付し輸入者からの代金回収を依頼する。

(9) 貿易代金の決済と送金

コルレス先の銀行は、荷為替手形の到着を輸入者に通知し代金決済を要求する。輸入者は、荷為替手形の内容が貿易取引の売買契約通りであることを確認し、貿易代金を決済し船積書類を入手する。貿易代金を回収したコルレス先は、回収の事実を輸出地の銀行に通知する。代金回収の通知を受けた輸出地の銀行は、回収した金額と同額を輸出者に支払う。輸出者は代金を回収し、貿易取引を終了する。2つの銀行はコルレス契約に従って清算を行う。

> **POINT**
>
> 信用状を使用しない取引では、船積書類の種類と内容を確認するのは輸出者、及び輸入者である。信用状付き取引のように買取銀行や発行銀行による船積書類の審査はないので注意が必要である。輸出者や輸入者の実務スペシャリストは、売買契約書通りの書類が揃っていること、また、個々の書類の記載事項と日付が契約書通りであることを慎重に確認しなければならない。

（5）信用状と荷為替手形を使用しない取引

　信用状を使用せず、また、荷為替手形も使用しない貿易取引の手順は以下の通り簡素である。
（1）取引先の選定
（2）売買交渉
（3）信用調査　　　　　　　　}「信用状なし荷為替手形」と同一手順である
（4）売買契約書
（5）貨物の手配と保険契約
（6）輸出通関と船積み
（7）船積書類の作成と送付
（8）送金

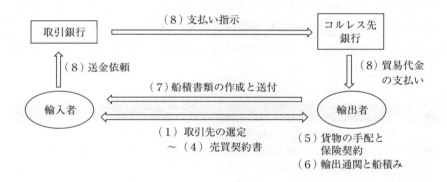

　荷為替手形を使用しない貿易取引は（1）から（8）の工程で完了する。（1）から（6）までは「信用状なし荷為替手形」と同様である。荷為替手形を使用しない場合の貿易代金の回収は（7）（8）の2工程で完了する。
（7）船積書類の作成と送付
　輸出者は売買契約に従って船積書類を準備する。船積書類の種類や内容は売買契約により指示され、基本的に荷為替手形を使用する取引と変わりない。輸出者は請求書と船積書類を輸入者に送付する。貿易代金の回収に銀行は介在し

ないので、輸出者の作成する請求書は輸入者宛の単純な内容になる。

(8) 送金

　輸入者は、売買契約に従い貨物代金を輸出者に送金する。送金は、銀行の為替システムを利用するが、銀行に取立てや立替払いなどの代金決済を依頼するものではない。輸入者が送金を手配するタイミングは売買契約で定める。

　輸入者が貿易代金を支払うタイミングは売買契約により決定する。輸出地における船積みの時点、あるいは、船積書類の受領時点が目安といえる。たとえば、船積書類の到着を待って送金を行う売買契約であれば、輸入者のリスクは信用状取引と同様に極めて低い。逆に、輸出者は、輸入者が船積書類の受領後に貿易代金を支払うことは保証されない。いっぽう、船積みに合わせて送金する契約であれば、輸入者は売買契約通りの貨物が積まれた保証がない状態で代金を支払い、輸出者は代金回収のリスクを持ちながら貨物を船積みする。荷為替手形を使用しない貿易取引は、輸出者と輸入者の双方にとってリスクの高い取引である。したがって、相互に信頼できる取引先や親子間の取引などに使用するのが通常である。

> **POINT**
> 　輸出者のシッピングアドバイスや船積書類の送付、また、輸入者の代金決済はいずれもタイミングが重要である。荷為替手形を使用しない貿易取引は輸出者と輸入者の信頼関係で成り立っている。書類の送付や、支払いのタイミングが遅れることは信頼関係を崩す原因なる。輸出者、もしくは、輸入者の実務スペシャリストは、約束のタイミングに遅れることなく業務を進めるのが重要である。

4．インコタームズ

(1) インコタームズと貿易条件

　貿易取引の売買契約は貿易条件を示すためにインコタームズを使用するのが一般的である。FOB、CIF、EXW、FCAなど英語の3文字で表記する。特にFOBとCIFは、日本の通関に使用される貿易条件である。日本の輸出申告書には「日本の輸出港におけるFOB価格」、また、輸入申告書には「日本の輸入港におけるCIF価格」を記載する。

　インコタームズは貿易条件として使用するのが一般的だが、使用は任意であり輸出者と輸入者がインコタームズによる条件表示を合意する必要がある。また、インコタームズが規定するのは、「輸送に関する危険負担の移転時期」、ならびに、「輸送に関する費用負担の移転時期」であり、双方とも輸出者から輸入者に移転する時期である。インコタームズは、貿易取引の契約成立や所有権の移転とは無関係である。また、インコタームズが規定する移転の時期は、海上運送契約（B/Lの運送約款）や貨物海上保険（保険約款）の始点や終点とは必ずしも一致しない。

(2) インコタームズ、海上運送約款、貨物海上保険

①在来船とインコタームズ、海上運送約款、貨物海上保険

　世界の海上輸送は長い期間にわたり在来船が主力であった。現在の定期航路の中心はコンテナ船だが、コンテナ船の歴史はわずか半世紀強である。インコタームズ、海上運送約款、貨物海上保険は在来船の時代に生まれ、運送手段と貿易環境の変化に合わせ進化してきている。

　在来船は、積港において本船に架装されたクレーンやデリック（「第2章4-(2)①船の種類」を参照）で輸出貨物を積み込む。下図は埠頭に着岸した在来船がデリックで貨物を積み取る模式図である。デリックは太い柱で下部の

留め具により前後左右に傾く構造になっている。頂上に滑車があり、図のようにワイヤー（点線）が組まれ甲板上のモーターで巻かれる。Aの位置で輸出貨物にワイヤーが接続され、最初に左側のモーターでワイヤーを巻くと貨物が岸壁から吊り上げられる。次に右側のワイヤーを巻き、左側のワイヤーを伸ばすと貨物は船の中央部分に移動する。この位置で左右のワイヤーを同時に伸ばすと貨物は真下に降下しBの位置、すなわち甲板に置かれる。

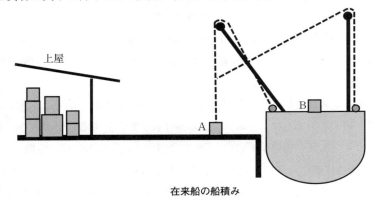

在来船の船積み

　輸出港で、在来船が自船の荷役機器により貨物を積み取り、甲板に置くまでの作業を対象にインコタームズ、海上運送約款、貨物海上保険の関連を見ると次の通りである。

【インコタームズ】
　輸送に関する危険負担の移転と費用負担の移転は次の通りである。
　危険負担の移転：FOB、CFR、CIF条件の場合は、輸出貨物が甲板に置かれた時点で輸出者から輸入者に移転する。すなわち、B点である。
　費用負担の移転：移転の時期は、FOB、CFR、CIF条件により異なる。
　FOB：輸出貨物が甲板に置かれた時点で移転する。
　CFR：輸入港までの海上運賃は輸出者の負担である。貨物海上保険は輸入者の負担である。
　CIF：輸入港までの海上運賃と貨物海上保険は輸出者の負担である。

【海上運送約款】

海上運送約款に基づく船社の輸送責任は、Aの位置で貨物を持ち上げた時点でスタートする。終点は、揚げ港で貨物を埠頭に置いた時点である。インコタームズの移転の時期とは必ずしも一致しない。たとえば、インコタームズのFOBをみると、インコタームズによる移転がBに対し船社の輸送責任はAの位置で始まっている。

【貨物海上保険】

貨物海上保険を付保できる最長の期間は、輸出者の倉庫や工場から輸入者の倉庫や工場までである。インコタームズのEXWやDDP条件は最長期間を対象に貨物海上保険を付保する。名称は"海上保険"だが輸出地と輸入地の内陸輸送が含まれる場合がある。ただし、常に最長期間を付保できるものではない。貨物海上保険を付保できるのは、保険を付保する輸出者、もしくは輸入者が輸送に関する危険を負担する範囲に限定される。たとえば、FOB条件はインコタームズに従って輸入者が貨物海上保険を負担する。付保の範囲は輸入者が輸送に関する危険を負担する範囲、すなわち、貨物が甲板に載せられたBの位置から輸入地における自社の倉庫や工場までである。FOB条件は、インコタームズの移転の時期と貨物海上保険の始点は一致するが、海上運送約款の始点とは一致しない。

②コンテナ船とインコタームズ、海上運送約款、貨物海上保険

現在の海上輸送の主力はコンテナ船である。在来船による輸送とコンテナ船による輸送の相違点は海上運送約款に現れる。

【インコタームズ】

コンテナ輸送用にはFCA、CPT、CIPなどの条件がある。これらの条件は、在来船用のFOBやCIFと同様に運送に関する危険負担と費用負担の移転時期を示すものである。

【海上運送約款】

船社の輸送責任の範囲が在来船と根本的に異なる。コンテナ船を使用する

船社の輸送責任は、積地のCYやCFSで貨物を受け取った時点でスタートし、揚げ地のCYやCFSで貨物を荷受人に渡したときに終了する。具体的には、CYやCFSにおいて輸出者の手配した輸送機器(通常はトラック)から貨物を持ち上げた時点で輸送責任がスタートする。終点は、CYやCFSにおいて輸入者の手配した輸送機器に貨物を載せた時点である。ただし、船荷証券(B/L)に仕向国の内陸地点までの輸送が記載されている場合は、当該記載された場所までの輸送責任を負う。

【貨物海上保険】

在来船による輸送と同一の基準である。最長は、輸出者の倉庫や工場から輸入者の倉庫や工場までであり、付保者である輸出者、もしくは、輸入者が輸送に関する危険を負担する範囲に限定される。

POINT

インコタームズは英語の3文字で表示するのが一般的である。実務スペシャリストは、インコタームズの条件により自社の手配すべき事項を瞬時に判断できなければならない。輸出者の実務スペシャリストであれば以下が一例である。

FOB：船積予定船の船社と船名は輸入者から連絡がある。運賃支払いや貨物海上保険の手配は不要である。ただし、船積みするまでに発生する危険を付保する輸出FOB保険の手配が必要である。

CIP：船社と船積予定船を選択した上でブッキングを行い運賃の支払いを準備する。貨物海上保険は、売買契約書に明記がなければ自社の倉庫や工場から輸入港までの範囲で手配する。

(3) インコタームズの11条件

インコタームズの条件を説明する際は「売主」と「買主」の用語を使用するのが一般的である。「売主＝輸出者」、「買主＝輸入者」と理解すればよい。

①EXW：Ex Works

「工場渡し条件」と呼ばれる。輸出貨物を売主の工場や倉庫で運送人に引き

渡し、引き渡した時点で運送の危険負担と費用負担が買主に移転する。運送人は買主が指名する。運送人とは、船社、NVOCC（「第2章4-(4)複合一貫輸送」を参照）、航空会社の代理店、複合運送人等である（この運送人の定義は他の条件にも適用される）。売主は、国内取引と同様の荷渡しになる。輸出国の国内輸送と輸出通関、ならびに国際輸送と輸入国における輸入通関と国内輸送は全て買主が負担する。

②FCA：Free Carrier

「運送人渡し条件」と呼ばれる。コンテナ船による輸送を前提とした条件である。売主は、輸出地における指定場所、もしくは、CYやCFSで運送人に貨物を渡し、渡した時点で運送の危険負担と費用負担が買主に移転する。運送人は買主が指定する。

指定場所が売主の施設の場合は、運送人の輸送手段に貨物が積まれたときに引渡しが完了する。CYやCFSなど売主の施設以外の場合は、売主の手配した輸送手段の上に貨物が載っている状態で運送人の処分に委ねたときに引渡しが完了する。輸出通関は売主の負担である。この条件を使用する場合は、売買契約書に特定のCYやCFSを明記するのが一般的である。

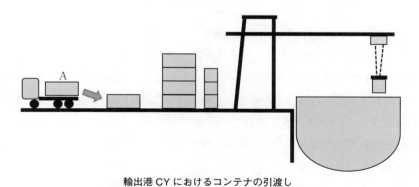

輸出港CYにおけるコンテナの引渡し

FCA、CPT、CIP条件では、売主の手配した運送手段に乗せられたコンテナをCYの作業会社が持ち上げた時点で引渡しが完了する。すなわち、Aの位置で運送に関する危険負担は売主から買主に移転する。いっぽう、費用負担の移転は条件により異なる。

③CPT：Carriage Paid To

「輸送費込条件」と呼ばれる。コンテナ船による輸送を前提とした条件である。本条件は危険負担と費用負担の移転の時期が異なるので注意が必要である。

　危険負担は、売主が輸出地において売主の指定した運送人に貨物を渡した時点で移転する。FCAと同様の内容だが、売主が運送人を指名する点が異なる。いっぽう、費用負担は売主が輸入地までの輸送費を負担する。危険負担が買主に移転した後も輸入港までの海上運賃は売主の負担である。貨物海上保険は買主の負担である。通関は、輸出通関は売主、輸入通関は買主が負担する。

④CIP：Carriage and Insurance Paid To

「輸送費、保険料込条件」と呼ばれる。コンテナ船による輸送を前提とした条件である。危険負担の移転はCPTと同一であり、売主が輸出地において売主の指定した運送人に貨物を渡した時点で移転する。費用負担は、売主が輸入地までの輸送費と貨物海上保険料を負担する。売主が貨物海上保険料を負担する点がCPTの費用負担と異なる。本条件は、CPTと同様に危険負担と費用負担の移転が異なるので注意が必要である。通関は、輸出通関は売主、輸入通関は買主が負担する。

⑤DAT：Delivered at Terminal

「ターミナル持込渡し条件」と呼ばれる。運送の手配は売主が行い、買主の指定した仕向港または仕向地のターミナルに到着した貨物を運送手段から卸した後に買主に渡される。この時点で危険負担と費用負担の双方が売主から買主に移転する。「ターミナル」には、CY、航空貨物ターミナル、倉庫、埠頭、道路が含まれるので売買契約に具体的な場所を明記する。輸出通関は売主、輸入通関は買主の負担になる。

　インコタームズの「引渡し」は「車上渡し」が原則である。すなわち、貨物が運送手段に載せられた状態で売主から買主に引き渡される。しかし、DAT条件は貨物を運送手段から卸した状態で売主から買主への引渡しが行われる。

⑥DAP：Delivered at Place

「仕向地持込渡し条件」と呼ばれる。運送の手配は売主が行い、買主の指定した場所に到着し、貨物を運送手段に載せた状態で引き渡す。引き渡す時点で危険負担と費用負担の双方が売主から買主に移転する。DATと異なり、運送手段から貨物を卸す作業は買主の負担である。輸出通関は売主、輸入通関は買主の負担である。

⑦DDP：Delivered Duty Paid

「関税込持込渡し条件」と呼ばれる。運送の手配は売主が行い、輸入国における輸入通関と関税等の納付を済ませ、買主の指定場所まで貨物を輸送する。輸送機器に載せられた貨物を買主の処分に委ねたときに危険負担と費用負担が買主に移転する。仕向国における輸入通関や関税等の支払いは全て売主の負担であり、買主は輸送機器から貨物を卸す作業のみ負担する。DDPは、買主にとってあたかも国内取引と同様の簡便な輸入方法でありEXWの対極に位置する。

⑧FAS：Free Alongside Ship

「船側渡し条件」と呼ばれる。「船側」は船の外側の側面である。在来船を前提にした条件であり、買主が本船と船積港を指定する。売主が輸出貨物を船積港において船側に置いた時点で危険負担と費用負担が買主に移転する。「船側」は、陸上側（埠頭）と海上側（はしけ等）の双方が対象になる。一般的な条件ではなく、貨物の積卸にノウハウを要し、かつ費用が掛かる貨物、たとえば丸太などに限定される。輸出通関は売主が行う。

⑨FOB：Free on Board

「本船渡し条件」と呼ばれる。在来船を前提にした条件である。売主が、輸出貨物を買主の指定した本船の船上（甲板）に置いた時点で危険負担と費用負担が買主に移転する。

⑩CFR：Cost and Freight

「運賃込み条件」と呼ばれる。在来船を前提にした条件である。危険負担と費用負担の移転時期が異なるので注意が必要である。危険負担は、売主の手配した本船の船上（甲板）に貨物が置かれた時点で移転する。移転時期はFOBと同一だが、CFRにおける船の手配は売主が行う。いっぽう、費用負担は、売主が輸入地までの輸送費を負担する。貨物海上保険は買主の負担である。通関は、輸出通関は売主、輸入通関は買主が負担する。

⑪CIF：Cost、Insurance and Freight

「運賃、保険料込み条件」と呼ばれる。在来船を前提にした条件である。CFRと同様に危険負担と費用負担の移転時期が異なる。危険負担は、FOBやCFRと同様である、すなわち、売主が手配した船の船上（甲板）に貨物が置かれたときに買主に移転する。費用負担は、売主が輸入地までの輸送費と貨物海上保険を負担する。通関は、輸出通関は売主、輸入通関は買主が負担する。

インコタームズの"費用負担"

条件	輸出国内陸輸送	輸出国輸出通関	海上輸送	貨物海上保険	輸入国輸入通関	輸入国内陸輸送
EXW	買主	買主	買主	買主	買主	買主
FCA	売主	売主	買主	買主	買主	買主
CPT	売主	売主	売主	買主	買主	買主
CIP	売主	売主	売主	売主	買主	買主
DAT	売主	売主	売主	売主	買主	買主
DAP	売主	売主	売主	売主	買主	売主
DDP	売主	売主	売主	売主	売主	売主
FAS	売主	売主	買主	買主	買主	買主
FOB	売主	売主	買主	買主	買主	買主
CFR	売主	売主	売主	買主	買主	買主
CIF	売主	売主	売主	売主	買主	買主

<FOB>
FOBは「本船渡し条件」だが、これはインコタームズの定義である。「FOB」の用語はインコタームズ以外にも使用されている。特に注意を要するのは「1941年改正の米国貿易定義」であり6種類のFOBが定義されている。米国で使用するFOBは「貨物の引渡場所」の意味合いが強いといえる。したがって、内陸ポイントでの引渡しもFOBの一種になる。

POINT

　FAS、FOB、CFR、CIFの4条件は在来船用、他の7条件はコンテナ船用である。世界の主要航路の主力はコンテナ船であり、本来はFASからCIFまでの4条件を避けFCAやCPTなどを使用すべきである。しかし、コンテナ船による輸送を想定するにもかかわらずFOBやCIF条件の売買契約を締結する割合は依然として高率である。輸出入者の実務スペシャリストは、インコタームズの条件と指定された貨物船の船種（在来船orコンテナ船）が合致しない場合の対処法を習得する必要がある。継続取引の相手であれば、過去の船積手配が参考になる。新規の取引相手であれば、疑問点は事前に確認する慎重な対応が求められる。

ココで差がつく！ 仕訳

　タイ国から欧州までの複合一貫輸送の手配で大混乱が発生した。品物は衣類。3か所の縫製工場で製造された製品を倉庫に集め、バン詰めしFCL輸送する。40フィートドライコンテナを使用したFCL輸送であり、工場のドアーを起点とする複合一貫輸送としては比較的単純である。

　エンドユーザーの発注に従ってバン詰めするため、インボイスやパッキングリストなどの通関書類は事前に作成される。現場は、パッキングリストに従って倉庫の在庫からピッキングしバン詰めする手順である。一見して単純な工程で混乱が生じたのは、作業員の能力を無視したマニュアルの作成であった。製品はS、M、L、XLの4種類、さらに、カラーは白、赤、黄、青の4種類が揃っていた。輸送用のカートン箱は全て同一のサイズで製品のコード番号が印刷され、最後の2文字でサイズとカラーを表す方式である。たとえば、SW、LY、XRである。読者はすでにお分かりであろう。内容物はSサイズの白、Lサイズの黄、XLサイズの赤である。しかし、工場の作業員と倉庫の作業員の双方が2文字の分類を十分に理解できなかった結果、梱包の時点とバン詰めの時点でミスが頻発した。貿易契約の履行と通関の双方に支障が出るトラブルである。

　作業工程を設計する段階で、作業員にS=Small、M=Mediumと読むことは期待していなかった。「SW」、「LY」、「XR」を記号として扱うことを想定したが、作業員がアルファベットに慣れていなかったこと、また、分類が16種類と多かったのが混乱の主因であった。作業工程は管理者の基準で設定してはならない。ちなみに、上記のトラブルの解消は意外と簡単であった。内容物に合わせ、サイズと色の異なるカラーシールをカートンに貼付することで解決した。アルファベットのよる識別は万能ではない。実務スペシャリストは、情報伝達の最適方法を模索しなければならない。

5．貿易代金の決済と為替

　輸出者は、貨物を船積みし貿易代金を受領することで貿易取引を完結する。貿易代金として輸出者が「現金」を受け取るのは極めて異例であり、通常は輸入地の銀行と輸出地の銀行を経由した送金で決済する。

　輸出者は、受領した貿易代金が自国通貨であれば、その時点で貿易取引の完了になる。しかし、外貨で受け取ると自国通貨への交換が必要になる。外貨を銀行に売却し、交換に自国通貨を受け取ることで輸出者の貿易取引は完結される。いっぽう、輸入者は、外貨建ての売買契約を締結したときは、自国通貨を銀行に提示して外貨を購入し送金しなければならない。輸出者と輸入者は、外貨建ての売買契約を締結したときは常に通貨の換算率、すなわち、為替相場の影響を受ける。

　貿易代金の決済方法は下図の通りである。いずれの方法を選択しても、自国通貨を外国通貨に交換する問題は発生する。輸出者、もしくは、輸入者、あるいは、両者は為替相場の影響から逃れることはできない。

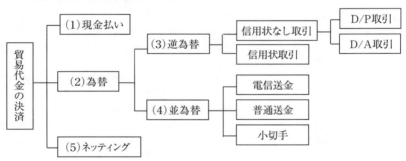

（1）現金払い

　COD（Cash on Delivery）と呼ばれる。輸入者が、輸出者の工場や倉庫に出向き、商品の受取りと交換で代金を現金で支払う方法である。輸出者は、国内

取引と同様に現金を受け取るのでリスクのない貿易取引である。また、輸入者は、商品と引換えに代金を支払うので商品入手のリスクがないといえる。ただし、現金を持参するリスクが発生する。また、輸入者は、自国通貨を現地通貨に交換して持参するので為替相場の影響を受ける。

（2）為替の概要

「為替」とは 現金を移動させずに送金する方法である。古典的な為替は小切手である。送金者が、銀行に現金を提示し小切手の発行を受け受取人に送付する。受取人は小切手を発行銀行の提携銀行に提示し現金を受け取る。小切手を使用することにより、現金を送付する危険を回避できるが、送付中に小切手を紛失する危険が残る。また、偽造や変造の小切手が出回る危険も発生する。現在は、小切手の利用比率は低く、送金者から現金の提示を受けた銀行が提携先の銀行に支払いを指示する方法を取っている。この通知には銀行間の通信システムを使用する。為替には常に次の2つの銀行が関与する。

- 送金者から現金を受け取り、提携先の銀行に支払いを指示する銀行。
- 支払い指示を受け、受取人に現金を立替払いする銀行。

2つの銀行は、「現金を受領した銀行」と「現金を立替払した銀行」になるので銀行間の清算が必要である。2つの銀行は事前にコルレス契約を締結し、契約に従って為替業務を分担し清算を行う。銀行間の清算も現金を送る方法は取られない。清算方法は複数あるが、代表的な方法は次の通りである。

- 相互に相手の銀行に自行の口座を開設し、入出金を行う。
- ロンドンやニューヨークなどの金融中心地の大手銀行にそれぞれが口座を保有し、その口座間の振替で清算する。

為替は、並為替と逆為替に大別される。送金の依頼や指示と金額の流れが同じ方向になるのが「並為替」である。貿易取引では、輸入者が銀行に送金を依頼するのが並為替である。いっぽう、送金の指示と金額の流れが逆になるのが「逆為替」である。輸出者が取引銀行に貿易代金の回収を依頼し、この依頼に基づいて輸入者が送金する場合である。貿易取引に使用する為替の典型は逆為

替といえる。

（3）逆為替

　送金の依頼や指示の流れと金額の流れが逆の方向になるので「逆為替」と呼ばれる。貿易取引の逆為替は、輸出者が送金を指示し、輸入者が送金する手順である。逆為替には、「信用状なし（D/P、D/A）」と「信用状付」があり、それぞれの手順は次の通りである。

①D/P取引

　D/PはDocuments against Paymentの略であり、「3．（4）　信用状なし荷為替手形」の決済である。

Ⅰ．荷為替手形の作成と取立依頼

　輸出者は、売買契約に従って為替手形を作成する。D/P決済用の為替手形は"一覧払手形"である。売買契約には為替手形に添付する各種の書類が規定されており、輸出者は為替手形と添付書類を合わせた荷為替手形を作成する。輸出者は、荷為替手形を自社の取引銀行に提示し輸入者から貿易代金の取立てを依頼する。

Ⅱ．荷為替手形の送付

　荷為替手形を受領した銀行は、輸入地の提携銀行（コルレス先）に荷為替手形を送付し輸入者からの取立てを指示する。

Ⅲ．貿易代金の取立てと入金

　提携銀行は、輸入者に荷為替手形の到着を通知し支払いを要求する。支払いを受けた時点で、船積書類を輸入者に交付し、輸出地の銀行に代金の回収を通知する。

Ⅳ．貿易代金の支払い

　代金回収の通知を受けた輸出地の銀行は、回収した金額を輸出者に支払う。

Ⅴ．銀行間の清算

　2つの銀行は、コルレス契約に従って清算をする。

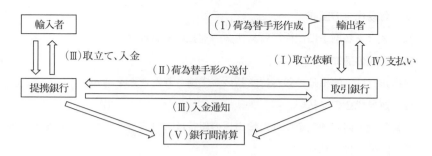

②D/A取引

D/AはDocuments against Acceptanceの略である。D/P決済との相違は、輸出者の作成する為替手形が輸入者に決済猶予を与える"ユーザンス手形"である。輸入者は、貿易代金の支払いをせずに船積書類を受け取り、決済はユーザンス手形の支払猶予期間内に実行すればよい。輸入者は、船積書類の受領から貿易代金の決済までに時間的猶予があるので、輸入貨物を売却した資金を使って貿易代金の決済が可能である。いっぽう、輸出者は、ユーザンス手形を発行することにより輸入者が決済を実行するまで代金の回収を待たなければならない。

Ⅰ．荷為替手形の作成

輸出者は、売買契約に従ってユーザンス（支払猶予）付の為替手形を作成する。船積書類を添付し荷為替手形として自社の取引銀行に提示し輸入者からの代金回収を依頼する。

Ⅱ．荷為替手形の送付

荷為替手形を受け取った銀行は、輸入地の提携銀行に荷為替手形を送付し輸入者からの取立てを指示する。

Ⅲ．荷為替手形の到着通知

提携銀行は、輸入者に荷為替手形の到着を通知し支払いの確認を要求する。

Ⅳ．決済の確約

輸入者は、為替手形に記載された支払猶予期間内に支払うことを確認し船積書類を受け取る。

Ⅴ. 貿易代金の回収

輸入者は支払猶予期間内に貿易代金の支払いを実行する。

Ⅵ. 回収の通知

提携銀行は、輸出地の銀行に支払いが実施されたことを通知する。

Ⅶ. 貿易代金の支払い

貿易代金の回収通知を受けた輸出地の銀行は、輸入者から回収した金額と同額を輸出者に支払う。

Ⅷ. 銀行間の清算

2つの銀行は、コルレス契約に従って清算する。

③信用状取引

「2．信用状取引の概要」で解説した手順は"一覧払手形"を使用したものである。実務で輸出者が作成する為替手形は一覧払手形とユーザンス手形がある。

Ⅰ. 荷為替手形の作成

輸出者は、信用状に従って為替手形を作成する。作成する為替手形には"一覧払手形"と"ユーザンス手形"の双方がある。また、信用状の求める諸々の書類を添付し荷為替手形とする。

Ⅱ. 荷為替手形の買取り

輸出者は荷為替手形を自社の取引銀行に提示し買取りを要求する。荷為替手形と信用状の提示を受けた銀行は、両者の整合性を審査し齟齬がなければ買取りを行い貿易代金を輸出者に立替払いする。ユーザンス手形の場合は、ユーザンス期間中の金利に相当する金額を控除した貿易代金を立替払いする。輸出者は貿易代金を受け取り貿易取引を完了する。

Ⅲ. 荷為替手形の発行銀行宛送付

買取銀行は、発行銀行に荷為替手形を送付する。

Ⅳ. 貿易代金の回収

発行銀行は、輸入者に荷為替手形の到着を通知する。輸入者は、貿易代金を

支払い船積書類を受領する。ユーザンス手形のときは、輸入者はユーザンス期間中の支払いを確約することで船積書類を受け取る。

V．銀行間の清算

輸出者に立替払いした買取銀行と輸入者から決済金額を回収した発行銀行は、コルレス契約に従って清算を行う。銀行間の清算は貿易代金の回収とは無縁である。したがって、時系列としては、銀行間の清算は輸入者の代金支払いより前になる可能性がある。

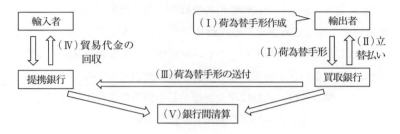

（4）並為替

送金の依頼や指示の流れと金額の流れが同じ方向になるので「並為替」と呼ばれる。最初に輸入者が送金手続きをとり、輸出者は輸出地の銀行に支払指示が届くのを待つことになる。並為替の手順は次の通りである。

Ⅰ．送金者（輸入者）が売買契約に従って輸入地の銀行に現金を提示し送金を依頼する。

Ⅱ．送金の依頼を受けた受けた銀行は、支払地の提携銀行（コルレス先）に支払いを指示する。

Ⅲ．支払いの指示を受けた銀行は輸出者に貿易代金を支払う。

Ⅳ．2つの銀行は、コルレス契約に従って清算を行う。

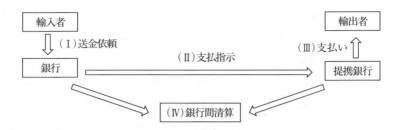

　上記の「（Ⅱ）支払指示」をケーブルで行うのが「電信送金」、郵便で行うのが「普通送金」である。現在の電信送金はSWIFTを使用する。

　「電信送金」や「普通送金」の代わりに小切手を送付する方法も使用されている。これも並為替の一種といえるが、輸送中に紛失等の危険があるので高額の決済には適さない。小切手送付の決済手順は次の通りである。

（Ⅰ）、（Ⅱ）輸入者は、銀行に現金を提示し小切手の発行を受ける。
（Ⅲ）輸入者は受領した小切手を輸出者に送付する。
（Ⅳ）、（Ⅴ）小切手を受領した輸出者は、小切手に記載のある銀行に提示し現金を受け取る。
（Ⅵ）2つの銀行は、コルレス契約に従って清算を行う。

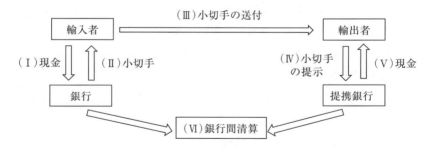

<SWIFT>

国際銀行間通信協会（Society for Worldwide Interbank Financial Telecommunication）が提供する国際オンラインシステムであり金融機関同士の決済に使用される。従来のテレックスや電報に代わるもので通信内容は完全に暗号化され、かつ、本システムに接続するハードウエアとソフトウエアは協会が認定したものに限定される。

（5）ネッティング

　親子間や同一グループのメンバー社が相互に輸出入取引を行う場合の簡易な決済方法である。ネッティングの参加者が相互に相手の決済能力に不安や疑問を持たないことで成立する決済方法である。ネッティングを採用した場合であっても為替の影響から逃れることはできない。ネッティングに使用する通貨が円貨であれば、日本のメンバー社は為替の影響を受けないが外地のメンバーは輸出と輸入の双方で影響を受ける。また、中立的なUSドルでネッティングの集計を行う場合は、米国に所在するメンバー社以外は為替の影響を受けることになる。

①2社間のネッティング

　個々の貿易取引の決済は行わない。2社は、相互に相手に対し貿易取引により発生した債権と債務を記録し相殺後の残高を持つ。相殺後の債権（債務）残高が一定額に達した時点、あるいは、一定期間の経過ごとに決済を行う。

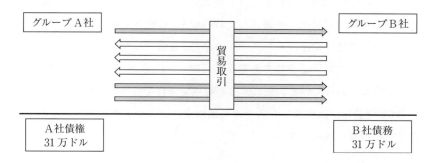

　A社とB社は複数の貿易取引を行ったが、個々の取引の決済は行わない。両社は個々の取引により発生した債権と債務を記録し累計する。上記の例はUSドルを使用したネッティングであり、A社は累計で31万ドルの債権、B社は同額の債務を負っている。

②マルチネッティング

2社間のネッティングと同じ手法だが、参加社が3社あるいはそれ以上になる。メンバー会社間の全ての貿易取引を対象にネッティングを行う。

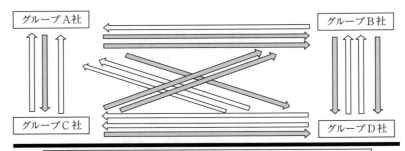

```
グループA社 ： 債権    82万ドル
グループB社 ： 債権     3万ドル
グループC社 ： 債務    61万ドル
グループD社 ： 債務    24万ドル
  グループ内 債権合計： 85万ドル    グループ内 債務合計： 85万ドル
```

上図は、A、B、C、Dの4社が参加するマルチネッティングの例である。4社はそれぞれ他の3社と貿易取引を行うが個々の取引の決済は行わない。代わりに個々の取引の債権、債務を記録し相殺した残額を保有する。上の例では、一定期間の複数の貿易取引を終了した時点でA社は82万ドルの債権を保有している。この債権は、特定のメンバー社に対する債権ではなく、マルチネッティングのシステムに対する債権である。いっぽう、C社は、同システムに対し61万ドルの債務を負っている。仮に、この時点で清算を行う場合は、債務を負っているC社とD社が債務額をシステムに供出すれば、システムに債権を持っている2社は債権を回収できる。

POINT

ネッティングは事前に運営ルールを定め参加者に順守を求めるのが通常である。マルチネッティングの場合は、事務局が設置され一定期間ごとに参加社からの実績報告を集計し、集計結果を参加社に配布する。参加社の報告が誤っている、あるいは、不完全であると全体の集計が困難になる。メンバー社に属する実務スペシャリストは、運営ルールに従って自社の取引を記録し事務局宛に報告する重大な業務を担うことになる。

（6）為替相場

　現金払いからマルチネッティングまでを見てきたが、いずれの決済方法を選択しても為替相場の影響から逃れることはできない。2国間の貿易取引は、輸出者と輸入者がそれぞれ異なる通貨を使用しており決済には必ず通貨の交換が発生する。通貨の交換比率が為替相場である。

　貿易取引の決済に使用する通貨は輸出者と輸入者の合意により選択し売買契約書に明記する。たとえば、日本からの輸出貨物の売買契約に「円貨」を使用すれば、輸出者は円貨を入金するので通貨を交換する問題は発生しない。しかし、輸入者は、自国通貨を円貨に変えて送金することを求められる。基軸通貨の使用も同様である。たとえば、日本からシンガポール向けの輸出を米ドル建てで契約すれば、シンガポールの輸入者は自国通貨を米ドルに換えて日本に送金する。日本の輸出者は入金した米ドルを円貨に変える必要がある。

　貿易取引の締結時に、輸入者は自国通貨を決済用の通貨に交換する比率、また、輸出者は受け取る通貨を自国通貨に交換する比率を念頭に置いて採算を計算する。自国通貨と他の国の通貨の換算比率は為替相場で決定され日々変動する。輸出者と輸入者は、売買契約の締結後は為替相場の変動にも注意を払わなければならない。相場の変動は自社にとって有利と不利の双方があり、変動を嫌うのであれば為替予約により換算率を確定することができる。

①為替相場の概要

　為替相場には対顧客取引相場と銀行間取引相場があり、輸出者や輸入者が利用するのは対顧客取引相場である。為替相場は買相場と売相場で構成される。たとえば、日本の輸出者が貿易代金を米ドルで受領すると、米ドルを銀行に売り円貨を受け取る。銀行は米ドルを買い円貨を渡す。米ドルの円貨への交換は、輸出者の米ドル売りと銀行の米ドル買いで成立する。一つの行為に対し売りと買いが発生するので為替取引の"売り"と"買い"は銀行の立場で表記する。したがって、輸出者が受領した米ドルを円貨に変えるのは、銀行が米ドルを買

い取る行為であり「買相場」を使用する。

　対顧客取引相場は、"対顧客仲値（TTM：Telegraphic Transfer Middle Rate）"を中心に置き、買相場と売相場で構成される。対米ドルの相場は、一般的にTTMの＋1円がTTS、－1円がTTBになる。さらに、TTMの＋2.80円が現金売相場、－2.80円が現金買相場になる。TTMは日々変動する。また、TTMに標準レートはなく銀行により提示金額が異なる。したがって、TTBやTTSなども銀行によりレートが異なる。下図は、対顧客取引相場（米ドル）のサンプルである。

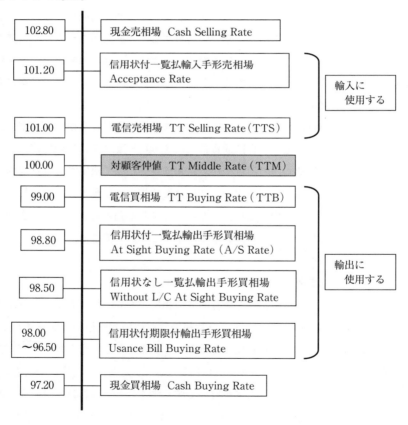

為替手形の決済に使用する相場は、輸入者が使用するのはTTSと現金売相場の間、輸出者はTTBと現金買相場の間に位置する相場を使用する。

【対顧客電信売相場：Telegraphic Transfer Selling Rate（TTS）】

貿易代金の決済用に銀行が外貨を輸入者に売る相場である。外貨の現金を渡すものでなく、送金用の外貨の売渡しを目的とする。輸入者は、円貨を銀行に提示し外貨に交換した後に送金に使用する。

【対顧客電信買相場：Telegraphic Transfer Buying Rate（TTB）】

輸出者が為替で受領した貿易代金の外貨を銀行が買い取り円貨を渡すときの相場である。

【現金売相場：Cash Selling Rate】

銀行が、円貨の提示を受け外貨の現金を売るときの相場である。TTSやTTBと異なり、購入者は外貨の現金を手にする。

【現金買相場：Cash Buying Rate】

銀行が外貨の現金を買い取り円貨を渡すときの相場である。

②輸入者の使用する為替相場

日本の輸入者が円貨以外の通貨で貿易代金を支払う場合は、銀行に円貨を提示し交換した外貨を送金する。このときに使用する為替相場が"売相場"であり売買契約の内容により換算率が異なる。

Ⅰ．**信用状を使用した一覧払手形の決済**

信用状を使用した売買契約、かつ、輸入者は船積書類を受け取る前に貿易代金を決済する。

⇨信用状付一覧払輸入手形売相場（Acceptance Rate）

"Acceptance Rate"は、TTSに「メール金利」を上乗せした相場である。信用状を使用した一覧払の売買契約は、買取銀行が荷為替手形を輸出者から買い取り貿易代金を立替払いする。買取銀行が行った立替払いの時点から銀行間の清算を行うまでの期間に対応する金利を上乗せしたのが"Acceptance Rate"である。"Acceptance Rate"の使用は、輸入者が金利を負担すること

を意味する。

Ⅱ．信用状を使用したユーザンス手形の決済

信用状を使用し、輸出者は支払猶予付きの為替手形を振り出す場合に使用する。輸入者は決済を約束した時点で船積書類を受領し、為替手形に記載された支払猶予期間内に貿易代金を支払う。

⇨対顧客電信売相場：Telegraphic Transfer Selling Rate（TTS）

Ⅲ．信用状なし為替手形の決済

⇨対顧客電信売相場：Telegraphic Transfer Selling Rate（TTS）

③輸出者の使用する為替相場

輸出者は、輸入者から送られてきた外貨を銀行に買い取ってもらい円貨を受け取るので"買相場"を使用する。信用状を使用した貿易取引は、輸出者が作成した外貨表示の荷為替手形を銀行が買い取るのでやはり買相場を使用する。

Ⅰ．信用状を使用した一覧払手形の買取り

⇨信用状付一覧払輸出手形買相場（At Sight Buying Rate）

Ⅱ．信用状を使用したユーザンス手形の買取り

信用状を使用し、輸出者は支払猶予期間を持つ手形（ユーザンス手形）を発行する。支払猶予期間に対応する金利は輸出者が負担する。

⇨信用状付期限付輸出手形買相場：Without L/C At Sight Buying RateとCash Buying Rateの間の相場を使用する。支払猶予期間の長さにより使用する相場が異なる。

Ⅲ．信用状なし為替手形の買取り

銀行は、輸出者が作成する為替手形を買い取らず取立扱いにする、または、輸出者と輸入者の双方の信用が高いと判断したときは為替手形を買い取る。

- 為替手形の提示を受けた銀行が輸入地の提携銀行を通じて取り立てる場合

⇨Telegraphic Transfer Buying Rate（TTB）

- 為替手形の提示を受けた銀行が為替手形を買い取る場合

⇨Without L/C At Sight Buying Rate

④為替予約

　為替相場には直物相場と先物相場がある。直物相場は、売買を契約した約定日から2営業日後に外貨の受渡し、すなわち、「買い」もしくは「売り」を実行する。「直物」と称しながら実際の受渡しを2営業日後とするのは、国境を超えた取引が発生し各国に時差があるため事務処理の時間を確保するためである。直物の2営業日後を超えて受渡しを行うのが先物取引であり、約定日から3営業日以降の合意した期日に受渡しを実行する。輸出者や輸入者は、為替予約を行うことにより実際に外貨を銀行に売る、あるいは、銀行から買う時点の交換率を確定し為替の差損益を排除、もしくは、縮小できる。為替予約を行わないときは、貿易取引を締結した時点の為替相場と実際に外貨の売り買いを行う直物相場の差が差益、もしくは差損になる。

　為替予約に使用する先物相場は、銀行が対顧客の先物相場（先物予約レート）として公表するもので銀行によりレートは異なる。輸出者や輸入者は、取引銀行の先物予約レートを使用し将来の一定の時期（通常は決済時）における為替レートを決めることができる。為替予約を行うと取消しや修正は認められず予約した期日に予約した金額の売買を実行しなければならない。

　為替予約は輸出者、もしくは、輸入者の任意であり、また、為替予約を行う時期も自由に選択できる。為替予約は電話で取引銀行に通知するのが一般的だが必ず事後に為替予約票を取引銀行に提出する。為替予約票の様式は銀行により異なるが内容は極めてシンプルであり主たる記載事項は次の通りである。

- 日付
- 売手と買手（いずれかが銀行で他方が輸入者、もしくは輸出者）
- 売却、もしくは、購入する外国通貨の種類と金額
- 使用する相場の種類（TTBやTTSなど）と交換レート
- 受渡日

　為替予約票は、為替予約を行う輸出者、もしくは、輸入者と銀行の双方がサインし、それぞれが一通を保管する。

> **POINT**
>
> 　輸出入者の実務スペシャリストが為替予約のタイミングを決定することは想定されない。営業担当者や経理担当者が為替予約を取引銀行に通知し、実務スペシャリストが書類面の処理を担当することになる。為替予約票の差入れと為替予約に基づく外貨の購入もしくは売却になる。単純な書類作成業務だが内容の確認に注意が必要である。まず、「売り」と「買い」の確認、通貨の種類と金額、交換レートと受渡日などいずれもミスの許されない項目が連続する。

（7）輸入金融

　輸入者は、貨物を船社から受け取った時点で貿易取引を完了する。しかし、輸入者の貿易業務が真に完了するのはまだ先である。輸入者は、輸入した貨物を売却、もしくは、製品に加工した後に売却し販売代金を受領する。販売方法は即金と掛売があり掛売の比率が高い。販売日から一定の期日に代金を受け取るのが掛売であり、掛売の代金を回収した時点が輸入者にとって貿易業務の真の完了といえる。

　輸入者が、貿易取引の貨物代金を決済した日から、掛売の販売代金を回収するまでに時間差が発生する。輸入者が潤沢に資金を保有している場合は、時間差に起因する資金繰りを自社で受け入れることができる。しかし、手元資金に不安がある場合は、輸入金融を利用することで時間差を克服する。輸入金融は、信用状の「発行銀行」、「その他の銀行」、「輸出者」などが各種用意している。

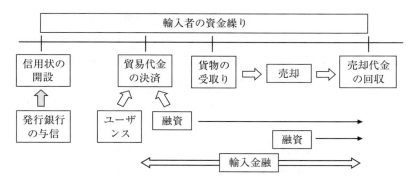

5. 貿易代金の決済と為替

　輸入金融は「ユーザンス（支払猶予）」と「融資」に大別される。具体的な項目は次の通りである。

輸入金融
├─ ユーザンス（支払猶予）
│　├─ 銀行ユーザンス
│　│　├─ ① 本邦ローン　　　　：信用状の発行銀行が貨物代金の決済用に資金を融資する。
│　│　├─ ② BCユーザンス　　　：取立銀行が、信用状なし荷為替手形の決済用資金を融資する。
│　│　├─ ③ BCディスカウント　：輸出地の銀行が信用状なし荷為替手形の支払猶予を輸入者に与える。
│　│　└─ ④ 外銀ユーザンス　　：発行銀行、買取銀行以外の銀行が信用状付の期限付き手形を買い取る。
│　└─ ⑤ シッパーズユーザンス：輸出者が期限付き為替手形を発行することで輸入者に支払猶予を与える。
└─ 融資
　　├─ ⑥ 輸入跳ね返り金融　　：輸入品を売却した先からの代金回収がユーザンス期間中に完了しない場合の資金繰りに充てる。
　　└─ ⑦ 直はね　　　　　　　：一覧払荷為替手形の決済に使用する。円貨で融資する。

＜ユーザンス＞

支払いの猶予である。輸入者は、貿易代金の支払いを一定期間猶予してもらい、代金を支払わずに船積書類を受領する。船積書類を入手した輸入者は貨物を受け取り、転売や生産工程に投入できる。貿易代金の決済はユーザンス期間中に行わなければならないが、輸入者は転売や生産した製品の販売による代金を利用することができる。

① 本邦ローン

　信用状を発行する銀行が代金決済用の資金を輸入者に融資する。融資は決済用の外貨で行う。日本の銀行が信用状を発行する場合は、国内で日本の輸入者に融資するので「本邦ローン」と呼ばれる。輸入者は、信用状の発行時に金額、期間、利率などを交渉するのが一般的である。本邦ローンは信用状の代金決済用の融資であり、輸入者が自由に使用できる資金ではない。発行銀行は決済用

の資金を輸入者に融資し、同額を貿易代金として輸入者から回収する。輸入者に借入残高のみが残り、実質的に輸入者からの貿易代金の回収を一定期間猶予するものである。

　本邦ローンに限らず、日本の銀行が輸入金融を行う場合は"貨物貸渡し（Trust Receipt：T/R）"を使用するのが一般的である。輸入貨物は、輸入者が融資を返済するまでは銀行の担保であり銀行が所有権を有している。したがって、輸入者は"貨物貸渡し"を利用して貨物の所有権を銀行から借り受け、船会社から貨物を受け取る仕組みである。

②BCユーザンス

　信用状なし取引に利用する支払猶予である。BCはBill for Collection（代金取立手形）である。信用状なし取引は、輸出者が荷為替手形を取引銀行に提示し、取引銀行は輸入地の提携銀行に取立てを依頼することで貿易代金の回収を図る。提携銀行は指示に従って代金を回収し、回収済の通知を輸出地の銀行に連絡する。回収の通知を受けた取引銀行は回収額を輸出者に支払う。以上が本来の回収手順だが、BCユーザンスは輸入地の提携銀行（取立銀行）が輸入者に一定期間の支払猶予を与え代金を回収せずに船積書類を交付する。いっぽう、輸出地の銀行に対しては輸出者宛に貿易代金の支払いを認める。

　BCユーザンスは、輸入地の取立銀行と輸入者の間のユーザンスであり、輸出地の銀行や輸出者は関与しない。輸入者は取立銀行から受けたユーザンス期間内に商品を売却し、売却代金を使用して貿易代金を清算する。

③BCディスカウント

　BCディスカウントは、輸出地の銀行（輸出者の取引銀行）と輸入者の間のユーザンスである。輸出者から荷為替手形の提示を受け貿易代金の取立てを依頼された輸出地の銀行は、輸入者が船積書類を買い取る意思を表明すると貿易代金の回収を一定期間猶予し船積書類を交付する。いっぽう、輸出者には貿易代金を支払い輸出者は貿易取引を完了する。輸入者は支払猶予を受けた期間内に商

品を売却し、売却代金を使用して輸出地の銀行に貿易代金を支払う。

④外銀ユーザンス

信用状付、かつ期限付荷為替手形（ユーザンス手形）の決済に利用する。ユーザンス手形は、輸出者が貿易代金の支払いを一定期間猶予するもので貿易取引の交渉時に輸出者と輸入者が交渉し合意する。輸入者は、ユーザンス手形により貿易代金の決済前に船積書類を入手できるので資金繰りが楽な決済方法である。いっぽう、輸出者は貿易代金の回収が遅れ資金繰りが厳しくなる。輸出者の問題を解消するのが「外銀ユーザンス」である。

輸出者は、特定の「外国銀行」宛に期限付き荷為替手形を作成し「外銀」から貿易代金を回収する。輸入者は、当該外銀に対し貿易代金の支払意思を表明することで船積書類を受領する。船積書類を使用して貨物を入手した輸入者は、貨物の売却代金を使用して期限付き荷為替手形の決済を行う。

⑤シッパーズユーザンス

輸出者が輸入者に支払猶予を与えるもので、支払猶予付きの為替手形を発行する。輸入者は、発行銀行、もしくは、取立銀行から荷為替手形の提示を受けた際に、支払いの引受けを表明することで船積書類を入手できる。実際の支払いは為替手形の支払猶予期限内に行えばよい。

信用状付、信用状なしのいずれの貿易取引にも使用できる。信用状付取引の為替手形は、通常のAt sight（一覧払）の代わりに支払猶予期間を記載する。たとえば、60 days after B/L dateであれば、船荷証券（B/L）の発行日から60日間の支払猶予になる。また、信用状なしの場合は、D/A決済（Documents against Acceptance）と呼ばれ、"D/A at 90 days after sight（一覧後90日）"であれば、輸入者は代金支払いの意思表明により船積書類を入手し、表明してから90日以内に決済を行えばよい。

⑥輸入跳ね返り金融

　ユーザンスを利用する輸入者は貿易代金の支払いを約束することで船積書類を入手できる。船積書類を使用して輸入した商品を売却し、売却代金でユーザンス期間内に貿易代金を決済するのが通常の流れである。しかし、商品の売却代金を手形で回収する場合は回収期間が長くなるのは避けられない。商品代金の回収がユーザンス期間を超える場合に使用するのが輸入跳ね返り金融（融資）である。融資で得た資金を使用してユーザンス期間内に貿易代金を決済することができる。支払期限の迫ったユーザンスを融資（輸入跳ね返り金融）に切り替えるのに等しい資金繰りである。

⑦直はね

　日本の銀行が、貿易代金の決済用資金を日本の輸入者に融資するものである。本邦ローンと異なり、円貨による融資である。金利が割高な外貨によるユーザンスが不利な場合に、輸入者はユーザンスを使用せずに銀行から円貨での融資（直はね）を受け、外貨に交換して貿易代金の決済を行う。

> **POINT**
> 輸入者に勤務する実務スペシャリストがユーザンスや融資の交渉を担うことはない。確定したユーザンスや融資の管理と実行が実務スペシャリストの担当になる。輸入金融は自社の取引銀行、信用状の発行銀行、外銀、輸出者が対象になり複雑である。ユーザンスや融資を受けた通貨の種類と金額、決済を行う時期を正確に記録し期日通りに決済を実行する事前準備が重要である。

ココで差がつく！　B/Lの発行

　B/LにはReceived B/LとOn Board B/Lがある。船社が輸出貨物を受け取った時点で発行するのがReceived B/L、予定船に積み取った後に発行するのがOn Board B/Lである。船社に貨物を渡したことは予定船に積まれる確約とはならない。貿易契約はOn Board B/Lを要求するのが通常である。

　貿易契約は船積期限を月単位で記載する場合が多い。5月末日、7月末日等である。輸出者は、指定された船積期限の最終週の出帆船を予定する傾向がある。5月末日に荷役を行うコンテナ船にブッキングした輸出者からB/Lの早期発行の依頼が船社に届き大騒ぎに

なった。原因は、輸出者の社内で発生した情報共有時の誤解であった。船積担当者は、5月末日の日付を持つB/Lが入手できると報告した。貿易契約を満足させるB/Lの意味である。いっぽう、報告を受けた経理担当者は、5月末日にB/Lが入手できると受け取った。経理担当者は、5月末日に荷為替手形を銀行に持ち込む前提で資金繰りを設定した。しかし、On Board B/Lは、全ての船積みが完了しターミナルが船積貨物の明細をNACCSに入力した時点で発行可能になる。荷役の終了時間によるが、荷役の当日に船積みの確認とB/Lの発行準備を整えるのはあわただしく、B/L発行は翌日以降になる場合が多い。しかし、このケースでは、B/L発行が6月になると輸出者の5月末の資金繰りが破たんする。

　輸出者の窮状を見かねた船社が特別の手配を行った。輸出者のコンテナが船積みされた時点で、個別にターミナルと税関の船積確認を受けB/Lを発行した。早い時間帯にコンテナが本船に積まれたのは輸出者にとって幸運であった。輸出者は5月末日にB/Lを受け取り、荷為替手形を銀行に持ち込んだ。

　B/Lは、荷為替手形を構成する船積書類の中で最後に入手する頻度が高い書類である。輸出者にとって、B/Lの入手は荷為替手形の完成であり、信用状取引の場合は輸出代金の回収に等しい。実務スペシャリストは貿易取引の完成にのみ注意を向けてはならない。貿易取引の代金回収は、輸出者の資金繰りと密接に関連している。

6．貿易に係る保険

　貿易取引に係る保険は各種用意されている。基本となる貨物海上保険、貿易保険、PL保険を取り上げる。それぞれの保険が対象とする危険、及び、保険金が支払われる損害の理解が重要である。

（1）貨物海上保険

①貨物海上保険の付保者

　貿易条件（インコタームズ）により貨物海上保険の負担者が決まる。負担者を決めるのはインコタームズに基づく運送に関する「費用負担」の移転時期である。輸出港の船積時点、あるいは、それ以前に「費用負担」が輸出者から輸入者に移転する場合は輸入者が負担者（付保者）になる。「費用負担」が輸入港に到着、もしくは、それ以降に輸入者に移転する場合は輸出者が貨物海上保険を負担する。

　貨物海上保険の付保期間は、最長の場合は積地の倉庫や工場、または、その

他の貨物を保管する場所を始点とし、終点は揚げ地の最終倉庫や工場、または、その他の貨物を保管する場所である。ただし、最長期間が常に使用できるものではない。貨物海上保険の付保期間は、付保者が「危険負担」する輸送期間に限定される。たとえば、FOBの付保者は輸入者であり、保険が有効なのは輸入者が「危険負担」する範囲、すなわち、積地で貨物が本船に積まれた時点から揚げ地の最終倉庫や工場、または、その他の貨物を保管する場所までになる。したがって、輸出者が自社の工場や倉庫から貨物を港に輸送し船に積むまでの工程は貨物海上保険の対象外である。輸出者は、船積みまでの輸送に伴う危険を対象に貨物海上保険とは別の保険（輸出FOB保険）を手配しなければならない。

②予定保険と確定保険

　貨物海上保険は、輸送危険が生じた時点で保険契約が成立していなければならない。具体的には、保険会社と付保者が保険契約の内容に合意し保険料を支払った時点で保険契約が成立する。したがって、FOB条件であれば、貨物が本船の甲板に積まれた時点で保険契約が成立していなければならない。また、CIF条件であれば、貨物が輸出者の倉庫や工場、あるいは、保管場所から輸出のために動かされた時点で保険契約が成立していなければならない。保険契約の締結に必要な情報は次の通りである。

- 被保険者名（貨物海上保険を付保する輸出者、もしくは、輸入者）
- インボイス番号
- 保険の開始地
- 積込港と積載船名
- 出港日
- 荷卸し予定港
- 貨物の明細と荷印
- 保険価額と保険金額付保割合
- 保険条件

▪ 保険金支払希望地

これらの情報の一部は貨物の船積み後に確定するが、船積みの完了時に運送危険は発生している。この問題を解決するのが「予定保険」である。付保者は、運送危険が発生する前に判明している情報のみで「予定保険」を締結する。「予定保険」を締結した時点で貨物海上保険の契約が成立したとみなし、保険契約に必要な事項が全て揃った時点で「確定保険」に切り替える。保険証券の作成、及び、保険料の支払いは「確定保険」の時点で行う。

③付保期間

貨物海上保険の付保期間は、「期間」の文言になっているが次のA点からB点までの地理的な移動が対象になる。

A点：輸出地の倉庫や工場、あるいは、貨物を保管する場所
B点：輸入地の倉庫や工場、あるいは、貨物を保管する場所

輸出用の貨物が輸送を目的に動き始めたときから、目的地に到着して置かれるまでの移動が貨物海上保険の対象である。インコタームズとの関連では、EXWとDDPが「A点からB点」に相当する貿易条件である。EXWでは、輸入者が全工程を対象に貨物海上保険を手配し、DDPでは輸出者が手配する。「A点からB点」は最長の付保期間であり、個々の保険契約は被保険者（付保者：輸出者もしくは輸入者）が危険負担する範囲に限定される。下図は、FOB契約の模式図である。

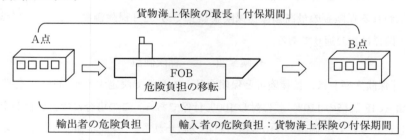

FOB条件（在来船による輸送を前提）は輸入者が貨物海上保険を付保する。
輸入者の危険負担は、輸出港において貨物が本船の甲板に置かれたときである。
貨物海上保険は、貨物が甲板に置かれたときにスタートしB点までになる。

貨物海上保険の終点は、「B点：輸入地の倉庫や工場、あるいは、貨物を保管する場所」になるのが通常だが無条件で適用にはならない。本船が揚げ港に到着後に何らかの理由で貨物の移動が止まった場合は、60日が経過すると付保期間は終了する。

　貨物海上保険の保険条件は複数あるが、「戦争」と「SRCC」に起因する貨物事故は常に対象外である。この2つの事故原因を貨物海上保険に含めるには、戦争とSRCCの特約を締結しなければならない。SRCCとはStrike、Riot and Civil Commotions（ストライキ、暴動、一揆）である。特約を締結した場合に、SRCCの付保期間は通常の貨物海上保険と同一になる。いっぽう、戦争特約は貨物が船上にある期間に限定され、陸上で船積みを待つ、あるいは、本船から卸された後に戦争に起因する貨物事故が発生した場合は保険の対象外である。

④保険価額と保険金額

　「保険価額」は貨物海上保険の対象になる貨物の価格である。しかし、「貨物の価格」は一つではない。輸出者の購入原価やインボイス価格、輸入者の輸入申告価格や国内販売価格など「貨物の価格」は複数存在する。貨物海上保険の保険契約に使用する「貨物の価格」はCIF価格の110％とするのが一般的である。110％は貨物の原価＋荷主の期待利益10％である。

　「保険金額」は、貨物に損害が発生したときに支払われる保険金の最高額である。貨物が全損した事故に対し常に保険価額が支払われるものではない。支払われる保険金の最高額は「保険金額」である。「保険価額」と「保険金額」の関係は次の通りである。

$$保険金額 \leq 保険価額$$

　「保険金額」は、被保険者と保険会社との交渉で決定するが通常は「保険価額（CIF価格の110％）」に対し100％付保である。この場合には、貨物が全損したときにCIF価格の110％相当額が支払われる。「保険金額」が確定すると保険料が次の式で計算される。

$$保険料＝保険金額×保険料率$$

保険料率は、保険会社が独自に決定する自由料率であり保険会社ごとに異なる。貨物の性質、荷姿、輸送手段、航路、向け地、過去の事故率などが保険料率を決定する要素になる。

⑤保険条件

貨物海上保険は複数の種類が用意されている。保険の種類により、保険金が支払われる貨物損害と事故原因が異なる。保険証書の保険約款に列記された損害のみが保険金の支払対象になり、記載のない損害は保険の対象外である。輸出入者の実務スペシャリストは損害の種類と保険約款の定める支払対象の損害を正しく理解しなければならない。

Ⅰ. 損害の種類

(A) 共同海損

貨物を輸送中の船が重大な危険に遭遇したとき、船の安定性を保つために一部の貨物を投棄する緊急対策がある。投棄の結果、船と残りの貨物が目的地に到着した場合に、投棄された貨物の荷主のみが不利益を被るのは不合理である。助かった船と貨物の所有者が投棄された貨物の損害を負担するのが共同海損である。

(B) 単独海損

輸送中に個々の貨物に発生した損害であり全損と分損に大別される。

全損
　現実全損：貨物が物理的に喪失する、もしくは、物理的には存在するが価値がゼロになる。
　推定全損：貨物が通常の場所以外に存在する（たとえば海中）、あるいは、大破した状態で存在する。貨物の回収や修理に要する費用が貨物の価値を上回る状態である。

分損：貨物の一部が喪失、あるいは、部分的な損害が発生した。

(C) 特定分損

海上輸送に特有な危険に起因する貨物の分損である。特有な危険とは、座礁、

沈没、火災、衝突であり英語の頭文字を取ってSSBC（Stranding、Sinking、Burning、Collision）と呼ばれる。

(D) 費用損害

遭難した貨物の救助に要した費用、あるいは、貨物損害の鑑定などに要した費用である。損害の一部として保険求償の対象になる。

Ⅱ．保険約款

保険約款は、保険契約の条件を明記したもので歴史的に「ロンドン保険業者協会」の約款（ICC＝Institute Cargo Clauses）を世界的に使用している。現在は、旧ICCと新ICCの二種の約款が使用されており、それぞれ三種類の条件を提供している。三種類の条件は保険金の支払対象になる損害の種類が異なる。旧ICCと新ICC、また、それぞれの三条件のいずれを選択するかは被保険者の判断である。

(A) 旧ICC

1963年に制定された約款は旧ICCと呼ばれ、FPA、WA、A/Rの三種類の条件がある。各条件が対象にする損害は次の通りである。

　(a) FPA（Free from Particular Average）
　・共同海損による損害
　・全ての原因による全損
　・特定分損

　(b) WA（With Average）
　・FPAが対象にする損害
　・海上輸送に伴い通常発生する原因による分損

　(c) A/R（All Risks）
　・全ての偶発的な事故による損害をてん補する、ただし、戦争とSRCCに起因する事故を除く。

(B) 新ICC

1982年に制定された約款は新ICCと呼ばれる。新ICCは、A、B、Cの三種類の保険条件があり旧ICCの条件とほぼ一致するが完全に対応するものではな

い。

　FPA ≒ ICC（C）
　WA ≒ ICC（B）
　A/R ≒ ICC（A）
（C）旧ICCと新ICCの相違点
　（a）FPA ≒ ICC（C）
　・新約款は、特定分損以外の分損も保険の対象にする（旧約款は対象にしない）。
　・新約款は、複数個の貨物を対象にする場合に、梱包1個が荷役中に落下、あるいは、海没により全損したときは保険の対象にしない（旧約款は対象にする）。
　（b）WA ≒ ICC（B）
　・新約款は、真水の浸入や地震、噴火、雷に起因する貨物の損害を対象にする（旧約款は対象にしない）。
　・新約款は、航行中の荒天遭遇による荷崩れに起因する貨物損害を対象にしない（旧約款は対象にする）。
　（c）A/R ≒ ICC（A）
　・新約款は、保険会社の免責になる危険を保険証券に明示する。
　・旧約款は、保険会社の免責になる危険は英国海上保険法の規定による。

⑥小損害免責

　貨物海上保険は、保険の対象になる貨物が輸送中に損害を受けたときに損害前の状態に戻すのが役割である。貨物の部分的な損害である分損は損害額に見合う保険金が支払われる。しかし、貨物の損害が少額の場合は、損害の認定と保険金の支払いに要する事務処理費用が損害額を上回る不合理な事態も発生する。この種の問題を避けるために、貨物の損害額が少額のときは保険求償を行わないとするのが小損害免責である。小損害免責は免責歩合とエクセス条件の二種類がある。

Ⅰ. 免責歩合（フランチャイズ）

保険証券の"メモランダム"と呼ばれる条項に規定されている。共同海損と特定分損以外の分損は保険価額の一定割合に達したときのみ保険金を支払う条項である。通常は3～5％に設定している。この条項の規定する一定割合を超えた損害に支払われる保険金は被害額の全額である。A/RやICC（A）を選択したときにはこの条項は適用されない。また、WAやICC（B）では、この条項を不適用にする特約を締結するのが一般的である。

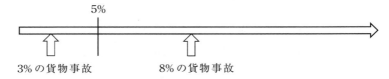

免責歩合を5％に設定した図である。保険価額の3％に相当する貨物事故が発生しても保険金は支払われない。いっぽう、8％に相当する事故の場合は、8％相当の保険金が支払われる。

Ⅱ. エクセス条件

保険会社と被保険者との間で設定した一定割合を超える損害のみを対象にする保険契約である。たとえば、15％に設定した下図の場合は、貨物損害が13％であれば保険金は支払われない。貨物損害が25％の場合は、10％相当額（25％－15％）の保険金が支払われる。貨物の性質や梱包の形状、過去の事故率などから一定割合の損害は想定内として保険の対象外にするものである。

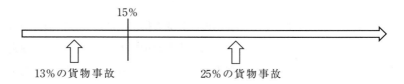

> **POINT**
>
> 　恒常的に輸出入を行う会社は、特定の保険会社と貨物海上保険を締結し保険条件も統一するのが一般的である。輸出入者の実務スペシャリストは「予定保険」の締結から「確定保険」への切り替え、保険料の支払いを担当する機会が多い。定型的な書類作成業務だが付保期間の始点と終点、保険価額など絶対にミスが許されない項目を多数含む書類である。また、売買契約やインコタームズと齟齬を生じないことを常に確認する必要がある。

（2）貿易保険

　輸出者と輸入者は異なる国に所在し、両者の間には商習慣、使用通貨、国内法、政治経済体制など多くの相違がみられる。これらの相違は貿易取引のリスクであり、この種のリスクを対象にするのが貿易保険である。貿易保険は"独立行政法人日本貿易保険（Nippon Export and Investment Insurance）（以下、独法日本貿易保険）"が引き受け、対象とする事故は「代金を回収できない（輸出者）」、「投資した金額を回収できない（投資家）」が中心になる。

　独法日本貿易保険は経済産業大臣の所管であり、「対外取引において生ずる通常の保険によって救済することができない危険を保険する事業を効率的かつ効果的に行うこと」を目的としている。私企業の保険会社が引き受けることのできない高いリスク、あるいは、広範囲のリスクに対応するもので、実質的に日本政府が提供する保険である。貿易保険は単一の保険ではなく、貿易の形態やリスクの種類などに対応する複数の保険が用意されている。

①「信用危険」と「非常危険」

　貿易保険が保険金支払いの対象にするリスクは「信用危険」と「非常危険」に大別される。

Ⅰ．信用危険

　貿易取引の契約当事者に起因するリスクである。売買契約であれば輸出者と輸入者、また、海外の銀行や企業に対する貿易代金の融資であれば日本の銀

行と外国の融資先が契約当事者になる。支払義務を負う輸入者や融資先の事情が原因となり発生するリスクである。具体的には、輸入者の支払不能や支払遅延などである。ただし、海外における投資活動に投下した資金は貿易保険の対象外である。

信用危険は、輸入者や融資先に係るリスクを対象にするが全ての輸入者や融資先が対象になるものではない。独法日本貿易保険のまとめる「海外商社格付」に登録されている企業のみが対象になる。"商社"となっているが、売買契約を締結する外国の当事者全般を指すもので業種を問わない。この格付けは貿易保険の引受基準に連動している。すなわち、格付けのない、あるいは、格付けの極端に低い輸入者や融資先は貿易保険を付保することができない。格付けは、独法日本貿易保険の独自の審査により設定され区分は次の通りである。

G：Government（政府機関、国際機関など）
E：Enterprise（民間企業）。EEからEA、EM、EF、ECまでに細分される。細分はリスクの高低を反映しEE格のリスクが最も低い。
S：Security（銀行）
P：Provisional（その他）

「信用危険に起因する輸出不能（契約した貨物を輸出できない）」のリスクを付保できる格付けはGならびにEE～ECまでである。また、「信用危険に起因する輸出代金回収不能」リスクを付保できるのはGならびにEE～EFまでである。EC格は、代金回収リスクの保険は付保できない。また、EE～EFは無制限に保険を引き受けるものではなく、独法日本貿易保険が設定するバイヤー与信枠の範囲内に限り付保できる。「輸出不能」と「代金回収不能」の具体的な例は次の通りである。

【輸出不能】
- 売買契約の締結後に輸入者が一方的に契約を破棄した、あるいは、契約内容の変更を通知してきた。
- 売買契約の締結後に輸入者が破産し貿易取引を完了できない状況になっ

た。

【代金（融資）回収不能】
- 契約貨物の船積み後に、輸入者の資金状態が悪化し代金回収が不可能な事態になった。
- 日本の銀行の融資先の外国銀行、あるいは、外国企業が破たんした。

Ⅱ．非常危険

売買契約や融資の契約当事者（輸入者や融資先）に責任がない不可抗力な理由により発生するリスクである。外国政府の一方的な資金移動の規制や輸入規制、国際紛争等による輸出貨物の物理的な移動の制約などが想定される。非常危険は、取引先の国をA～Hの8ランクに分類する。Aランクは最もリスクが低く、Hは最もリスクが高い国である。リスクの高い国に所在する輸入者や融資先との契約は、貿易保険が引き受ける金額や回収期間に制限がある。また、リスクに応じて保険料率が変動する。

②「船積み前のリスク」と「船積み後のリスク」

「信用危険」と「非常危険」の区分けと同様に、貿易保険の対象は「船積み前のリスク」と「船積み後のリスク」に大別される。ただし、全ての種類の貿易保険が双方を対象にするものではない。「船積み後のリスク」を対象とし「船積み前のリスク」を除外する種類がある。

Ⅰ．船積み前のリスク

売買契約の締結後に輸出者は輸出貨物をメーカーや問屋に発注し同時に他法令の解除や船積手配など諸々の輸出準備を進める。輸出準備が進んだ段階で買手が一方的に契約を破棄する、あるいは、輸入国の政府による輸入規制が実施されると輸出者は準備に要した費用を回収する手段がなくなる。この費用負担のリスクが「船積み前のリスク」である。

Ⅱ．船積み後のリスク

輸出者が売買契約に従って貨物を船積みすると貿易代金を回収する段階になる。この時点で買手の支払能力の不足が判明する、あるいは、輸入国が為替

規制を導入すると輸出者は貨物代金の回収が不可能になる。これが「船積み後のリスク」である。

③貿易保険の種類
貿易保険は一種類ではなく複数の保険が準備されている。主たるものは次の通りである。

Ⅰ．貿易一般保険
輸出者が貨物代金を回収できないリスクを対象にする。「信用危険」と「非常危険」の双方、かつ、「船積み前のリスク」と「船積み後のリスク」の双方が対象になる。輸出者は全ての輸出案件に付保する必要はなく、リスクを感じる案件のみを選択し付保すればよい（他の保険も同様である）。

Ⅱ．中小企業輸出代金保険
貿易一般保険と同様に、輸出者が貨物代金を回収できないリスクを対象にする。「信用危険」と「非常危険」は双方を対象にするが、船積みに関しては、「船積み後のリスク」のみが対象にる。中小企業（資本金、従業員数による制限がある）のみが利用可能であり、売買契約の金額が５千万円以下に限定される。

Ⅲ．ライセンス保険
日本の企業が外国において役務や技術を提供する際に、その代金回収に支障を生じた場合を対象にした保険である。日本から貨物を輸出し仕向国において当該貨物を据え付けるなど、貨物と役務の提供が一体化した契約も本保険の対象になる。

Ⅳ．輸出手形保険
輸出者の為替手形を買い取った銀行が、当該為替手形が不渡りになるリスクを対象にする。被保険者は買取銀行に限定される。輸出者は被保険者になれないが、保険料の支払いは輸出者である。利用頻度の高い保険であり詳細は④である。

POINT

貿易保険は、全ての輸出案件に付保する保険ではない。必要に応じて付保するもので輸出者の実務スペシャリストは必要性を判断する立場にないのが通常である。また、過去に付保実績のある輸入者との取引に、前回通りの貿易保険を付保するとは限らない。実務スペシャリストにとって管理の難しい保険である。実務スペシャリストは、貿易に関する知識や最新情報をもとに貿易保険が必要と判断する案件があれば営業担当者と必要性を議論すべきである。

④輸出手形保険

銀行が買い取った為替手形が不渡りになるリスクを対象にする保険である。対象になる為替手形は次の三種である。

- 信用状付荷為替手形
- D/P（Documents against Payment）
- D/A（Documents against Acceptance）

為替手形の提示を受けた銀行が買い取らずに取立扱いとしたものは本保険の対象にならない。買取銀行が為替手形を買い取った時点で輸出者は輸出代金を受領し貿易取引を完了する。ただし、手形遡及権が買取りの条件になるのが一般的である。手形遡及権は、手形が不渡り、すなわち手形に記載された支払人が支払わないときに振出人に買い取った金額を請求する権利である。

貿易保険の一種である輸出手形保険は、手形が不渡りになった際に補てんを受けるのは買取銀行と定めている。ただし、保険料の支払者は輸出者であり、買取銀行と輸出者の組み合わせで付保することになる。保険の付保に輸出者が参加するのは、手形遡及権を回避するためである。輸出手形保険の補てん限度額は、信用危険と非常危険の双方とも手形額面の95％である。

本保険が対象とする為替手形は前述の取り三種類であり、かつ、以下の条件を満たすものに限られる。

- 船積日から3週間以内に買い取られていること
- "海外商社"が次の格付けであること
  G（政府機関など）

EE、EA、EM、EF（民間企業）

SA（銀行）

EE～EFの格付けを有する海外商社（手形の支払人）は、独法日本貿易保険が設定するバイヤー与信枠の範囲内に限り保険付保が可能である。また、信用状付荷為替手形は、買主ではなく発行銀行の格付けによる。

- ユーザンス付きの為替手形は、買取日から支払猶予期間の満期日まで720日以内であること
- 手形上の権利、すなわち、所有権が船荷証券（B/L）、もしくは、航空運送状（Air Waybill）により担保されていること

保険料は、「信用リスクの保険料」＋「非常リスクの保険料」である。信用リスクは買主の格付け、ならびに、為替手形の種類がD/A、もしくは、D/Pにより料率が変わる。信用状付き荷為替手形はD/Pと同一の料率である。非常リスクはカントリーリスクに対応するもので、輸入国の格付け（A～H）により料率が変わる。また、次のいずれかに該当する場合は輸出手形保険の対象から外れる。

- 輸出代金の回収不能の理由が、買主との商品に関するクレームやその他の売買契約上の係争に起因する。
- 輸出者と買主の間に資本や人的な関係がある。

POINT

新規の取引先、特に、開発途上国の輸入者との取引に利用される頻度が高い保険であり、信用状の発行銀行や輸入者の信用力に絶対の信頼を置けない状況が背景にある。前述の通り輸出者が買取銀行と共同で付保する保険であり、輸出者の実務スペシャリストは輸出手形保険の申込に際し銀行との緊密な打合せが求められる。

（3）PL（Product Liability）保険

製造物責任法（略称は「PL法」）に基づく賠償責任を対象とする保険である。PL法は製造者の無過失責任を採用している。製造者は、製造物の使用者が損

害を受けたときは、製造に係る過失の有無にかかわらず賠償責任を負うことになる。

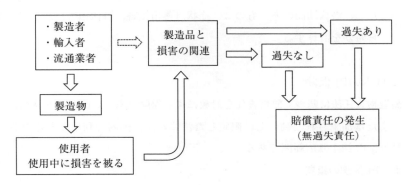

①日本のPL法

「製造物責任法」が正式名称であり、以下を主たる内容とする。

- 製造物：「製造、または加工された動産」に限定される。したがって、未加工の農水産物、不動産、サービス等は含まれない。
- 無過失責任：製造者や輸入者は、製造物の製造や流通過程において何ら過失がなくても製造物から損害を受けた者に対し賠償責任を負う。
- 損害を受けた製造品の使用者は次の3点を証明できれば賠償を請求できる。
  ①製造物から損害を受けた事実
  ②使用した製造物に欠陥があること
  ③製造物の欠陥と損害の因果関係
- 賠償責任を負う製造者等
  ①製造、加工した者（製造者と表示した者や実質的な製造者が含まれる）
  ②輸入者（輸入品が対象）
  ③流通業者
- 時効
  ①被害者が損害の事実とその製造者を知ったときから3年以内に権利を行

使しないと時効が成立する。

②製造者が製造物を引き渡してから10年を経過すると時効が成立する。ただし、潜伏期間のあるものは、症状（蓄積損害、潜伏損害）が生じてから時効を計算する。

②日本のPL保険

製造物責任法に基づく賠償責任を対象にする保険である。日本のPL法は、「製造、または加工された動産」に限定した法律だが、国内で利用できるPL保険の対象はPL法より広範囲である。

Ⅰ．PL保険の概要

保険の対象は、国産品と輸入品の双方である。

【製造物の定義】

①日本のPL法の対象品目、すなわち、製造、または加工された動産
②民法上の有体物、すなわち、全ての工業製品と農水産物
③提供したサービスの欠陥、たとえば建築や据え付け作業など

【保険金の支払い】

付保者に支払われる保険金は、製造物から損害を受けた使用者に対する賠償金、ならびに訴訟費用である。訴訟費用は、勝訴、敗訴を問わず支払われる。

【保険期間】

1年間。保険金の支払いは事故発生基準であり、発生時に有効な保険に加入していることが条件である。ただし、事故の発生時点を特定するのが困難な被害は、被害者から賠償請求が起こされた時点に保険に加入していることが条件になる。

Ⅱ．輸出PL保険

日本からの輸出貨物を対象にするPL保険である。仕向国における製造者責任、すなわち、輸入者と日本の製造者や輸出者の賠償責任を対象にする。輸出PL保険の概要は国内PL保険とほぼ同一の内容である。ただし、米国の懲罰的賠償（不法、悪質な行為に起因する賠償責任）は対象外になる。

POINT

消費者の権利意識が高まり製造者の無過失責任が問われる事例が増加している。PL保険を付保する商品の増加に伴い、輸出入者の実務スペシャリストが管理する対象品目は増加する。PL保険は品目別、かつ、1年間の期間限定である。したがって、新規品目の付保や既存品目の保険期間の更新など手続きは煩雑になる。実務スペシャリストが管理能力を発揮する場面である。

7. 貿易に係る法令

日本の輸出入を規制する法令は次の構成である。詳細は「第3章 通関」にまとめた。実務スペシャリストは、輸出入をスムースに進めるには通関に関する知識が必須であることを痛感するはずである。

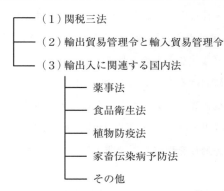

- (1) 関税三法
- (2) 輸出貿易管理令と輸入貿易管理令
- (3) 輸出入に関連する国内法
  - 薬事法
  - 食品衛生法
  - 植物防疫法
  - 家畜伝染病予防法
  - その他

「関税三法」は税関手続きの規則、関税の徴収と減免税、ならびに、税関が輸出、もしくは、輸入を認めない品目などを定めている。「輸出貿易管理令と輸入貿易管理令」は、輸出入に際し経済産業大臣の許可、もしくは、承認を必要とする品目を定めている。経済産業大臣の許可や承認を取得した後に税関の輸出許可や輸入許可を取得する手順である。「輸出入に関連する国内法」は輸出入に関し所管大臣の許可や承認などの取得を求める法令であり、30以上の法令が施行されている。「輸出貿易管理令と輸入貿易管理令」と「輸出入に関連する国内法」はまとめて「他法令」と呼ばれる。

（1）関税三法

　関税三法は「関税法」、「関税定率法」、「関税暫定措置法」の総称である。関税三法の中で実務スペシャリストが特に留意すべき事項は輸出申告書と輸入申告書の記載項目、ならびに、「輸出してはならない貨物」と「輸入してはならない貨物」である。

①申告書の記載項目

　輸出申告書と輸入申告書の記載事項の中で特に重要な項目は貨物の品名、数量、価格である。輸出、あるいは、輸入の申告から許可を受けるまでの手続きは通関業者に依頼するのが通常であり、輸出申告書や輸入申告書は通関業者が作成する。ただし、通関業者は代理・代行業務であり、申告書を作成する資料は全て輸出者、あるいは、輸入者が提供する。提供した資料に誤謬があれば、そのまま申告書に反映されるので十分な注意が求められる。

　申告書に記載する価格は貿易取引における売買契約の金額とは限らない。特に、輸入申告書に記載する価格は関税額等の計算のもとになるもので課税価格と呼ばれる。課税価格の算出は極めて専門的であり通関士の業務分野である。実務スペシャリストは課税価格の算出過程を理解し、通関士に的確、かつ、十分な情報を提供しなければならない。

　輸出申告書と輸入申告書はNACCS（港湾のLANシステム）を使用して税関に提出するのが一般化している。NACCSの利用比率が高まるに従い添付資料は簡素化され、常に提出が求められるのは他法令の解除の証明書と原産地証明書である。しかし、輸出者と輸入者は提出した申告書の記載事項を補完し証明する書類を保管しなければならない。これらの書類は、税関長の指示があれば直ちに提出する義務がある。貿易取引の契約書、仕様書、性能保証書、運賃明細書などが該当し、実務スペシャリストは通関士の指示に従って申告書の提出前に取り揃えなければならない。

②輸出してはならない貨物、輸入してはならない貨物

関税法は、「輸出してはならない貨物」と「輸入してはならない貨物」を規定している。この規定に該当する品目は理由の如何を問わず輸出入はできない。類似の規定が輸出貿易管理令と輸入貿易管理令にあり、輸出入に際し経済産業大臣の許可、もしくは承認を必要とする品目を規定している。これらの品目は輸出入を絶対的に禁止するものではない。しかし、実務スペシャリストは、輸出入できない品目と理解して支障ない。

（2）輸出貿易管理令と輸入貿易管理令

「外国為替及び外国貿易法」（通称は「外為法」）が法律であり、法律を施行するために外為法の下に3つの政令がある。輸出入を規制するのが「輸出貿易管理令」と「輸入貿易管理令」である。

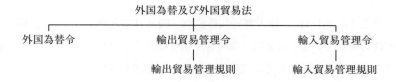

①輸出の許可、承認

日本からの輸出に際し、特定の貨物は経済産業大臣の輸出許可や輸出承認を必要とする。輸出許可は、「輸出貿易管理令 別表1」に掲げられた品目を対象とし16項目で構成される。1から15項はリスト規制と呼ばれ、武器や武器の製造に使用される機械や素材である。第16項はキャッチオール規制と呼ばれ、大量破壊兵器の製造に使用される恐れのある全ての工業製品が対象である。実務スペシャリストは、第16項に該当する可能性がある品目の輸出に際し十分に注意する必要がある。

輸出許可とは別に一定の貨物を輸出する場合に経済産業大臣の「輸出の承認」が必要である。輸出承認の対象品目は、ダイヤモンドの原石をはじめ絶滅の恐れのある動植物、オゾン層を破壊する物質、偽造の通貨や有価証券、麻薬類な

ど通常の貿易取引では取り扱わない品目である。

　実務スペシャリストは、輸出許可や承認の対象品目が他貨に紛れ正規の手続きを受けずに輸出されることのないように注意しなければならない。

②輸入の承認

　輸入貿易管理令が規定する品目は経済産業大臣の「輸入承認」を必要とする。経済産業大臣の輸入承認を取得してから税関の輸入許可を取得する。なお、輸入には、輸出のように経済産業大臣の「許可」を必要とする品目は設定されていない。経済産業大臣の輸入承認を必要とする貨物は、次の四種である。

輸入公表1号品目（輸入割当品目、IQ品目）
輸入公表2号品目
輸入公表2の2号品目
輸入公表3号品目（その他公表品目）

　輸入公表1号品目は、「輸入割当品目」や「IQ品目」と呼ばれ、年間の総輸入量が決められている。対象は近海魚等であり輸入するには経済産業大臣の輸入割当を受け、次に、同じく経済産業大臣の輸入承認を受けた後に税関の輸入許可を取得する。輸入公表2号から3号までは、特定の地域からのサケやマグロを除き麻薬、武器、原子力関係がリストされており通常の輸入取引の対象になる品目ではない。輸出と同様に、実務スペシャリストは、対象品目が他貨に紛れ輸入されることのないように注意すべきである。

（3）輸出入に関連する国内法

　輸出や輸入に関連する国内法は多数あり下表はその一部である。いずれも輸出貨物と輸入貨物の双方に適用される。

薬事法	食品衛生法
植物防疫法	家畜伝染病予防法
鳥獣の保護及び狩猟の適正化に関する法律	銃砲刀剣類所持等取締法
印紙等模造取締法	毒物及び劇物取締法
文化財保護法	狂犬病予防法
道路運送車両法	覚せい剤取締法
麻薬及び向精神薬取締法	

　これらの国内法の中で適用頻度の高いのは「薬事法」、「食品衛生法」、「植物防疫法」、「家畜伝染病予防法」の4法令である。国内法は輸出貨物と輸入貨物の双方に適用されるが、輸出は国内で生産・流通する商品を送り出すのが通常であり本来的に国内法に適合している。したがって、国内法の適用に際し問題が発生するのは輸入品が大半である。

　他法令は税関が管轄しない法令であり、税関は他法令の規定する許可や承認等の取得に関与しない。税関の役割は、日本の水際を管理する官庁として輸出や輸入の際に他法令が順守されていることを確認することである。したがって、税関は輸出申告書や輸入申告書の受領時、または、貨物検査のときに他法令の規定する許可や承認等が完了していること（「他法令の解除」と称する）の証明を求める。

　実務スペシャリストは、薬事法、食品衛生法、植物防疫法、家畜伝染病予防法の概要と解除の手順を理解すべきである。

第2章　輸送

　2013年の日本の輸出貨物量と輸入貨物量、ならびに、国際輸送の輸送手段は次の通りである（出典：日本船主協会）。

2013年　日本の輸出入

	トン数ベース			金額ベース		
	トン数	海上輸送	航空輸送	金額	海上輸送	航空輸送
輸出	169百万トン	99.2%	0.8%	70兆円	75.0%	25.0%
輸入	806百万トン	99.8%	0.2%	81兆円	78.1%	21.9%
合計	976百万トン	99.7%	0.3%	151兆円	76.7%	23.3%

　日本の輸出入貨物は海上輸送に依存する比率が高い。輸入は原油、鉄鉱石、石炭、LNG、小麦、トウモロコシ、また、輸出は完成車などボリュームの大きな貨物は海上輸送に限定される。いっぽう、航空輸送は軽量だが高額の貨物、たとえば半導体や精密機械などを輸送している。輸送する貨物の違いが上の表に表れている。トン数ベースの実績は海上輸送が圧倒的な比率を占めるが、金額ベースは航空輸送が存在感を出している。

　航空貨物は、高額だが軽い商品が多いので梱包をはじめ輸送の手配が比較的に容易である。航空輸送と前後のトラックによる集配送のみで完結するのが通常である。海上輸送は航空輸送と比べ輸送の準備が複雑である。輸送中の揺れや他の貨物との接触を前提に堅牢な梱包が求められる。海上輸送の前後の集配送はトラック、鉄道、フェリーなど複数の輸送手段が組み合わされる。本章は、海上輸送、特にコンテナ船による輸送を中心に国際輸送の概要を解説する。以下はコンテナ船を使用した海上輸送に係る基本的な用語である。

<LCL>
LCL(Less than Container Load)は小口の貨物で一本のコンテナに他社の貨物と一緒に詰められる。輸出者は、船社の指定するCFSに貨物を持ち込み輸送を委託する。船社は貨物をコンテナに詰めた後にCYに輸送し船積みする。複数のLCLを一本のコンテナに詰めることを混載と呼ぶ。輸入港

に到着した混載コンテナは船社がCYからCFSまで輸送し、コンテナから貨物を取り出して輸入者に引き渡す。

＜FCL＞

FCL（Full Container Load）は単独で一つのコンテナを使用する大口貨物である。輸出貨物は輸出者の工場や倉庫でコンテナに詰められ、輸出者の手配でCYまで輸送され船社に引き渡される。揚げ地に到着したコンテナは実入りコンテナの状態で輸入者に渡される。輸入者は自社の倉庫や工場までコンテナを輸送した後にデバンする。

＜実入りコンテナ、空コンテナ＞

貨物を詰めた状態のコンテナを実入りコンテナと呼ぶ。輸出貨物と輸入貨物の区別なく、貨物が詰められていれば実入りコンテナである。貨物が詰められていない状態のコンテナが空（から）コンテナである。

＜バン詰め、デバン＞

貨物をコンテナに詰める作業をバン詰め、コンテナから取り出す作業をデバンと呼ぶ。コンテナをバンと呼ぶことから派生した現場用語である。バン（Van）は箱型のトラックを指し、形状が似ていることから海上コンテナを指すようになった。英語圏において、港湾地区に限定すれば「バン」は理解されるが、「バン詰め」と「デバン」は完全な和製英語であり全く理解されない。

＜CY＞

CY（Container Yard）は船社が運営、もしくは指定する施設であり実入りコンテナと空コンテナの保管を目的とする。CYの役割は次の通りである。
　輸出：輸出者に空コンテナを渡し、輸出者が貨物を詰めた実入りコンテナを受け取り一時保管
　　　　の後にコンテナ船に船積みする。
　輸入：コンテナ船から卸された実入りコンテナを一時保管し輸入者に引き渡す。輸入者が貨物
　　　　を取り出した後の空コンテナを引き取り保管する。
CYは、コンテナ船に積卸するコンテナを扱うので港湾地区に設置されるのが一般的である。

＜CFS＞

CFS（Container Freight Station）は船社が運営、もしくは指定する保税蔵置場である。CFSは輸出者から受け取ったLCLをコンテナに詰めた後にCYに輸送する。輸入は、混載コンテナをCYより輸送しデバン後に輸入者に貨物を渡すのがCFSの業務である。輸出入者は、CFSに貨物が置かれている期間中に輸出入通関を行うのが通常である。

＜保税蔵置場＞

保税地域の一種で外国貨物の積卸と蔵置を行う場所である。港湾地区に立地する保税蔵置場は、輸出と輸入の通関を行う場所としてに利用される。外国貨物として保税蔵置場に留まる期間が3か月以内であれば税関の承認を受けずに利用できる。CFSは、船社が特定の保税蔵置場と契約しLCLの集積地として輸出入者に公表する施設である。

＜コンテナターミナル＞

コンテナ船が着岸しコンテナを積み揚げする場所である。略してターミナルとも呼ばれる。コンテナ船が着岸する岸壁があり、岸壁に隣接するのがマーシャリングヤード、その外側にCYを持つ。マーシャリングヤードはコンテナ船に積むコンテナを並べる、あるいは、コンテナ船から揚げたコンテナを一時保管する場所でコンテナ船の荷役と一体化して運営される。いっぽう、CYは輸出者や輸入者とコンテナの受渡しを行う場所である。コンテナ化の黎明期はマーシャリングヤードとCYを分離するターミナルが多くみられたが、コンピューター管理の高度化により両者を統合して運営するターミナルが一般化している。

＜ドレー＞

ドレーは英語のDray、その名詞形のDrayageである。トラクターとシャシーによるコンテナの陸上輸送を意味する。ドレーを引き受けたトラック会社を「ドレー業者」、ドレーの運賃を「ドレー料金」と呼ぶ。

＜本船＞

業界用語である。会話や交信の当事者が特定できる船のことを本船と呼ぶ。在来船やコンテナ船、専用船の区別なく当事者間で特定できる船は全て本船である。船を特定する正式な方法は船名と次航（航海ナンバー）である。同一船が短期間に複数回日本に来ることがあり船名のみでは船を特定できない。次航はランニングナンバーであり、たとえば32次航の次は33次航である。船名と次航を組み合わせ「A丸、35次航」のように船を特定する。正式な方法で船を特定するのは面倒であり、情報を交換する当事者が船を特定できる場合は簡便な方法で「本船」と呼んでいる。

1．輸出貨物の準備

　日本の輸出者は、貿易取引の売買契約に従って輸出貨物を準備する。輸出貨物は自社工場、あるいは、メーカーや問屋に発注する。発注の際に売買契約を完全に満たす規格、性能、個数であることを確認するのは当然であり、併せて、納期と納品場所を確認する。また、コンテナ船を使用した国際輸送に適した梱包や荷印などを指示する。具体的には次図の（1）から（5）までを発注の際に確認する。（4）と（5）は発注先に一括して委託する必要はない。輸出者が自社で行う、あるいは、発注先とは別の業者に委託することができる。

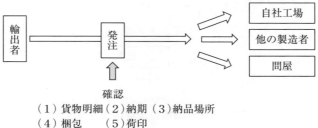

確認
（1）貨物明細（2）納期（3）納品場所
（4）梱包　　（5）荷印

（1）貨物明細

　輸出者は、貿易取引の売買契約を完全に満たす貨物を発注する。性能、規格、仕様、成分などである。併せて、納品時の貨物の包装を発注先に通知する。たとえば、小型の商品であれば商品1個を化粧箱に収めた状態で納品を受ける、あるいは、商品6個をやや大型の段ボール箱に収めた状態で受け取るかなど商品と包装の関係である。貿易取引の売買契約書に包装に関する規定があれば、当該規定を満たす包装を発注先に要請する。仮に、発注先が輸出貨物の梱包に慣れていない場合、または、国内用に包装された商品を輸出する場合は発注先の標準包装で商品を受け取る。受け取った商品を輸出用の包装や梱包に仕上げるのは輸出者の業務になる。

　輸出者の実務スペシャリストは輸出貨物の包装と輸出梱包に関し一定の知識を持たなければならない。納品を受けた状態で輸出可能であれば問題ないが、自社で輸出梱包を行う場合は「（4）梱包」の工程が必要になる。また、LCLとFCLでは輸出梱包が異なる。FCLは自社の貨物のみでコンテナを満たすが、LCLはコンテナに他社の貨物と混載される。LCLは、FCLより強固な梱包が求められる。

（2）納期

　輸出者が発注した商品を受け取る期日である。納期はコンテナ船の船積予定日から逆算で設定し発注先に通知する。逆算には、発注先から貨物を受領した

後に船積みまでに処理しなければならない作業を列記し、それぞれの必要日数を使用する。

（B）と（C）の間に完了させる船積作業は次の通りである（一例であり、全ての輸出貨物がこの工程を取るものではない）。

① （B）の日に、発注先で貨物を受領し梱包会社に届ける
②梱包会社が輸出梱包を行う
③梱包がおおよそ完了した時点で通関業者の協力により他法令による輸出規制の解除を取得する
④梱包がおおよそ完了した時点で輸出者は船社と連絡を取りブッキングを行う
⑤輸出梱包の完了を待って、通関業者が税関に輸出申告書を提出し輸出許可を取得する
⑥輸出者は輸出梱包が完了した商品を梱包会社で引き取り、輸出港のCYもしくはCFSまで輸送する

（C）を起点とし、（B）と（C）の間に予定する全ての作業に要する日数を集計し納期（B）を設定する。個々の作業に要する日数は、当該作業を担当する梱包業者や通関業者に確認する。また、重複する日数を除外する。たとえば、他法令に関する手続きは、貨物明細が確定した時点で開始できるので梱包作業や梱包後の積港までの輸送と部分的に重複する。重複する日数の除外とは逆に予備日の加算が必要である。船積作業が全て予定通りに終了するとは限らない。個々の作業の必要日数の合計値に固執すると危険である。緊急事態に対応する空白の時間を組み込む必要があり、どの程度の予備日を組み込むかは経験則に従う。

＜カット日＞
船社が輸出貨物を受け付ける最終日である。船社が本船ごとに設定する日時であり、この日時ま

でにCYもしくはCFSに搬入された貨物が船積可能になる。LCLのカット日は、FCLのカット日より1両日早まる。

> **POINT**
>
> 実務スペシャリストは、(B) から (C) の間に実施する作業の進捗管理が求められる。進捗管理を適切に実施するには、個々の作業の概要、ならびに、作業の重複部分を理解しなければならない。さらに、特定の作業が遅延したときの対応策を日頃から検討すべきである。
>
> 「輸送」と「通関」は切り離せない関係にある。商品の種類により通関に要する日数は異なる（他法令の影響が大きい）。実務スペシャリストは他法令や税関の貨物検査の概要（第3章を参照）を理解し通関に割り当てる日数を設定しなければならない。

(3) 納品場所

納品場所は、貨物の発注時に確認する重要事項のひとつである。輸出者が完成した輸出貨物を発注先から受け取る場所である。納品場所の指定は「(4) 梱包」と関連する事項である。発注先のメーカーや問屋に輸出梱包を委託する場合と輸出者が自社で輸出梱包を行う場合で納品場所は異なる。

①発注先による梱包と納品場所

発注先のメーカーや問屋が輸出梱包を引き受ける場合は、次の3通りの納品場所が想定される。

Ⅰ. メーカーや問屋の施設

輸出梱包の完了を待って、輸出者がトラックを用意しメーカーや問屋で貨物を受け取る。

Ⅱ. CFSまたは港湾地区の倉庫

メーカーや問屋が輸出梱包の完了した貨物をCFSもしくは輸出者が指定した港湾地区の倉庫（保税蔵置場）まで輸送し輸出者に引き渡す。

Ⅲ. CY

メーカーや問屋は、輸出梱包の完了した貨物をバン詰めし実入りコンテナをCYまで輸送して輸出者に引き渡す。

Ⅰ.からⅢ.の選択肢を検討するときは、LCLとFCLにより重点を置くポイントが異なる。

【LCL】
LCLの選択肢はⅠ.とⅡ.である。納品場所をCFSとするのが輸出者にとって最も簡便な方法である。大半のメーカーや問屋はトラックを保有、あるいは、特定のトラック業者を常備しておりCFSまでの輸送手段を確保している。輸出者はCFSで納品を受けると同時に船社に海上輸送を委託できるので、実質的に国内輸送の手配を省くことができる。メーカーや問屋が国内輸送を引き受けない場合は、輸出者がトラックを手配しメーカーや問屋からCFSまでの輸送を行うのが次善の策である。Ⅱ.にあるCFS以外の港湾地区の倉庫で納品を受けるのは工程数の増加であり、特別な事情がない限り避けるべきである。特別な事情とは、たとえば、CFSが貨物の引受けを開始する日時より早く輸出貨物が完成し一時保管が必要な場合、あるいは、複数の貨物を混合して輸出するなどCFSに輸出貨物を送る前に何らかの作業が必要な場合である。

【FCL】
FCLの選択肢はⅠ.からⅢ.である。メーカーや問屋がバン詰めの施設を保有している場合は、Ⅲ.の輸出貨物をコンテナに詰めた後にCYに搬入した時点で納品を受けるのが簡便である。輸出者は納品を受けると同時に船社に輸送を委託することができる。

メーカーや問屋の施設がバン詰めに不向きな場合は、輸出梱包の完了した貨物をCFSもしくは港湾地区の倉庫にトラックで運びバン詰め後に実入りコンテナをCYに輸送する方法を選択する。CFSを使用する場合は、CFSに到着した時点で船社にバン詰めとCYまでの輸送を委託できるが料金は割高になる。CFS以外の倉庫を使用する場合は、輸出者が倉庫業者に依頼しバン詰めとCYまでの輸送を手配する。

メーカーや問屋にCFS、またはCYまでの輸送を委託する方法は、発注先が

貿易取引に習熟しており輸出貨物の梱包や荷印などの作成に不安がないこと、また、港湾地区までの国内輸送の輸送手段を確保していることが前提である。輸出貨物の製造から輸出梱包、国内輸送までの全ての物理的業務を一括して発注先に委託するので輸出者にとって簡便な方法である。しかし、輸出者がコスト面の合理化を図る余地がなくなるデメリットがある。実務では、LCLはCFSまでの国内輸送を含め全ての物理的業務を発注先に委託するケースが多くみられる。いっぽう、FCLは、輸出者が発注先の工場や倉庫で輸出梱包後の貨物を引き取り、自社でバン詰めや国内輸送を手配することにより品質管理とコスト削減を図るのが多数派といえる。

②輸出者による梱包と納品場所

輸出者が輸出梱包を行う場合は、発注先のメーカーや問屋の施設、もしくは、輸出者の指定する倉庫や梱包会社が納品場所になる。輸出者の手配は次の手順である。

- トラックを手配しメーカーや問屋で完成した輸出貨物を受け取り梱包業者の工場に持ち込む（納品場所を梱包業者としたときはメーカーや問屋が輸送する）。
- 輸出梱包の完了後に、輸出者がトラックを手配し梱包業者の工場で貨物を受け取る。LCLは直接CFSに輸送する。FCLは、自社、もしくは、倉庫業者の倉庫に運びバン詰め後に実入りコンテナをCYに輸送する。

輸出者は2回のトラック輸送を手配することになる。発注先から梱包業者までのトラック手配は、発注先の貨物完成日と梱包会社の受入可能日の調整が必要である。2回目の梱包業者からCFSやCYまでのトラック輸送は、梱包の完成日と船社の荷受開始日やカット日との調整が必要である。トラックは事前予約が必要であり、トラックの手配は意外と手間のかかる作業である。

（4）梱包

輸出貨物は海上輸送に適した輸出梱包が必要である。輸送中の貨物ダメージ

や盗難防止が目的である。一般的に、梱包は３段階があり個装、内装、外装になる。

- 個装：取引の一単位（１個、１台、１組など）を梱包する。一般消費者に販売する商品の個装は化粧箱を使用する。内容物を示す商品名に加え商品の写真やイラストが描かれている。
- 内装：個装を複数個、たとえば５個をまとめてカートン箱に収めた梱包である。販売店向けの包装といえる。個装の化粧箱を保護するために丈夫な段ボールカートンが使用され内容物を示すメーカー名と機種名が印刷されている。
- 外装：内装を数個から10数個まとめてパレットに載せベルトで固縛する。また、荷崩れと盗難防止を兼ねて外側をプラスティックフィルム（食品を冷蔵庫で保管する際に使用するフィルムの大判である）でラップする。輸送用の梱包である。内装に傷がつかないようにベルトの当たる個所は補強の段ボール紙をはさむなど工夫する。梱包された貨物の種類、個数、送付先などを示す送り状や明細書を梱包の外面に貼付する。

たとえば、パソコンを輸出する場合は、個装を輸出梱包とするのは不適当である。内装を輸出梱包に選択すれば、荷役作業員が手作業でバン詰めとデバンを行うことができる。ただし、現在の標準的な荷役速度から見れば非効率な梱包形状であり、輸送中の貨物ダメージや盗難の危険度も高い。通常は外装の段階まで梱包し荷役作業はフォークリフトを使用する。

全ての商品に３段階の梱包が採用されるものではない。貨物の種類により梱包方法が変わり、大型の機械などは個装と内装がなく外装のみである。

輸出者は、貨物を発注したメーカーや問屋に輸出梱包を任す場合は梱包の形状や使用する資材を指示する。貿易取引の売買契約書に梱包に関する規定がある場合は、契約通りの梱包を行わなければならない。売買契約書に梱包に関する規定がない場合は、貨物の種類や形状に合わせた標準的な梱包方法を採用する。

航空輸送される輸出貨物の梱包は、海上輸送用の梱包と異なり簡素な形状に

するのが通常である。航空輸送は海上輸送と比較し貨物ダメージの発生頻度が低い、また、運賃が重量単位になっているのが大きな要因である。

梱包に関しては、個装から外装までの物理的な段階に加え書類面の取扱いも重要である。輸出貨物の個数、重量、容積は「ネット」と「グロス」があり、次のように使い分ける。

- 貿易取引：売買契約書に使用する梱包の段階は自由であり輸出者と輸入者の合意で決定できる。小型の貨物であれば個装、もしくは、一定数をまとめた内装が契約の単位になる。契約に使用された数量がネットになる場合が大半である。
- 輸出申告：ネットの数値を記載する。輸出申告書の個数、重量、容積は関税定率法が貨物の種類ごとに定めた単位を使用しなければならない。たとえば、コーヒー豆は「kg」、ワインは「リットル」、写真機は「台」である。定められた単位を使用した数値がネットである。貿易取引の単位が関税定率法の指定する単位と異なる場合は、換算後の数値を輸出申告書に記載する。
- 船荷証券：グロスを使用する。国内輸送や国際輸送の現場作業用には目視で確認できる個数と現場で計測できる重量及び容積を使用し、グロスと呼ぶ。船荷証券（B/L）もグロスを使用する。前記のパソコンの梱包例を見ると、グロスの個数はパレットの数であり重量と容積はパレットやプラスティックフィルムなどの梱包資材を含んだ数値である。

輸出申告や船荷証券の記載事項は「貿易」、「輸送」、「通関」が複雑に絡み合っている。実務スペシャリストは3つの分野の知識を活用し適切なデータを作成しなければならない。

物理的な梱包作業は、輸出貨物の発注先に依頼する方法、自社で行う方法、梱包の専門業者に依頼する方法がある。海上輸送用の梱包は輸送中の損傷を防止するために国内輸送より厳重に行うのが通常である。特に海上輸送中の途中港で積替えが発生する場合は、積替作業と積替え時の一時保管を想定した堅牢

さが求められる。加えて、作業慣習を異にする外国人作業員が取り扱うのでバランスの悪い梱包を避ける、作業上の注意事項を記号で表示するなどの配慮が必要である。生木の使用を避けるなど梱包に係る国際ルールも遵守しなければならない。梱包は、物理的な強度の確保に加えコストも重要な要素である。貨物の特性や輸送手段、輸出先の荷役環境などに配慮した必要最小限の梱包を選択する。

（5）荷印

荷印は、輸送中の貨物を識別するしるしであり「マーク」とも呼ばれる。右のサンプルが一般的な荷印だが、荷印の作成に公的、あるいは、慣習的なルールはない。輸出者と輸入者の合意により作成すればよい。売買契約書に荷印の指定がある場合は、指定を遵守して作成する。

マークは輸送中に貨物を識別する手段である。FCLは、積地でコンテナに詰められた状態で船社に渡され、揚げ地でもコンテナに詰められた状態で輸入者に渡される。したがって、海上輸送中は荷印を必要としない。ただし、FCLに荷印は不要と断定するのは危険である。輸出地におけるバン詰め前にFCLを他の貨物と同じ倉庫に保管する、あるいは、揚げ地のデバン後に他の貨物と同じ倉庫に保管する事態は日常的に発生する。保管中に他の貨物と混ざり合うのを防ぐために荷印は必要である。

LCLは、積地のCFSで船社が貨物をコンテナに詰める、また、揚げ地で船社がコンテナから取り出す作業が発生する。コンテナには複数の荷主の貨物が一緒に積まれておりコンテナ内部で貨物が混じりあう可能性がある。揚げ地のCFSは、デバンした貨物をB/L単位にまとめるときに荷印を頼りにする。LCLの荷印はFCLよりはるかに重要である。

> **POINT**
>
> 輸出貨物の準備は（1）から（5）の複雑な工程である。実務スペシャリストは、輸出貨物の発注先、梱包業者、通関業者、CFSやCYなどの関係先に的確な指示と情報を提供しなければならない。さらに、（1）から（5）の個々の工程の進捗を管理すると同時に全体の整合性を維持する責任がある。

2．輸入貨物の準備

　輸入貨物の準備は、輸出地における「輸出貨物の準備」であり「1．輸出貨物の準備」の（1）から（5）の工程に変わりはない。この5工程の中で「貨物明細」、「納期」、「納品場所」は輸出者と製造者の関係であり輸入者は関与しない。輸入者が、輸入貨物の準備で関与するのは「梱包」と「荷印」の2工程である。

（1）貨物明細
（2）納期　　　　　輸入者は関与しない。輸出者が売買契約に
（3）納品場所　　　従って手配する。
（4）梱包　　　　　輸入者が関与する項目である。
（5）荷印

①「（4）梱包」

　輸入者は、売買契約書に梱包の明細を記載するのが望ましい。個装や内装、及び外装にまとめる商品数、梱包の形状、使用する梱包資材などを具体的に記載する。破損や損傷の発生しやすい商品であれば、輸出者や梱包会社と打ち合せ最適な梱包方法を決定する。また、契約通りの梱包が施されたことを確認する方法を輸出者と取り決める。梱包作業の進捗に合わせて撮影した写真を送らせるのが有効である。

　到着時に貨物ダメージが発生した場合は発生原因を追究する。梱包方法や梱包資材に焦点を当てるのが通常である。輸送中や積替え時の異常な振動や取り

扱いが損傷の原因になりうるが、振動や衝撃はある程度織り込むのが輸出梱包である。貨物ダメージが発生したときは、梱包方法や梱包資材の強度など内容物の保護が不十分と認められる位置を特定し次回の改善策につなげる。

実務では大小のダメージが発生する。大きなダメージはマリーンサーベイヤーに依頼してダメージの原因を追究するので改善策につなげるのが容易である。課題は小規模のダメージである。たとえば、荷姿がカートンであればへこみや汚れ等であり、原因追究が難しいので見逃されがちである。小さなダメージはダメージの種類ごとに集計するのが有効である。以下は一例である。

- ダメージの種類：擦り傷、汚れ、へこみなど
- ダメージが発生した梱包の箇所：上面、側面、下部、角（コーナー）など
- 推定されるダメージの発生時点：バン詰め時、航海中、積替え時、トラック輸送時など

輸入者は小規模のダメージを記録し定期的に輸出者に開示し梱包の改善策を協議すべきである。協議の結果は次回以降の梱包に反映させる。たとえば、梱包を補強する場合は、全体の補強を避けダメージ発生の高い部分を補強することで費用の増加を極力抑制する。梱包方法の改善後は、小さなダメージの集計を継続し改善した梱包の有効性を確認する。

<マリーンサーベイヤー>
「海事検査人」が日本語の名称である。輸出入貨物の損害を検査し、損害の原因や発生時点、ならびに、損害の程度を調査する専門業者である。必要に応じてサーベイレポート（検査報告書）を作成する。サーベイレポートは、貨物損害の賠償請求を行うときに最も重要な書類である。

<荷姿（にすがた）>
梱包された貨物の外観や形状である。カートン、紙袋、木箱（ケース：木製の板で囲ったもの）、クレート（透かし梱包：木製の桟で囲ったもの）、パレット梱包などがある。

②「（5）荷印」

前述の通り荷印に関する統一的な様式はない。輸入者は自社にとって都合のよい荷印の採用を輸出者に提案できる。輸入者が同じ輸出者から複数の品目を輸入する、あるいは、別の輸出者から類似の品目を輸入することは日常的に発

生する。輸入者が、複数の輸入貨物を自社の工場や倉庫に保管する際に混乱を避ける荷印が望ましい。

> **POINT**
>
> 輸入者は貨物の準備を全て輸出者に任せる傾向が強い。しかし、輸入者は、貨物が売買契約に従って梱包されていることの確認を怠ってはならない。また、梱包形態の有効性を定期的に検証すべきである。輸入した貨物に損傷がある場合は、貨物の準備段階、保管段階、輸送段階のいずれで発生したかを追究し梱包の改善につなげる。実務スペシャリストは、梱包とダメージの相関関係を意識し、常に梱包方法の改善を図る努力が求められる。

ココで差がつく！　バン詰め

　輸出準備を進める課程で適切に情報を伝達する重要性を再認識する事故である。米国から輸入した冷凍の加工食品が輸送中に冷凍コンテナの内部で荷崩れし大半のカートンにダメージが発生した。貨物は、新規に輸入販売を予定する食品のサンプルで2㎥弱の小口であった。小口だが冷凍貨物なので20フィートの冷凍コンテナを使用したFCL輸送である。

　問題が発生したのは工場のバン詰め作業場である。作業員は、20フィートコンテナに2㎥弱をバン詰めする異常な指示に驚いた。サンプル輸出の情報がバン詰めの現場に届いていなかったのである。コンテナの積載可能量の1割に満たない数量に驚いた作業員は、別の工場で次の貨物を追い積みすると判断した。次の貨物が積みやすいように、作業員は2㎥弱の貨物をコンテナの奥に段積した。トラック輸送中に貨物にかかる圧力は前方方向である。したがって、コンテナの奥に段積するのは合理的である。さらに、作業員は輸送中の荷崩れを防止するためにベルトで貨物を固定した。残念ながら、固定方法はトラック輸送を前提に行い、また、追い積み貨物があるとの想定で簡易な固定であった。

　輸入者は、貨物はコンテナの床に並べられていると信じていた。しかし、到着した貨物はコンテナの奥で乱雑に積み重なっていた。海上輸送中の貨物はコンテナの内部で大きく左右に揺れる圧力を受ける。トラック輸送用の簡易な固定では貨物を抑えることができず崩れたのである。情報の共有に漏れがあると事故に直結する。実務スペシャリストは、情報の共有先を事前にリストするなど、情報伝達を確実に実施する工夫をしなければならない。

3．国内輸送

　輸出貨物は、「輸出貨物の準備」が整うと輸入者に向けた輸送がスタートする。最初は工場や倉庫から港湾地区のCYもしくはCFSまでの国内輸送である。いっ

ぽう、輸入貨物は、国際輸送で到着しCYやCFSに一時保管された後に輸入者の倉庫や工場、またはエンドユーザーの指定場所まで輸送される。輸出入貨物の輸送は国際輸送に注目が集まるが国内輸送と国際輸送をスムーズに接続するのが重要である。また、国内輸送は貿易取引に係る費用の面で大きな要素である。

　日本の国際輸送の中心は海上輸送、特にコンテナ船による輸送である。日本は国土が狭く、四方を海に囲まれているので海上輸送に適した環境である。さらにコンテナを取り扱う港が多数稼動している。2013年度に外国貿易のコンテナを取り扱った港は64港である（国土交通省の資料）。主要の5港は次表の通りだが、2013年度に年間1万TEU以上のコンテナを取り扱った港は51港である。外国貿易のコンテナを取り扱う港は国内輸送の起点、もしくは、終点になる。

2013年度　外国貿易コンテナ取扱港

取扱量ランキング	港名	コンテナ数（TEU）
1位	東京	4,353,394
2位	横浜	2,588,074
3位	名古屋	2,530,154
4位	大阪	2,193,939
5位	神戸	2,048,889
年間合計	全64港	17,746,220

<TEU>
海上コンテナの長さは複数あるが、日本の国内で道路輸送が可能なのは長さが20フィートと40フィートの二種類のみである。海上コンテナの本数を集計する、あるいは、コンテナ船の積載能力を表示する際に20フィートと40フィートのコンテナ数を別々に集計する方法はあるが、簡便な方法として40フィートを20フィートの2倍に換算するのがTEUである。たとえば、20フィートが8本と40フィートが7本は合計で22TEU（8＋7×2）になる。TEUはTwenty-foot Equivalent Unitの略である。

（1）輸送手段

　日本は、国際輸送のコンテナを取り扱う港が多いので、必然的に輸出入貨物の国内移動距離は短くなる。したがって、国内輸送の輸送手段は短距離輸送に優れたトラックが主流である。

3．国内輸送

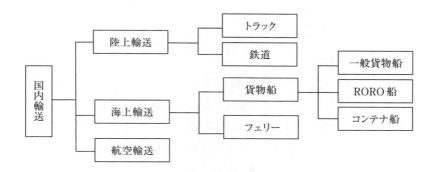

　輸出入貨物の国内輸送は定期的な調査の対象に選定されていない。したがって、国内輸送される全ての貨物（輸出入貨物＋国内移動貨物）を対象にした資料から輸出入貨物の輸送モード（輸送手段）を類推することになる。公益社団法人全日本トラック協会の資料によると、平成25年度の輸送モード別の輸送トン数は表の通りである。類推だが、輸出入貨物の国内輸送はトラック輸送が圧倒的な比率を占めるのは間違いない。

2013年度　輸送モード別輸送実績

輸送モード		輸送トン数	％
トラック、		4,346百万トン	91.1
内、	営業トラック	2,989百万トン	
	自家用トラック	1,356百万トン	
鉄道		44百万トン	0.9
内航海運		378百万トン	7.9
国内航空		1百万トン	－

　日本の国内輸送は、輸送モード別ではトラック輸送が圧倒的なシェアーを持っている。トラック輸送は営業トラックと自家用トラックに大別され、営業トラックは運賃を徴収して貨物を輸送するトラック業者である。自家用トラックは自社の貨物に限定して輸送するもので、生産や販売活動の一部として運賃の収受を伴わない輸送を行っている。

　輸出入貨物の大半は日本国内においてトラックで輸送されるとみられ、輸出入者はトラック輸送を効率的、かつ、低料金で使用する方法を模索しなければならない。

（2）トラック輸送

①トラック業界

日本のトラック業界は多数の事業者がひしめいている。公益社団法人全日本トラック協会が集計したデータ（平成25年版）は次の通りである。

- 営業トラック事業者数：62,905社（営業トラックを運行する事業者数であり、自家用トラックを運行する事業者を含まない）

運行トラック台数

車種	営業トラック 台数	比率(%)	自家用トラック 台数	比率(%)	合計 台数	比率(%)
大型トラック	529,534	43.2	307,676	5.0	837,210	11.3
中型トラック	513,301	41.9	1,449,865	23.5	1,963,166	26.5
小型トラック	181,773	14.9	4,413,392	71.5	4,595,165	6.2
合計	1,224,608	100.0	6,170,933	100.0	7,395,541	100.0

大型：最大積載量　6.5トン以上　　中型：最大積載量　3.0〜6.5トン
小型：最大積載量　3.0トン以下

貨物の種類別の輸送トン数（単位：千トン）

貨物の種類	営業トラック トン数	比率(%)	自家用トラック トン数	比率(%)	合計 トン数	比率(%)
消費関連貨物	1,110,905	37.4	116,828	8.6	1,227,733	28.4
建設関連貨物	857,139	28.9	932,357	68.7	1,789,496	41.4
生産関連貨物	999,900	33.7	307,072	22.6	1,306,972	30.2
合計	2,967,945	100.0	1,356,257	100.0	4,324,202	100.0

営業トラックの運行台数、ならびに、貨物の種類別の輸送実績を自家用トラックと比較すると次の特徴があらわれる。

- 営業トラックの運行台数は、自家用トラックの1／5の規模である。
- 営業トラックは大型と中型の比率が高く、自家用トラックは小型の比率が高い。
- 営業トラックの輸送トン数は自家用トラックの2.2倍であり、運行台数の差を加味すると輸送効率が高い。
- 営業トラックが輸送する貨物の種類に偏りは見られない、いっぽう、自家用トラックは建設関連貨物の比率が極めて高い。

営業トラックと自家用トラックの比較は、輸出入者の実務スペシャリストが営業トラックを利用する際のヒントになる。実務スペシャリストは次の点に留意しなければならない。

- 営業トラックは大型と中型の運行台数が多い。したがって、小口の輸出入貨物に小型トラックを予定しても希望の車種を予約できない危険性がある。
- 営業トラックは輸送効率を重視する。輸送効率を妨げる特殊な梱包の貨物、あるいは、早朝や深夜の集配送などの特別な要求は受けてもらえない危険性がある。

<緑ナンバー（事業用自動車）>
ナンバープレートの色が緑の事業用自動車を示す用語である。事業用、すなわち人や貨物を運んで運賃を受け取る事業に使用する車両である。いっぽう、自家用の自動車のナンバープレートの色は白である。白ナンバーの車両は自家用に限定され、人や貨物を運んで料金を受け取るのは違法行為である。

営業トラックのサービス形態を見ると下表になる。輸出入者が主として利用するのはチャーターと混載便である。

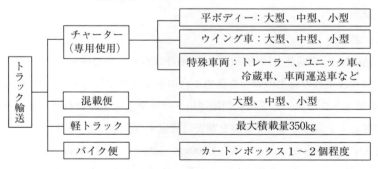

② チャーターと混載便

「チャーター（専用使用）」と「混載便」の概要は次の通りである。

Ｉ．チャーター

「専用使用」あるいは「仕立て便」とも呼ばれる。輸出入者がトラック会社

と契約し、1台のトラックを自社の貨物のみに使用する輸送形態である。利用時間を定める時間制の契約と特定区間の輸送を契約する場合がある。出発地と到着地、また、出発の時間と到着の時間をトラック会社と交渉することができる。荷主にとって極めて利便性の高いサービスだが料金は割高になる。貨物量がトラックの最大積載量に満たない、あるいは、利用時間が数時間であってもトラック会社は1台のトラックと運転手を割り当てる。また、片道、すなわち輸出貨物を港まで運んだ帰りや輸入貨物の配送先からの帰りは空車（貨物を積まない状態）になる可能性が高く、トラック会社は往復に要する時間や往復の運行距離を運賃計算の基礎にする。荷主にとっては割高な運賃になる。したがって、チャーターを利用するのは次のいずれかに該当する場合が大半である。

- 貨物量がチャーターするトラックの最大積載量に近い。
- 他貨との混載を嫌う貨物である。
- 国内輸送に要する時間を節約する必要がある（輸出貨物のCYやCFSのカット日、あるいは、輸入貨物の納品指定日が迫っている）。
- 出発時間、もしくは、到着時間の指定が通常の時間帯を外れている（深夜、早朝など）。

Ⅱ．混載便

「路線便」、「定期便」、「特別積合せ」とも呼ばれる。専用使用と異なり、トラック会社は複数の荷主の貨物を集め1台のトラックで輸送する。具体的には、「集配送トラック」と「拠点間輸送用トラック」を組み合わせ、トラックの利用効率を高めることで料金を割安に設定する。たとえば、新潟市に工場を運営する輸出者が「1ケース、1,000kg、1.3m^3」の小口貨物を東京港から輸出する場合である。専用使用のトラックを手配する場合は小型トラックで十分な貨物量である。しかし、前述の通り、営業トラックの中で小型トラックの比率は小さくトラック会社は集配用に使用するのが通常である。したがって、新潟から東京まで小型トラックを予約するのは難しい環境といえる。マーケットで台数の多い中型トラックを使用すれば、予約は容易だが料金は高く

なる。さらに、小型トラックと中型トラックのいずれを使用しても、帰りの東京から新潟までは空になる。積載効率と運行効率の両面で非効率なトラック手配になる。

「1ケース、1,000kg、1.3m³」のような小口貨物を新潟市から東京に輸送する場合は、混載便を使用するのが一般的である。混載便のトラック会社は、小型トラックで近隣の工場や倉庫を回り多数の小口貨物を集荷し、新潟市に隣接した場所に設置した自社のトラックターミナルに集める。トラックターミナルでは集めた貨物を大型トラックに積み込み、東京地区のトラックターミナルまで輸送する。東京地区のトラックターミナルに到着した貨物は、再び小型トラックに積み替えられ指定の場所に配達される。新潟から東京に貨物を輸送した大型トラックは、東京地区で集荷した新潟地区に向かう貨物を積んで新潟に戻る。この方法は、集配用の小型トラック、また、遠距離輸送用の大型トラックの双方とも積載効率が良く稼働率も高くなる。トラック会社は運行効率の高さを背景に「専用使用」より割安の運賃を提示できる。輸出入者は、割安の料金を享受する見返りに、集配送を含めトラック会社の設定する運行スケジュールに拘束され利便性は低下する。

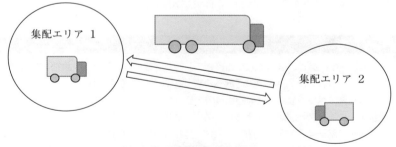

混載便（特別積合せ）の模式図

トラック会社の設定した「集配エリア1（たとえば、新潟市近郊）」及び「集配エリア2（たとえば、東京都内）」の地域内は小型トラックが貨物の集配を行う。集められた小口貨物は大型トラックに積み変えられ集配エリア1と2の間を輸送される。荷主の工場や倉庫における集配の時間は、集配トラックのルートと運行時間の制約を受けるので荷主が自由に設定することはできない。集配エリア1と2の間を輸送する大型トラックの運行スケジュールはトラック会社が設定する（夜間走行が一般的）。

集配送の小型トラックを運行するエリアの設定はトラック会社により異なる。同様にトラックターミナルの設置場所もトラック会社により異なるが、東京、横浜、名古屋、大阪などの拠点都市には複数のトラック会社が利用する大規模なトラックターミナルが設置されている。混載便を提供する営業トラックは、全国をネットする会社と東北や北陸など特定の地域に特化した会社がある。

③宅配便

宅配便は混載便の一種とみることができる。ヤマト運輸や佐川急便などの宅配業者を利用して輸出貨物を港まで、あるいは、輸入貨物を港から輸入者の工場や倉庫、エンドユーザーの指定場所まで輸送できる。宅配便は、ドライバーが人力で積卸を行うので、一つの梱包の重量が20kg程度が限度であり重量のある貨物には適さない。宅配業者は日本全国に多数の拠点を配し、各拠点の管轄地域内は集配用の小型トラックを運行している。拠点間の輸送は大型トラックが担当し混載便に類似した輸送形態である。宅配便は高頻度の集配送、配達の時間指定、温度管理の必要な貨物の輸送など多様で利便性の高いサービスが特徴である。サービスの質に比例して料金は割高である。

> **POINT**
>
> 定期的に輸出、あるいは、輸入する貨物のトラック輸送は、トラック会社、ならびに、チャーター、もしくは、混載便の選択も決まっているのが通常である。したがって、輸出入者の実務スペシャリストは前回通りのトラックを手配すればよい。
>
> 実務スペシャリストが能力を発揮するのは、通常と異なる配送の手配である。たとえば、混載便で配送する輸入貨物が、納品先の都合で納品日が繰り上がった場合である。全量をチャーターで輸送するのが一つの解決策である。別の解決策は、一部を軽トラックで先行輸送し、残量は混載便で納品する方法である。輸入する貨物の梱包形状、また、納品先の緊急度により解決策は異なる。実務スペシャリストは、日頃から問題の発生を仮定し選択可能な対応策を勉強すべきである。

④最大積載量

混載便を利用する輸出入者はトラックのタイプや積載能力に注意を払う必要はない。トラック会社は、自社にとって最も効率の高い車両を揃えており、トラックのタイプや積載能力により料金が変わることはない。いっぽう、チャーターはトラックのタイプと積載能力により料金が変動するので輸出入者は自社の貨物に適したトラックの選定が必要である。一般的に、営業トラックは貨物の積載能力（最大積載量）により大型、中型、小型に分類される。最大積載量は次の式により算出する。

　車両総重量＝車両重量＋乗車定員×55kg＋最大積載量

　最大積載量＝車両総重量－（車両重量＋乗車定員×55kg）

Ⅰ．大型トラック

通称で「10トン車」と呼ばれるが、実際には10トンから13トン程度の貨物を輸送できる。ただし、全日本トラック協会は最大積載量6.5トン以上のトラックを大型に分類している。

大型トラックの「車両総重量」は通常20トンに設定する。トラックメーカーが新型車を設計する段階で車両重量が固まると自動的に最大積載量が算出される（少数だが「車両総重量」を25トンとして設計された車両がある）。ただし、トラックは同一車種であっても荷台の形式により車両重量が異なる。たとえば、ウイング車は平ボディーに比べて荷台が重いので車両重量は大きく最大積載量は小さくなる。荷台の形状は多種あるが、輸出入貨物の輸送はウイング車が主流である。ウイング車は梱包された貨物、特に、パレットに載せられた貨物に適した荷台である。

Ⅱ．中型トラック

通称で「4トン車」と呼ばれる。最大積載量が4.2～4.3トン程度の車両が一般的である。ただし、分類上の中型トラックは最大積載量が6.5トン未満になる。

中型の車両は、荷役用のクレーンやテールゲートリフトを架装した車両が多くみられる。荷役の効率化に貢献するが、架装した装備により車両重量が増

えるので最大積載量は減少する。

Ⅲ. 小型トラック

通称で「1トン車」や「2トン車」と呼ばれ、名称の通り1トン強、もしくは2トン強の最大積載量を持つトラックが使用される。ただし、分類上の小型トラックは最大積載量が3トン未満になる。

小型トラックは、一つの梱包の重量が宅配便の引受重量を超過し、かつ、「チャーター」が必須の輸送条件のときに使用される。ただし、営業トラックとして登録される台数が少なく、輸出入者が希望通りにチャーターできない事態が発生する。

Ⅳ. トレーラー

トレーラーは運転席と荷台が分離できる形式の車両である。エンジンを持つ運転席部分をトラクター(「ヘッド」とも呼ぶ)、荷台部分をトレーラーと呼ぶ。ただし、トラクターとトレーラーを接続した車両をトレーラーと呼ぶのが一般化している。トレーラーは、普通のトラックに載らない大型の貨物、あるいは、大型トラックを超える大量の貨物を輸送する目的で製造された車両である。したがって、トレーラーの「最大積載量」は大型トラックを上回るが無制限に貨物を積載できるものではない。道路を通行できる車両の「一般的制限値(最高限度)」は次の通りである。

- 幅　　2.5メートル
- 長さ　12メートル
- 高さ　3.8メートル
- 総重量　20トン

海上コンテナを輸送するトラクター＋トレーラーの車両総重量の上限は一般的制限値を超える44トンである。また、トレーラー部分の総重量の上限は36トンであり、トレーラーごとに基準緩和認定を受ける。

トラックごとに定められた「最大積載量」は、トラックに積める最大重量を計算する際の重要な目安である。ただし、最大積載量まで常に積めるとは限らない。トラックに積める貨物の重量は最大積載量の他に「軸重」と「輪荷重」

を法定規制内に収めなければならない。軸重（1本の車軸）にかかる最大重量は10トン、輪荷重（一つの車輪）にかかる最大重量は5トンである。通常の輸出入貨物は「軸重」や「輪荷重」の制約を受けることはない。「軸重」と「輪荷重」の確認が必要なのは、容積は小さいが極度に重い貨物、あるいは、梱包した大型貨物の重心点が偏っているときである。

＜ウイング車＞
急速に広まった荷台の形状である。荷台の側面と天井は完全に覆われており貨物を風雨から守ることができる。荷役時は側面の壁と天井の一部が上部に跳ね上がり、また、あおり（平ボディーを参照）も下がるので平らな床面があらわれる。一定のサイズに梱包された貨物、特にパレットに載せられた貨物の荷役は、荷台の左右からフォークリストで行い作業効率が高い。架装する荷台に費用が掛かるので大型車を中心に普及していたが、近年は4トン車にも増加している。

ウイング車

＜平ボディー＞
トラックの典型的な荷台の形状で大型、中型、小型のいずれにも採用される。荷台は貨物の落下を防止する枠（「あおり」と呼ぶ）で囲まれ、荷役（貨物の積卸作業）時は枠がおろされ荷台は平面になる。荷役作業の容易な荷台だが、積まれた貨物は風雨の影響を受ける。シートなどで貨物を覆うが防水対策は完全とは言えない。

平ボディー

<テールゲートリフト>
パワーゲートとも呼ばれる。トラックの最後部に架装されたエレベーター(昇降機)方式の荷役機器である。荷役のときはゲート(エレベーターの床)が水平になりトラックの荷台と地面の間を垂直に移動し貨物の積卸を行う。ゲートは、走行中は垂直に固定、あるいは、荷台の下に収納される構造になっている。

> **POINT**
>
> 新規の貨物や新しいルートにチャーターを使用する場合は過去の実績を参考にできない。実務スペシャリストはトラック業者と打ち合わせ、輸送ルートや料金などの情報を入手することになる。トラック業者との打合せを効率よく行うには、トラック輸送に関する知識が必須である。トラックの車種、料金体系、標準走行ルート、繁閑期、事故対策などである。実務スペシャリストはトラック輸送に関する最新知識の習得に努めるべきである。

(3) 鉄道輸送

日本は国内に鉄道網が張り巡らされているが、輸出入貨物が鉄道で運ばれる機会は少ない。鉄道による貨物輸送の中心はJR貨物(日本貨物鉄道株式会社)である。JR貨物が輸送するコンテナは長さ12フィートの国内用コンテナが中心であり、大半の鉄道施設と貨車は12フィート用に設計されている。JR貨物は海上輸送の標準サイズである20フィートと40フィートのコンテナを保有しないが、荷主が持ち込む海上コンテナの輸送を引き受けている。ただし、海上コンテナを取り扱う駅は限定されている。

輸出入貨物の国内輸送に12フィートコンテナを大規模に使用するときは、輸出者、もしくは輸入者の工場や倉庫に引込線があると効率的である。引込線がない場合は、鉄道輸送の前後にトラック輸送を接続する。鉄道とトラックを組み合わせると積替えが複雑になり費用もかさむ。我が国は国土が狭い上に国際航路のコンテナ船が寄港する港が多いので「鉄道+トラック」の組み合わせを採用しても鉄道が担当する距離は短く組み合わせのメリットに欠ける。

鉄道輸送は輸出入貨物の国内輸送手段として一般的とは言い難いが、輸出者や輸入者、あるいはエンドユーザーの特別な希望によりスポット的に利用する

場合が想定される。JR貨物のサービス概要は次の通りである。
- コンテナ取扱駅：国内用コンテナを取り扱う駅は各県に配置されている。たとえば、JR貨物の関東支社は県ごとに次の数のコンテナ取扱駅を配している。利用者は最寄りの駅を選定し、駅と自社の工場や倉庫までのトラック輸送を含めた鉄道輸送をJR貨物に委託できる。

    茨城4、栃木3、群馬1、埼玉4、千葉3、東京3、神奈川5、新潟6、長野3、山梨1

- コンテナの種類：利用可能な鉄道コンテナは、長さが12フィート、20フィート、31フィートの3種である。最も一般的なタイプは12フィートのコンテナで通称で「ゴトコン」と呼ばれる。これは、コンテナの積載重量が5トンだからである。

    【12フィートコンテナの標準的な仕様】

    コンテナ内のサイズ：365×227×225（cm、LWH）

    内容積　　：18.6m³

    最大積載量　：5,000kg

    ドアーはコンテナの側面（365cmの面）に設置されるのが一般的である。コンテナを貨車やトラックに載せた状態で貨物の積卸が可能である。

- 運賃：鉄道輸送の運賃は、鉄道部分の運賃と作業賃の合計である。具体的には次の1から4の合計金額になる。

    1．発送料　：荷主の指定場所にコンテナを持ち込み、貨物を詰める作業の料金

    2．鉄道運賃：貨物駅から貨物駅までの料金

    3．到着料　：到着したコンテナを荷主の指定場所に持ち込み、貨物をコンテナから取り出す作業の料金

    4．附帯料金：貨物の留置料など

    上記の2をオンレール部分、1及び3、4をオフレール部分と呼ぶ。料金はオンレールとオフレールの双方とも、輸送する貨物の種類、使用するコンテナのサイズ、輸送距離により変動する。

以上は、JR貨物の保有する国内用コンテナを使用した場合である。前述の通り、JR貨物は、荷主が持ち込む海上コンテナの輸送を引き受けている。20フィートと40フィートの双方を輸送可能だが取扱いできる貨物駅は限定されている。また、海上コンテナをJR貨物に委託して輸送するときは空コンテナの回送を手配しなければならない。JR貨物の保有コンテナは片道使用だが、海上コンテナの輸送を委託する場合はラウンド輸送（往復輸送）にするのが通常である。

（4）海上輸送

　輸出入者が利用する日本国内の海上輸送は貨物船とフェリーに大別される。貨物船は、一般貨物船、RORO船、コンテナ船の三種類に分かれる。定期航路と各航路のサービス内容は日本港湾協会のホームページにある「港湾物流情報－航路関連データ－フェリー、RORO船、コンテナ船定期航路一覧」で確認できる。

①一般貨物船（在来船）

　海上コンテナを使用しない小口貨物、あるいは、コンテナに収まらない大型の貨物を輸送するのが一般貨物船である。小口貨物の国内輸送はトラック輸送が一般的であり海上輸送を利用する積極的な理由はない。また、コンテナに収まらない大型の貨物は出荷場所がある程度限定され、出荷頻度も高いものではない。一般貨物船が積み取る輸出入貨物は特定の荷主の貨物に偏っており国内定期便は運航されていない。

②RORO船

　RORO船はRoll on Roll offの略であり、トラックやフォークリフトで貨物を船内に運ぶ形式の船である。海上コンテナをシャーシーに載せた状態で輸送できる。また、シャーシーから卸したコンテナのみの輸送も可能である。シャーシーをけん引するトラクター、ならびに、ドライバーが同行する必要はない。日本の貿易の中心である京浜、中京、阪神を起点に定期航路をまとめると下表

RORO船の主要定期航路

地域	発地	向け地
京浜	東京	苫小牧、釧路、仙台、油津、細島、博多
	千葉	岡山、伊予三島
	川崎	八戸、苫小牧
	追浜	神戸、苅田
	日立	釧路、苫小牧、北九州
中京	名古屋	苫小牧、仙台、新門司、鹿児島、那覇
阪神	大阪	岡山、伊予三島、細島

　海上輸送にドライバーとトラクターの同乗は不要だが、荷主は発地と着地の双方にドライバーとトラクターを用意しなければならない。RORO船を利用する輸出入者は、陸上輸送の体制を整備できる定期的な貨物を持つのが通常である。空コンテナの回送にも留意しなければならない。

③コンテナ船

　内航コンテナ船の利用方法は外航コンテナ船と同様である。輸出入者は、発地では船社の指定するCYにコンテナを搬入し、着地では船社のCYでコンテナを引き取る。輸出入者は発地と着地の双方でシャーシーとトラクターを用意しなければならないのはRORO船と同じである。京浜、中京、阪神を起点に運航されている複数の定期航路の向け地をまとめると次の通りである。

コンテナ船の主要定期航路

地域	発地	向け地
京浜	東京	苫小牧、釧路
	川崎	日立
	京浜	釧路、苫小牧、八戸、仙台、御前崎、清水、名古屋、阪神、小名浜
中京	名古屋	京浜、阪神
阪神	大阪	釧路、苫小牧、高松、水島
	阪神	新居浜、広島、徳山、宇部、門司、博多

④長距離フェリー

　日本の国内に多数のフェリーが運航されている。日本港湾協会のホームペー

ジにフェリーサービスが掲載されている。また、長距離フェリーに関しては、「日本長距離フェリー協会」が所属会社のサービスをまとめている。同協会のホームページから長距離フェリーの航路をまとめたのが右の表である。

フェリーは、シャーシーに載せたコンテナとコンテナをけん引するトラクター、ドライバーの全てをまとめて輸送する手段である。着地に到着すると直ちに最終目的地に向けてトラック輸送を開始できるのが大きな利点である。陸上輸送から海上輸送、また、海上輸送から陸上輸送の接続に要する時間が極めて少ない効率的な輸送である。ただし、トラクターとドライバーは、海上輸送中は船上で待機しなければならない。

長距離フェリーの主要航路

地域	ルート
京浜	東京〜徳島〜北九州
	大洗〜苫小牧
中京	名古屋〜仙台〜苫小牧
阪神	大阪〜志布志
	大阪〜別府
	大阪〜新門司
	神戸〜宮崎
	神戸〜大分
	神戸〜新門司
	泉大津〜新門司
その他	舞鶴〜小樽
	敦賀〜苫小牧

トラクターとドライバーの船上待機を解消するのが「無人航走」サービスで、多くの長距離フェリー会社が提供するサービスである。荷主は積地でフェリー会社の指定する駐車場にシャーシーに載せたコンテナを預ける。フェリー会社は、自社のトラクターとドライバーで預かったコンテナをフェリーに積み込む。揚げ地でも同様にフェリー会社のトラクターとドライバーがコンテナをフェリーから卸し指定の駐車場に搬入する。荷主はトラクターとドライバーを用意してコンテナを受取りに出向く。自動航走サービスの利用者は、発地と着地の双方で陸上輸送の体制を整備すること、また、空コンテナの回送に留意しなければならないのはRORO船の利用と同様である。

「無人航走」サービスでフェリーに積み込まれるトレーラーである。トレーラーもフェリー会社が貸し出した車両である。フェリー会社は、貸し出し用に各種のトレーラーを揃え荷主の要望に応えている。(写真提供：株式会社商船三井)

> **POINT**
>
> 国内の海上輸送は遠距離の輸送に有効な輸送モードである。輸出貨物の発地、あるいは、輸入貨物の納品地が北海道、四国、九州の場合は京浜、もしくは、阪神地区を起点とした海上輸送サービスの利用を検討する価値がある。輸出入者の実務スペシャリストは、海上輸送サービスの検討に際しトラック輸送との接続に留意しなければならない。また、RORO船やフェリーを利用する場合は空コンテナの回収方法を決める必要がある。

(5) 輸出貨物の国内輸送

輸出者が実際に国内輸送を手配する際の留意点を以下に取り上げる。

①発注者

輸出者が国内輸送の発注者になる、もしくは、輸出貨物の発注先であるメーカーや問屋、あるいは船積業務の委託先が発注者になるのが一般的である。発注者の確認は常に重要である。国内輸送の発注者は単に費用を負担するのみで

なく、輸送中の事故による貨物の損傷や紛失などが発生した場合にトラック業者や保険会社に求償する当事者になる。特に注意するのは代行業務である。たとえば、梱包業者や通関業者が輸出者の代行として国内輸送を手配する場合である。日本の商習慣ではあいまいになる場面だが、実務スペシャリストは代行の内容と発注者をしっかり確認すべきである。

②最適輸送手段

通常の輸出貨物はトラック輸送が最適の輸送手段になる。貨物の発地から港までの輸送距離が長い場合はRORO船やフェリーを利用したトラック輸送を検討する。LCLのトラック輸送は混載便を第一候補として検討し、FCLは次の2つの方法を比較し利便性が高くコストの低い輸送方法を選択する。

Ⅰ．FCLの選択肢1

輸出貨物が完成した工場や倉庫まで空コンテナを輸送し、貨物を詰めた後にCYまで輸送する。海上コンテナの移動は往復（ラウンド）になる。

- メリット：国内輸送の形態がシンプルなので手配が容易である。また、輸送コストが一般的に他の方法より安価である。
- デメリット：貨物を出荷する工場や倉庫がバン詰め用の施設を保有することが前提になる。また、メーカー、もしくは、輸出者がバン詰めの知識と経験を持たなければならない。バン詰めは単に貨物をコンテナに積み込む作業ではない。輸送中に貨物ダメージが発生しない積み付けが求められる。

Ⅱ．FCLの選択肢2

輸出貨物を工場や倉庫から港の倉庫（保税蔵置場）までチャーターで輸送し、倉庫で輸出通関後に貨物を海上コンテナに詰めCYに輸送する。

- メリット：通常の国内取引と同じ感覚で輸出貨物を港に輸送すればよい。港に到着後の輸出貨物の一時保管からバン詰めまでの物理的な手配、また、船社への船積手配や輸出通関などの書類面の手配は港湾地区の専門業者（通関業者、保税蔵置場、保税運送業者、港湾運送業者など）に委託できる。
- デメリット：バン詰めするまでに積替えや一時保管が発生するので貨物ダ

メージが発生する機会が増加する。また、取扱いの工程が増えるので費用が増加する。

従来は輸出通関の関係で「選択肢2」が一般的であった。しかし、通関の規制緩和により「選択肢1」の採用が容易になり実績が増えている。

③緊急事態

国内輸送の関連で想定される緊急事態は次の通りである。
- 輸出貨物の完成が遅れた。
- 国内輸送中や港湾地区における保管中の貨物にダメージが生じた。

緊急事態が発生した場合は、予定より遅れて完成した輸出貨物や代替の貨物を緊急に積港に輸送しなければならない。時間的な余裕がないのでチャーターを利用するのが通常である。コスト面の検討を加える余裕はない。たとえば、1,000kg/1m³程度の小口貨物であっても、1トン車のチャーターができなければ4トン車での輸送を余儀なくされる。輸出貨物の梱包が20kg程度であれば、宅配便やバイク便の使用も対応策になる。緊急時の対応は、貨物の国内輸送に加えてCYやCFSの作業、あるいは、輸出通関手続きに影響が及ぶ恐れがあり関係先への連絡が必要である。実務スペシャリストは、緊急時の対策と連絡網を整備するなど平常時の準備を怠ってはならない。

（6）輸入貨物の国内輸送

到着した輸入貨物の国内輸送に関し輸入者が留意すべき事項を取り上げる。

①発注者

輸入者が国内輸送を手配するのか、あるいは、輸入貨物の納品先である工場、倉庫、エンドユーザー等が手配するかの確認である。輸送の発注者、すなわち料金の負担者を事前に明確にするのは重要である。国内輸送の発注業務を通関業者や保税蔵置場に委託するのは日常的に発生する。仮に、輸送中のトラックが貨物ダメージを起こすと影響を受けるのは発注者であり代行者ではない。代

行者の責任は善管義務（善良な管理者としての注意義務）に留まるのが一般的である。

国内輸送の発注者の確認に合わせ、輸入港で発生する保管料などの負担者の確認を忘れてはならない。FCLは、船社の指定するCYの保管期間内にコンテナを引き取れば保管料は発生しない。保管期間を過ぎるとデマレージ（Demurrage、超過保管料）と呼ぶ保管料を払わなければならない。また、LCLはデバンされた日の翌日から保管料が発生する。輸入貨物を引き取る者は、引取時に保管料とデバンやその他の作業料金を支払わなければならない。輸入者以外が国内輸送の発注者になる場合は、CYやCFSで発生する費用の負担者を事前に確認しないとトラブルの原因になる。

②**納品先の条件**

輸入貨物の国内輸送を手配する際は納品先の受入条件の確認が重要ある。以下は、手配する際に問題となる受入条件である。

- 納品先に向かう道路が狭く、海上コンテナや大型トラックは通行できない。
- 納品先は、海上コンテナから貨物を卸す設備を持たない。
- 納品先は住宅隣接地にあり、大型車両の通行時間は自主規制に従っている。
- 納品先は住宅隣接地にあり、近隣での時間調整駐車を禁止している。
- 納品先は住宅隣接地にあり、平日の9時と14時前後に幼稚園バスが多数運行されている。
- 納品先は工場団地にあり、通勤時間帯は周辺の道路が混雑する。
- 納品先は機密保持が厳しく、入場するトラックは事前に会社名とドライバー名を登録しなければならない。

トラック受入れに条件を持つ納品先は、事前にトラック会社と十分な打合せが必要である。通常と異なる配送を指示するとトラック料金が割増しになる場合がある。たとえば、片道2時間の納品先が12時納品を指示するとトラックはほぼ全日の拘束になる。朝の10時に出発する前に別の仕事を受けるのは困難である。また、貨物を卸して戻るのは15時前後になり次の仕事に使用するのは困

難である。トラック会社は、ドライバーと車両の1日分のコストに見合う料金を請求するはずである。

＜時間調整駐車＞
「時間待ち駐車」や「荷待ち駐車」などとも呼ばれる。トラックの長距離輸送は交通量の少ない夜間走行が中心である。たとえば、午前9時の納品であれば、長距離を走ったトラックは通勤ラッシュの始まる前に納品先の近隣に到着し納品時間まで待機する。これが時間調整駐車である。近距離の輸送であっても、交通が混雑する地域の納品先は余裕を見て出発しなければならない。想定より早く到着したときは時間調整駐車が発生する。

③最適輸送手段

国内輸送の輸送手段を選択する基準は輸出と同一だが、納品先に受入条件がある場合は当該条件を優先させなければならない。通常は次の手順に従って最適の輸送手段を選択する。

Ⅰ．FCL
（A）納品先の受入れに条件がある場合は、当該条件を最優先に国内輸送を手配する。
（B）「コンテナ扱い」で輸入許可を取得したときは、実入りコンテナを配送し納品先でデバンする。この方法は、港湾地区でデバンする場合と比較しコスト的に有利である。
（C）港湾地区の倉庫でデバン後に通関する場合は、チャーターか混載便で納品する。

Ⅱ．LCL
LCLはコンテナ扱いができないのでCFSにおけるデバン後に輸入通関を行う。輸入通関はデバンを行ったCFS、あるいは、CFSから他の保税蔵置場に保税運送して行う2つの選択肢がある。格別の理由がない限りCFSで通関するのがコスト的に有利である。通関後にチャーターか混載便で納品する。

Ⅲ．配送前の一時保管
輸出貨物と異なり、輸入貨物は輸入通関の終了後に発生する保管が大きな問題になる。輸入した貨物の全量を輸入時の梱包で納品する場合は保管の問題

は発生しない。しかし、輸入貨物の一部のみを納品する、あるいは、輸入時の梱包を外して納品する場合は一時保管の問題が発生する。保管する場所はCFSや港湾地区の倉庫、もしくは港から離れた郊外の倉庫が選択肢になる。それぞれのメリットとデメリットは次の通りである。

(A) CFSや港湾地区の倉庫（保税蔵置場）

【メリット】

- FCL：実入りコンテナをCYで受け取り保管する倉庫まで輸送しデバンする。保管場所までの輸送距離が短い。
- LCL：デバンを行ったCFSで保管すれば輸送距離はゼロである。
- CFSや保税蔵置場は輸入貨物のデバンや保管、通関業者との連携、国内配送への接続など輸入貨物に係る一連の作業に慣れている。
- 港湾地区は多数のトラック会社がサービスを展開している。CFSや保税蔵置場から納品先までは希望に合ったトラック配送を選択できる。

【デメリット】

- 郊外の倉庫と比較すると保管料は割高である。

(B) 郊外の倉庫

郊外の倉庫の特徴はCFSや港湾地区の倉庫と逆になる。

【メリット】

- 保管料は相対的に割安であり、長期の保管に有利である。
- 仕訳や再梱包などの倉庫内作業に従事する作業員を安価で手配できる。

【デメリット】

- 郊外の倉庫の地域はチャーターや混載便、軽トラック輸送などが希望の時間に希望の台数が準備できるとは限らない。
- 倉庫によっては輸入貨物の取扱いに不安がある。

<コンテナ扱い>

貨物をコンテナに詰めた状態で申告、検査、許可を受ける方法である。輸出は規制緩和により自由に利用できるが、輸入は税関長の事前の許可が必要である。税関長の許可を受けるには次の条件を全て満たす必要がある（関税法基本通達67-3-12）。

- コンテナ内部の積み付けを明示する書類がある。
- 一の輸入者により輸入される貨物である（1本のコンテナに複数の荷主の貨物が積まれていないこと）。
- 輸入者（通関業者）が通関手続きに関する十分な知識を有する。

④緊急事態

輸入貨物に係る緊急事態は主として次の3種類である。
- 納品先から至急の納品注文を受けた。
- 国内輸送中の事故で貨物に損傷を生じた。
- 納品した商品にダメージがあり代替品を配達する。

緊急時の輸送手段はチャーターが主力である。また、軽量の梱包であれば軽トラックやバイク便の使用も可能である。難しいのは納品時間の指定された緊急配達である。たとえば、金曜日に注文があり、翌週月曜日の9時に納品を指定された場合である。金曜日の夕方にチャーターのトラックを出発させ、土曜日と日曜日はトラックに貨物を積んだ状態で待機させ月曜日の早朝に納品先に走らせる方法が考えられる。この方法を選択するとトラックを3日半拘束することになる。別の対策は、トラック会社のトラックターミナルに貨物を一時保管する方法である。混載便を選択しトラック会社の都合のよい時間に貨物を引き渡す。トラック会社は納品先に近いトラックターミナルに一時保管し、月曜日に配送トラックで指定時間に届ける方法である。実務スペシャリストは、納品先の荷受体制や荷受けの時間帯、また、トラック会社の集配サービスの内容を日頃から勉強することで緊急時に複数の選択肢を策定することができる。選択肢から最適な案を選定し実行する。

> **POINT**
>
> 輸入貨物の国内輸送の手配は、納品先の希望が最優先になる。実務スペシャリストは、納品先の諸々の希望に対応する複数の選択肢を提示しなければならない。通関、開梱、一時保管、トラックの選択などを統合して実行するので実務スペシャリストの総合力が試される場面である。

4. 国際輸送

(1) 国際輸送の現状

　海に囲まれた我が国の国際輸送は海上輸送と航空輸送に限定される。本章の冒頭で2013年の海上輸送と航空輸送の実績を見たが、両者の輸送比率は2013年に限ったものではない。下表は、日本船主協会がまとめた2010年から2013年までの実績である。

日本の輸出入：重量ベース（単位：百万トン）

年	輸出					輸入				
	総量	海上輸送		航空輸送		総量	海上輸送		航空輸送	
2013	169	167	99.2%	2	0.8%	808	806	99.8%	2	0.2%
2012	162	161	99.2%	1	0.8%	801	799	99.8%	2	0.2%
2011	151	150	99.1%	1	0.9%	754	753	99.8%	1	0.2%
2010	158	156	99.0%	2	1.0%	761	759	99.7%	2	0.3%

日本の輸出入：金額ベース（単位：兆円）

年	輸出					輸入				
	総量	海上輸送		航空輸送		総量	海上輸送		航空輸送	
2013	70	52	75%	18	25%	81	63	78%	18	22%
2012	64	48	75%	16	25%	71	55	78%	16	22%
2011	66	43	66%	23	34%	68	48	70%	20	30%
2010	67	44	65%	23	35%	61	41	67%	20	33%

　ヨーロッパ、アフリカ、南北アメリカの諸国は陸上で国境を接する機会が多く道路輸送と鉄道輸送が国際輸送の重要な手段になっている。また、海上輸送の一種である国際間のフェリーやはしけによる輸送が活発に行われている。日本は、韓国や中国との間にフェリーが定期運航されているが国際輸送の一翼を担うといえる規模に達していない。日本の輸出入貨物は、高価で軽量な貨物を除くと海上輸送に依存するのが現状である。海上輸送される貨物は原油、石炭、鉄鉱石、小麦、トウモロコシなどの原材料と機械、電気製品、日用雑貨、食料品などの製品に大別される。原材料を輸送するのが専用船、製品を輸送するのが貨物船である。貨物船は在来船とコンテナ船に分けられ、日本を含む世界の

主要航路の中心はコンテナ船である。

　日本の製造業は世界貿易の中で相対的な地位が低下している。アジア地域における製品の輸出量は中国が圧倒的なシェアーを有している。また、輸入も同様に中国の輸入量がアジア地域で突出している。下表は日本海事センターがまとめたアジア・米国間におけるコンテナ船の輸送量である。アジア・米国間は世界の主要な貿易ルートのひとつだが、日本のシェアーは輸出が5％弱、輸入は12％程度に低迷している。

荷動き量（単位：TEU）

年	東航総量	内日本出し		西航総量	内日本向け	
		TEU	%		TEU	%
2014	14,722,191	656,206	4.5	6,666,831	788,015	11.8
2013	13,838,147	629,626	4.5	6,868,888	844,727	12.3
2012	13,399,309	654,482	4.9	6,721,464	862,293	12.8
2011	13,143,905	629,167	4.8	6,714,336	863,538	12.9
2010	13,093,013	603,078	4.6	6,257,572	826,019	13.2

（注）
1. 東航：アジア発の北米向けである。西航：北米発のアジア向けである。
2. 「アジア」は次の12国（地域）が含まれる。
   日本、中国、韓国、台湾、香港、フィリピン、マレーシア、ベトナム、カンボジア、インドネシア、タイ、シンガポール

　アジア・米国間の荷動きを見ると、日本を起点、終点とする貿易量は輸出入とも横ばいからやや減少の趨勢を見せており将来性も疑問である。コンテナ航路を運営する船社は貨物量の多い国を中心に運航スケジュールを設定する。残念ながら、アジアと米国の間でサービスを提供するコンテナ船社にとって日本は最重要の寄港地ではなく、中国を重視した配船パターンを構築している。日本の輸出入者は、海上輸送の利便性では不利な立場に置かれることを理解しなければならない。上記の表はアジア・米国間の航路だが、アジアを起点とする他の主要トレードにおいても中国の輸出入量が大きなシェアーを持ち、中国を中心にコンテナ航路が運営されている。

（2）海上輸送

①船の種類

海上輸送には多数の船型（船の種類）が使用されている。船を分類する方法は複数あり下図は貨物を輸送する船を分類した一例である。この分類は貨物を輸送する船型を貨物船と専用船に大別する。貨物船は工業製品、農水産品、食品などの製品を輸送する。専用船は石炭、原油、鉄鉱石、小麦などの原材料を輸送し輸入者は電力会社、製鉄会社、商社などに限定される。

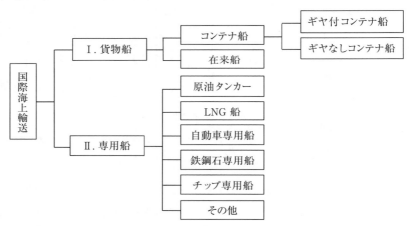

Ⅰ．貨物船

貨物船はコンテナ船と在来船に大別され、日本に寄港する主要航路はコンテナ船が主流である。日本の輸出入者が選択するコンテナ船の基本は定曜日ウイークリーサービスである。定曜日ウイークリーサービスは、特定の船社、または船社のグループが複数のコンテナ船を運航し毎週同じ曜日に特定の港に寄港するものである。たとえば、「神戸：火曜日」、「博多：木曜日」のように固定された曜日にコンテナ船が到着し出港する。下表は3隻のコンテナ船を使用する定曜日ウイークリーサービスである。3隻は等間隔で同じルートを走り定められた寄港地に同じ曜日に寄港する。

4．国際輸送

船名	東京（月）	横浜（火）	シンガポール（木）	ポートケラン（金）
A　Vessel	11月30日	12月 1日	12月10日	12月11日
B　Vessel	12月 7日	12月 8日	12月17日	12月18日
C　Vessel	12月14日	12月15日	12月24日	12月25日
A　Vessel	12月21日	12月22日	12月31日	1月 1日
B　Vessel	12月28日	12月29日	1月 7日	1月 8日

出帆日は、東京が毎週月曜日、横浜は火曜日である。到着日はシンガポールが毎週木曜日、ポートケランは金曜日である。表の最初の週は"A Vessel"、次週は"B Vessel"が同じ航路を走る。"A Vessel"は3週間で定められた航路を一周し12月21日に東京に戻ってくる。3隻体制で運航するのは比較的近距離の航路である。長距離の航路、たとえば、アジアと北米西岸を結ぶ航路は寄港する港の数によるが7隻以上のコンテナ船が投入される。

世界の主要航路はコンテナ船が主流であり在来船による定期航路は少ない。在来船は主として荷動き量が少なく港湾設備の整備が遅れている開発途上国向けの航路に使用されている。また、コンテナ船が主流の航路においては、コンテナに収まらない重量貨物、大型貨物、長尺貨物が在来船の主要な貨物である。

ギヤ付コンテナ船

先進国と開発途上国を結ぶ航路に使用される船型である。自船に架装したクレーンでコンテナの積卸ができる。コンテナターミナルが整備されていない開発途上国の港を使用できる利便性を持つ。架装されたクレーンは、コンテナターミナルに設置されたガントリークレーンと比較すると荷役速度は遅い。ただし、開発途上国の貨物量に適した積載能力と荷役速度である。（写真提供：旭洋造船株式会社）

ギヤなしコンテナ船

荷役機器を持たないコンテナ船である。コンテナターミナルに着岸しターミナルに設置されたガントリークレーンがコンテナの積卸を行う。ガントリークレーンを3〜6台並べることにより荷役速度を上げることができる。コンテナ船の大型化が可能であり、就航が予定される最大のコンテナ船は20,000TEUの積み取りが可能である。
（写真提供：株式会社商船三井）

在来船
岸壁に着岸し輸出貨物の積み込み作業中の在来船である。岸壁に並べられた輸出貨物が示す通り、在来船は多種多様の貨物を積み取ることができる。

<クレーン、デリック>
クレーンとデリックはそれぞれの定義はあるが、両者をまとめて貨物船に架装された荷役用機器と理解して支障ない。クレーンは、クレーン車など街中で見かけるものと同種である。デリックは貨物を吊り上げる支柱をはじめ全てをワイヤーで操作するものである。

POINT

日本に寄港する定期航路の主力はコンテナ船であり、船社が異なっても実務スペシャリストの船積手配に大きな違いはない。注意すべきは航路の改変である。新造船の投入、寄港地の入れ替え、貨物の季節変動への対応など諸々の理由により航路の改変が実施される。改変に伴い、寄港地の順番(「ローテーション」と呼ぶ)が変わる、寄港地のターミナルが変わるなどの変更があると輸出入者に大きな影響が生じる。実務スペシャリストは、改変の情報があれば直ちに自社の貨物への影響を調査すべきである。

Ⅱ．専用船

専用船は梱包されていないばら貨物や液状の貨物を輸送する船型である。輸送する貨物の種類ごとに最も適した船型が開発され、必然的に片道は空(積荷を持たない)で回送するのが一般的である。ただし、「ハンディ」や「ハンディマックス」と呼ばれる船型は専用船でありながら一定の汎用性があり、石炭、穀物、塩、鋼材など複数のばら貨物を積み取れる構造になっている。

原油タンカー

シーバース（大型船のために海上に設置された桟橋）に着岸し揚げ荷役中の原油タンカーである。原油タンカーは原油の輸送に特化した船型であり他の貨物を積み取ることはできない。写真の原油タンカーは右舷に荷役用のパイプが接続され、海上に設置されたパイプラインを経由して陸上のタンクに原油を送っている。
（写真提供：株式会社商船三井）

LNG 船

天然ガスを液状にしたのが液化天然ガス（LNG）である。天然ガスは常圧では摂氏－161.5度以下に冷やさないと液化しない性質を持っている。輸送するときは加圧し、かつ、冷却して液状にすることで体積を少なくする。揚げ荷役は原油タンカーと同様の方式であり、船上のタンクと陸上のパイプを接続してLNGを送り出す。写真のLNG船は右舷に荷役用のパイプが接続されている。
（写真提供：株式会社商船三井）

自動車専用船
完成車の輸送に特化した船型である。船内は10層以上に分かれスーパーの大型駐車場と同様の構造になっている。輸出される自動車は、自力で船内の通路やスロープを走り指定された層の指定された場所に駐車し固縛される。
（写真提供：株式会社商船三井）

② コンテナ船
Ⅰ．コンテナ船の構造

コンテナ船の船倉は海上コンテナが収まる幅と長さの仕切りが設置されている。船倉の仕切りを「セル」と呼び、船倉は「セルラーホールド」と呼ばれる。コンテナは、コンテナの長い面を船の前後方向に合わせて積まれる。
コンテナ船はコンテナを船倉と甲板上の双方に積み取る。甲板に積むコンテナをオンデッキ積と呼ぶ。在来船は原則として甲板の上に貨物を積み取らないが、コンテナ船は最初から甲板上にコンテナを載せる構造になっている。船倉内はコンテナを段積すれば自動的に固定されるが、オンデッキに積まれたコンテナは用具を使用して固縛し波や強風によりコンテナが崩れるのを防止する。

Ⅱ．コンテナ船の断面図

下図はコンテナを積み取っていない状態でセルラーホールドを示す模式図で

ある。在来船と異なり、コンテナ船の甲板は全面がハッチである。ハッチカバーを全て取り除くと船倉が見える状態になる。ハッチカバーの上にコンテナを積み取る構造になっている。

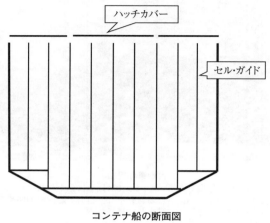

コンテナ船の断面図

Ⅲ．コンテナの積み付け

次図は船倉とオンデッキの双方にコンテナを積み取った状態の模式図である。個々のコンテナの積み付け場所は、積地と揚げ地、また、航海中の船のバランスを保つように計算して決められる。船倉内を一杯にしてからオンデッキに積み取るのではない。図の中央のハッチカバーは浮かした状態で描かれているが、ハッチカバーの位置を示すためである。実際の積み付けは、ハッチカバーを完全に固定してからオンデッキにコンテナを積み付ける。

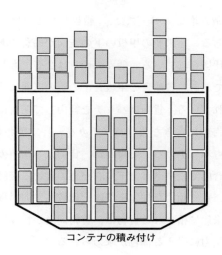

コンテナの積み付け

③在来船

　世界の主要航路の主役はコンテナ船である。しかし、コンテナ船が主力の航路であっても在来船が完全に消えたわけではない。在来船の特色はコンテナ船にない汎用性であり、コンテナに収まらない重量物や長尺貨物の輸送に使用されている。

　在来船は大型機械、完成車、コンテナ、小口貨物など多種多様の貨物を積み取り、寄港地では自船に架装した荷役機器により貨物の積卸を行う。港湾の整備が遅れ桟橋が少ない港では、はしけを使用した積卸が可能である。汎用性の裏返しになるが、輸出入者が在来船を利用する際は厳重な輸出梱包が必要である。在来船は多種多様な貨物を積み取り、貨物は船倉（貨物の保管場所）で他の貨物と接触する状態で輸送される。貨物をコンテナに収め、輸送中はコンテナとコンテナが接触するコンテナ船と根本的に異なる輸送形態である。

Ⅰ．在来船の構造

　在来船を利用する輸出入者は貨物の梱包に十分な注意を払わなければならない。厳重な梱包は必須だが、必要以上の強度を求めれば梱包費用が高くなる。輸出入者は在来船の構造を理解し、必要最小限の梱包を選択しなければならない。

在来船が貨物を積み取るスペースは、「船倉」あるいは「貨物倉」と呼ばれる大きな空間である。在来船の甲板の下の空間が船倉であり、船の前後方向に３〜５程度に仕切られている。個々の船倉は２層、もしくは、３層の構造を持つのが通常である。各船倉の甲板と下の層の床面に「ハッチ」と呼ぶ大きな穴が開けられている。貨物はハッチを経由して船倉に降ろされる。甲板のハッチは、航海中は大きな蓋（ハッチカバー）で覆われ水密を確保する。下の層のハッチもハッチカバーで覆われ、貨物はハッチカバーの上にも積まれる。貨物は船倉内で段積され上下左右が他の貨物に接触する状態で輸送される。船倉内は、重く頑丈な梱包を下段、比較的に弱い梱包の貨物を上段に積み上げる。在来船に積まれる貨物は、貨物同士が相互に加える圧力と航海中の揺れによる圧力に耐える梱包が求められる。

Ⅱ．在来船の断面図

下図は貨物倉が２層の貨物船である。実際は、甲板上にクレーンやデリックなどの荷役機器が架装されている。また、下の層（「ホールド」と呼ぶ）には床があり、床下は燃料タンクや各種配管のスペースとしている。

船倉の中央にハッチがあり、浮かした状態で描かれているのがハッチカバーである。荷役中はハッチカバーを取り外して大きな開口部を作り、開口部を通して貨物を船倉に降ろす。航海中はハッチカバーを固定し水密にする。

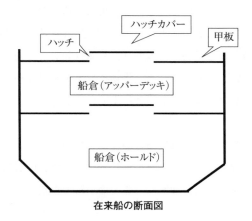

在来船の断面図

Ⅲ. 在来船の平面図

4つの船倉を持つ在来船の模式図である。船体は前後方向に4つの船倉に仕切られ、船倉の間は相互に行き来はできない。貨物は各船倉のハッチ（中央の長方形の塗りつぶし部分）を通して船倉に収められる。船体の最後部は甲板の上が居住区、下はエンジンルームである。

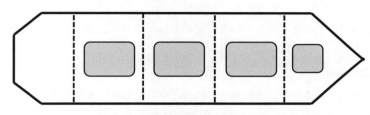

在来船の平面図

Ⅳ. 在来船の積み付け

在来船に貨物を積んだ状態の模式図である。貨物は船倉内で段積されている。実際の積み付けは、貨物のダメージを防止するためにベニヤ板などの緩衝材を使用し、緩衝材をはさみ貨物同士が接触する状態になる。また、航海中の揺れを想定し、貨物と船体、または、貨物同士を木材やワイヤーなどで固縛する（図は、他の貨物や船体と離した状態で描かれている）。ハッチカバーは浮いた状態になっているが、本来は甲板や各層の床面と同じ位置に固定される。

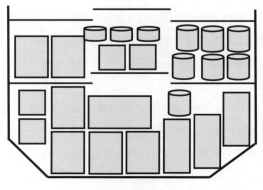

在来船の積み付け

④本船の選択

日本と北米や欧州など有力な貿易相手国の間は複数のコンテナ船社がサービスを展開し、輸出入者に選択肢が与えられている。輸出入者が自社の貨物に最も適したコンテナ船を選択する一般的な手順は次の通りである。

Ⅰ．輸出者の選択

（A）出港日

出港日が信用状や売買契約書に記載された船積期限を守るコンテナ船が候補になる。

（B）積替え

信用状、あるいは、売買契約で積替えを禁止している場合は積替えせずに目的港に到着する船（「直行船」と呼ぶ）を選択する。積替えが禁止されていない場合であっても、積替えを行う船は注意が必要である。FCLの積替えは、コンテナを最初の船から次の船に移す作業であり大きな問題にはならない。いっぽう、LCLの積替えは、貨物を最初のコンテナから別のコンテナに移す作業であり、貨物ダメージや紛失の危険性はFCLと比較し高い。また、FCLとLCLの双方とも積替えにより輸送日収が増加する。積替えを行う船は可能な限り避けるのが賢明である。

（C）カット日

輸出貨物が完成し輸出通関が完了する予定日より後のカット日を持つ船を選択する。逆に、輸出貨物の完成予定日が早い場合は、荷受開始日が早い船を選択する。完成した輸出貨物を港湾地区の倉庫に一時保管すると保管料が発生するので、荷受開始日の早い船を選択するのが有利である。

（D）CYやCFS

船社の指定するCYやCFSの所在地は国内輸送費との関係で重要である。CYやCFSは港湾地区、かつ、予定船が到着するコンテナターミナルに隣接した場所に設置するのが通常である。港湾地区に設置されていれば国内輸送との連携に問題は生じない。CYやCFSが港湾地区から離れた場所に設置されている場合は、国内輸送との連携を慎重に検討すべきである。特別な事情がな

い限り、港湾地区から離れたCYやCFSは避けるのが賢明である。

所在地と同様に重要なのが混雑度である。格段に混んでいるCYやCFSは可能な限り避けるべきである。混雑の激しいCYやCFSはトラック業者の知るところであり、繁忙期はトラック業者が輸送を忌避する事態が発生する。また、トラック料金の割増を求められることがある。

(E) 運賃

海上運賃は国際マーケットで動いており、需給関係で上下動する。また、同じ航路にコンテナ船を運航する全ての船社が同一の料金を提示するものではない。ただし、船社により高低はあっても、おのずから一定の枠内に収束するものである。理由なく格安の運賃、あるいは割高の運賃が提示されることはない。複数の船社から運賃見積もりを取ればマーケットの水準を把握することができる。

(F) 総コスト

(C)～(E) は国内輸送や国際輸送のコストに関連する事項である。総コストを極小化するには、(C)～(E) の最適な組み合わせが必要である。個々の項目の最適化は必ずしも総コストを極小化しない。たとえば、運賃の最も低い船社はターミナルの混雑がひどくトラック料金が割高になるケースが考えられる。

POINT

　同一の航路に複数のコンテナ船社がサービスを提供するときは、コンテナ船の性能や運賃に大きな差異はないのが通常である。実務スペシャリストは、自社の貨物にとって最適な船社を選択するためのランキングを作成すべきである。ランキングの作成時に注意すべきは (C) と (D) の国内輸送に関連した費用である。国内輸送は一時保管や短距離の移動が発生すると追加費用が高額になる。運賃の低い船社を選択しても (C) や (D) の調整に伴う追加費用が海上運賃の優位性を打ち消す危険がある。総コストの管理が重要である。

II．輸入者の選択

(A) 出港日

輸入者が船を指定する場合は、輸出者が信用状や売買契約書の船積期限を守れるコンテナ船を指定する。また、輸入者にとってより重要なのは日本の輸入港の到着日である。選択可能なコンテナ船をリストし、自社にとって最も都合のよい到着日の船を選択する。

(B) 積替え

輸入者が船を選定する場合は直行船が望ましい。ただし、日本の到着日を調整する目的で別の選定基準を採用することがある。たとえば、輸入品の販売予定日が当初の計画より遅れる場合は到着の遅いコンテナ船を選定する。輸送途中で積替えを行うコンテナ船をあえて選択し日本の到着を遅らせるのが効果的である。

(C) CYやCFS

日本の到着港におけるCYやCFSを選択する基準は輸出者と同様である。CYもしくはCFSの場所と混雑度が重要である。港湾地区から離れた場所のCYやCFS、また、混雑の激しいCYやCFSは可能な限り避けるのが賢明である。所在地や混雑が原因となり配送トラックの手配に支障を生じる危険性がある。

(D) 運賃

輸入者が船社を指定し運賃を負担する場合は、輸出の場合と同様に複数の船社から料金見積もりを取ることでマーケットの運賃水準を把握できる。

(E) 総コスト

(C) や (D) の各項目の個別最適ではなく、総コストを極小化する組み合わせを検討する。

POINT

実務スペシャリストが特に注意を要するのはCYやCFSと納品の関連である。納品の起点になるCYやCFSの混雑が激しいと予定の時間に出庫できない。輸入者は、出庫に時間のかかるCYやCFSを使用する場合は、出庫の待ち時間を予想してトラックを早めに向けるほかに対策はない。

⑤海上コンテナ

輸入者が海上輸送に使用するコンテナは船社から借り受ける。船社は複数のサイズと種類のコンテナを用意している。日本国内を輸送できる海上コンテナの長さは20フィートと40フィートの2サイズである。長さは外寸なので実際に貨物を詰めるコンテナ内部の長さは若干短くなる。海上コンテナは外寸の長さに加え、機能により分類する。コンテナの主な種類は下図の通りである。輸出入者は自社の貨物に適したコンテナを選択することができる。

ドライコンテナ以外は、まとめて「特殊コンテナ」と呼ばれる。特殊コンテナは、ドライコンテナと異なり稼働本数が少ない。特殊コンテナを使用する場合は前広に船社に通知し予約が必要である。

Ⅰ．コンテナサイズ

海上コンテナは外寸（コンテナの外側）の長さにより区分する。長さは「フィート（1フィート＝30.48センチメートル）」を単位とし、我が国で使用できるのは20フィートと40フィートの二種類である。外国では、45フィート、48フィート、53フィートのコンテナも使用されている。

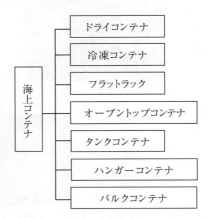

コンテナの外寸の幅は8フィートであり、高さは8フィート6インチと9フィート6インチの二種類が使用されている。9フィート6インチの高さを持つコンテナをハイキューブコンテナと呼ぶ（「背高コンテナ」や「クンロクバン」とも呼ばれる）。実際に貨物を詰

める内寸は外寸を下回りコンテナにより若干の差がある。コンテナの外寸に近い長さや幅の貨物を輸送する場合はコンテナの内寸を確認する必要がある。コンテナ内部の高さと幅はドアー部分で計測する。コンテナはドアー部分に補強材があり内寸が最も狭くなっている。

コンテナの呼称は外寸の長さと種類を組み合わせる。たとえば、「40フィートドライコンテナ」や「20フィート冷凍コンテナ」と呼ぶ。

II．コンテナの種類

海上コンテナの黎明期に多くの種類のコンテナが作られたが次第に淘汰された。現在のコンテナ航路で使用される主要なコンテナの種類は前頁の通りである。以下は各コンテナの機能である。

（A）ドライコンテナ

利用比率が最も高い種類である。密閉型でカートン、ケース、スキッド、ベール等の多様な梱包に適応する。特別の機能を持たない汎用性が特徴といえる。密閉型だが、完全な密閉型とごく小さな換気口が側面の最上部に設置された種類がある。後者はベンチレーション・コンテナと呼ばれる。

20フィートドライコンテナ

40フィートドライコンテナ

ドライコンテナのドアー部分

（写真提供：株式会社商船三井）

(B) 冷凍コンテナ

肉、魚、野菜、果物、その他の冷凍貨物や冷蔵貨物の輸送に使用する。コンテナのドアー部とは逆の位置に冷凍機を架装し、冷凍機が噴き出す暖気や冷気により貨物の輸送温度をプラス25℃からマイナス25℃程度の範囲で任意に設定できる。設定温度の範囲は広いが冷蔵や冷凍貨物に使用する比率が高い。冷凍機は設定された温度の冷気を天井に近い高い位置から噴出する。冷気は貨物の上面を通過しドアーに当たって下降、床面に設置された溝を通って冷凍機に戻る仕組みである。冷気がコンテナに詰まれた貨物の周りを包むことで設定温度を維持する。詰まれた貨物の温度を急激に冷やす機能はなく、詰まれた時点の貨物温度を維持する装置と理解すべきである。貨物はコンテナに詰める前に設定温度に冷やす必要がある（「予冷」と呼ぶ）。

冷凍機は電動である。コンテナ船の船上やコンテナターミナルでは専用のプラグに接続し電気の供給を受ける。陸上輸送中はトレーラーや貨車に架装された発電機が電気を供給する。

40フィート冷凍コンテナ
ドアーの反対側に架装された冷凍機が見える
（写真提供：株式会社商船三井）

（C） フラットラック

ドライコンテナに収まらない長尺、または、幅広の大型貨物や重量のある貨物の輸送に使用する。天井と側壁を持たない床と四隅の柱（もしくは、前後の壁）のみのコンテナである。床面は、重量物の輸送を想定し補強されているので通常のコンテナより厚いのが

40フィートフラットラック

見て取れる。四隅の柱（Corner Post）を折り畳むと平らな台になるタイプがある（「フラットベッド」と呼ぶ）。

（D） タンクコンテナ

食品、油、化学品等の液体や粒状の貨物を輸送する。大型のタンクを横置きし四隅に柱を設けた構造である。常温で固体になる貨物の輸送を目的に加熱装置を備えたタイプがある。重量のある貨物を運ぶので20フィー

20フィートタンクコンテナ
（写真提供：株式会社商船三井）

トが主流だが、軽量のガスを輸送する40フィートタンクコンテナがある。

（E） オープントップコンテナ

ドライコンテナの天井部分が取り外し式、あるいは、金属製の天井の代わりにキャンバスで覆う構造になっている。貨物をクレーンで吊り上げ天井からの荷役が可能である。フォークリフトを使用したドアーからの荷役に適さない大型の板ガラスや機械類などの輸送に使用する。また、高さがドライコンテナに収まらない貨物は飛び出した頭部をキャンバスで覆って輸送することが可能である。貨物の頭部がコンテナから飛び出す場合は本船の積み付けを事前に船社と打ち合わせなければならない。飛び出す位置によってはガント

リークレーンの荷役装置と接触する危険がある。

（F）ハンガーコンテナ

衣類をハンガーに吊るした状態で輸送するコンテナである。外観はドライコンテナと同一だが、内部に取り外し可能なパイプ状のラックを多数設置しハンガーに吊るした衣類をパイプに掛けて輸送す

20フィートオープントップコンテナ
天井をキャンバスで覆うタイプ
（写真提供：株式会社商船三井）

る。輸送中に衣類の折れや傷みが生じないことに加え、出荷元で値札等を付けておけば輸入後に直ちに店頭に並べることができる。流通の合理化に貢献するコンテナである。また、通常のドライコンテナに収まる自立式のハンガーも利用可能である。

（G）バルクコンテナ

ドライコンテナに似た形状だが、天井にマンホールを装備しマンホールから大豆、小麦、モルトなどの貨物を流し込み輸送する。輸送中はマンホールを水密に固定する。目的地の工場におけるデバンは、コンテナを傾けて貨物を流し出すので効率は高い。ただし、マンホールの整備などデメリットも大きい。現在は、バルクコンテナの使用はほとんど見られない。代わりに、ドライコンテナの中に大きな袋（「バルクライナー」と呼ばれる）を設置し、袋の中に粒状や粉状の貨物を詰める輸送方法が採用されている。

> **POINT**
>
> コンテナの種類は多数あるが一般的なのはドライコンテナである。実務スペシャリストはドライコンテナの使用方法をマスターするのが望ましい。基本は詰めた貨物の揺れ対策である。航海中の船の傾きに起因する貨物の揺れを抑えるための固縛方法、また、コンテナ内の隙間を埋める緩衝材の使用方法などである。バン詰めやデバンに立ち会い、実際に使用されている揺れ対策を確認すると勉強になる。

（3）航空輸送

　航空輸送は金額ベースで日本の輸出入の23.3％（2013年）を占める重要な輸送手段である。実務スペシャリストは、海上輸送と航空輸送は性格を全く異にする輸送モードであることを理解しなければならない。たとえば、運賃単位を比較すると次の通りである。

海上輸送と航空輸送の運賃単位比較

	海上輸送		航空輸送	
	重量	容積	重量	容積
小口貨物	1,000kg	1 m^3	1 kg	6,000cm^3

$m^3 = 100cm \times 100cm \times 100cm = 1,000,000cm^3$
$6,000cm^3 = 10cm \times 20cm \times 30cm$
大口貨物は、海上輸送はコンテナ単位（20フィートや40フィート）の運賃になり、航空輸送はULD単位、あるいは、一機当たり（チャーター）になる。

　航空輸送は重量と輸送距離を単位にした運賃表を採用しているが、実際は重量と容積のいずれか大きい数値が運賃単位になる。上の表の容積6,000cm^3はボリュームウエイトと呼ばれる。たとえば、重量が2.3kg、梱包のサイズが20cm×40cm×40cmの貨物を輸送する場合の運賃計算は、ウエイトが2.3、ボリュームウエイトが5.33（20×40×40÷6,000）になり運賃計算に使用するのは5.33である。航空輸送の運賃単位は海上輸送と比較すると重量ベースが1,000分の1、容積ベースが167分の1である。海上輸送は重厚長大の貨物、航空輸送は軽量の貨物を対象にするのが分かる。

①航空輸送の種類

航空輸送は旅客便の貨物倉(「ベリー」と呼ぶ)を利用する方法と貨物専用機(フレーター)を使用する二種類がある。一般的なのは旅客便の貨物倉の利用である。旅客便は運航頻度は高いが乗客の手荷物を優先するので貨物に割り当てる輸送力は流動的である。一方、貨物のみを輸送する貨物便は、輸送力は安定しているが便数は少ない。

航空機の大型化と運航数の増加により航空機が輸送する貨物量は増加している。輸出入者が数kgから十数kgの貨物を航空輸

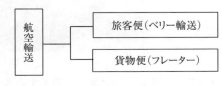

送する場合は、夏休みなどの特別な期間、あるいは、アフリカの内陸地などの特別な向け地を除きスペースの確保に大きな問題は生じない。しかし、特別なケース、たとえば、通常は海上輸送する大口貨物を緊急対応で航空輸送するときは前広にスペースの確保が必要である。

②航空代理店(エアーフォワーダー)

航空輸送は、輸出者が航空会社に貨物を持ち込むのは稀であり、航空代理店に輸送の手配全般を委託するのが一般的である。航空代理店は国際航空運送協会(IATA)に加盟し複数の航空会社の輸出入貨物を取り扱っている。

航空代理店は輸出者から引き受けた貨物を航空会社に引き渡すのが業務だが、有力な航空代理店は事前に航空会社から一定のスペースを借り受けて小口貨物を集荷している。航空代理店の提供するサービスを「混載サービス」と呼ぶ。航空代理店が航空会社から借り受けるスペースの多くはULD(Unit Load Device)である。ULDは海上輸送のコンテナに相当する輸送用の箱で複数の種類がある。

ULD

　航空代理店は、向け地別に希望するスペースと積載重量を航空会社と交渉し一定の金額（大口貨物の運賃単価）で借り受ける。貨物スペースを確保した航空代理店は、複数の輸出者の小口貨物を誘致し航空会社に輸送を委託する。航空代理店が輸出者に適用する運賃は航空代理店が独自に設定した小口貨物の運賃単価であり、通常は航空会社が輸出者に提示する料金より若干低額である。航空代理店は、輸出者から受け取る運賃の総額が航空会社に支払う運賃を上回れば利益を得ることになる。

③航空輸送の運賃

　海上運賃はUSドルで表示するのが一般的だが、航空運賃は出発地の通貨で表示する。日本発の貨物には円貨の運賃が提示される。IATAに加盟する航空会社の料金表はIATAの運賃会議で決定され、各航空会社はIATAの運賃から一定の幅で独自の運賃を設定する権限が与えられている。運賃は輸送距離と重量を基準とし、単位はkg（もしくは6,000㎤）である。航空運賃の特色は、重量低減制の料金体系である。すなわち、運賃は重量による段階が設定され、段階が高くなる（貨物が重くなる）と運賃単価が下がる構成である。大口貨物の運賃単価は小口貨物より低額である。

　次の料金表を使用すると、20kgの貨物に適用される単価（2,900円／kg）は、5kgの貨物に適用される単価（6,700円／kg）より低くなる。この体系を使用

すると段階が変わる直前の重量の貨物は不利になる。10kgの運賃は44,000円になるが、11kgの運賃は36,300円で10kgより低い運賃になる。このようなときは、実際の貨物の重量が10kgであっ

重量低減制の例（金額は一例である）

日本発、北米西岸地域向け	
貨物重量	運賃単価（円/kg）
1kgまで	9,800
5kgまで	6,700
10kgまで	4,400
15kgまで	3,300
20kgまで	2,900

ても11kgとして運賃を計算することができる。この方法を「As取り」と呼ぶ。

　航空代理店が提供する混載サービスの運賃は、個々の航空代理店の独自料金だが運賃の体系は航空会社と同様の重量低減制を採用するのが一般的である。

④エアーウエイビル

　航空輸送の運送約款がエアーウエイビルである。海上輸送のB/Lに相当するが、B/Lと異なり有価証券ではなく単なる運送契約書である。したがって、エアーウエイビルを使用して貨物の所有権を譲渡することはできない。B/Lは船社が作成し輸出者に発行するが、エアーウエイビルは輸出者（通常は航空代理店）が作成し航空会社の確認を受ける形式である。エアーウエイビルには荷送人と荷受人が明記され、貨物は到着地でエアーウエイビルに記載された荷受人に渡される。

　エアーウエイビルが有価証券ではなく単なる運送契約書であることは信用状取引の障害になる。輸出貨物が航空輸送される場合は、信用状の買取銀行や発行銀行はエアーウエイビルに裏書することで所有権を確保することはできない。仮に、輸入者がエアーウエイビルの荷受人欄に記載されると、輸入者は貿易代金の決済前であっても貨物を航空会社から受け取ることができる。この種の問題を解消し、発行銀行が貨物の所有権を確保するためにエアーウエイビルの荷受人欄を発行銀行とする。輸入者の貿易代金の決済を待って発行銀行は「貨物引渡指図書（リリースオーダー）」を輸入者に発行する。貨物引渡指図書は、貨物を輸入者に引き渡すことを求める航空会社宛の指示である。

> **POINT**
> 航空貨物は、貨物専用機にしか収まらない大型の貨物を除くと航空代理店の混載サービスを利用するのが通常である。混載サービスは航空代理店により運賃と輸送頻度が異なり、また、季節により変動する。輸出入者の実務スペシャリストは常に複数の航空代理店と情報交換を行い、混載サービスの最新情報を把握すべきである。

（4）複合一貫輸送

①複合一貫輸送の概要

輸出貨物を複数の輸送モードを使用して輸送し、かつ、全工程を一人の輸送業者が引き受ける輸送方法である。以下は具体例である。

【発地：群馬県太田市　着地：米国テネシー州スマーナ】

（A）日本国内のトレーラー輸送

ドレー業者は、船社のCYで受け取った空コンテナを太田市の工場に輸送し、輸出貨物をバン詰め後に東京港のCYまで輸送する。

（B）海上輸送

東京港からロスアンゼルス港までコンテナ船により輸送する。

（C）トレーラー輸送

ロスアンゼルス港で降ろされたコンテナは、ロスアンゼルス郊外の鉄道ターミナルまでトレーラーで輸送される。

（D）鉄道輸送

ロスアンゼルス郊外の鉄道ターミナルで鉄道貨車に載せられたコンテナは、テネシー州メンフィスの鉄道ターミナルまで輸送される。

（E）トレーラー輸送

メンフィスの鉄道ターミナルからスマーナの工場までトレーラーにより輸送し、スマーナ工場の指定場所にコンテナを付けた時点で複合一貫輸送を終了する。

上記の複合一貫輸送はトレーラー、海上、鉄道の三種類の輸送モードの組み

合わせである。(A)～(E)の全工程を一人の運送人が受託しB/L(「Through B/L」と呼ぶ)を発行する。B/Lの荷受地は太田市の工場、荷渡し地はスマーナの工場である。通関は、輸出者と輸入者が行うのが通常である。

　複合一貫輸送を提供する輸送業者が全ての輸送モードを自社で運営することはなく、部分的に、あるいは、全工程で利用運送業者の立場になる。

　上記はアメリカ南部向けの複合一貫輸送の例であり、アメリカとカナダのほぼ全域で同様のサービスが展開されている。また、EU域内でも複合一貫輸送サービスがみられる。EU域内は、鉄道とトラックに加えフェリーと河川の艀(はしけ)が使用される。さらに、東南アジア、アフリカ、中南米においても特定のルートや地域に限定されるが複合一貫輸送が広まりつつある。

<利用運送事業>
国際複合一貫輸送にとどまらず、日本国内のトラック輸送や海上輸送などで一般的に行われる運送事業である。たとえば、トラックの利用運送事業は、自社ではトラックを運行しないが荷主からトラック輸送を引き受ける輸送業者である。トラックを運行しないトラック業者は、荷主から引き受けた輸送を実際にトラックを運行する事業者(「実運送者」と呼ぶ)に委託して引き受けた輸送業務を完了する。利用運送事業を行う業者は、荷主に対しては輸送業者であり輸送責任を負っている。いっぽう、実運送者に対しては荷主の立場になる。

<NVOCC>
Non Vessel Operating Common Carrierの略で「非船舶運航業者」と訳される。荷主から海上輸送を引き受ける海運会社だが、輸送手段である船舶を持たず他の船会社に輸送を委託する利用運送業者である。荷主に対しては輸送責任を負い自社のB/Lを発行する。複合一貫輸送を引き受ける業者は、海運会社が引き受ける場合を除きNVOCCに分類される。

②複合一貫輸送の輸送責任

　複合一貫輸送を引き受ける輸送業者は全工程を対象にB/Lを発行する。全工程の輸送責任を負うが、輸送責任は使用する輸送モードの実運送者により異なる。①に挙げた複合一貫輸送に使用した各モードの輸送責任は次の通りである。
- 群馬県太田市から東京港までのトレーラー輸送
  ⇨コンテナを輸送するドレー業者の運送約款にある輸送責任
- 東京港からロスアンゼルス港までの海上輸送

⇨ 船社のB/L約款にある輸送責任
- ロスアンゼルス港から鉄道ターミナルまでのトレーラー輸送
 ⇨ コンテナを輸送するトラック会社がカリフォルニア州で認可されたトラック輸送約款にある輸送責任
- ロスアンゼルスからメンフィスまでの鉄道輸送
 ⇨ 鉄道会社の運送約款にある輸送責任
- メンフィスからスマーナの工場までのトレーラー輸送
 ⇨ コンテナを輸送するトラック会社がテネシー州で認可されたトラック輸送約款にある輸送責任

複合一貫輸送を引き受けた輸送業者の輸送責任は、使用する輸送モードの実運送者が負う輸送責任に限定されると判断するのが一般的である。輸送中の貨物に損傷が発生した場合は、発生した時点の輸送モードの実運送者が持つ運送約款が適用される。たとえば、米国の鉄道輸送中の事故により損害を生じたときは、鉄道会社の運送約款に従って賠償額が算定される。なお、貨物の損傷が発生した時点を特定できないときは、海上輸送中に発生したとして処理する。

POINT

複合一貫輸送は国際輸送手段の一種として定着しており、輸出入者は輸送業者に国内と国際の全ての輸送を任す傾向が強まっている。輸出入者が複合一貫輸送を採用するのは合理的だが、最初に設定したルートを再評価せずに長期間反復する危険をはらんでいる。実務スペシャリストは、複合一貫輸送のルートを定期的に再検討すべきである。国内輸送や国際輸送は日々進化しており、進化の結果である輸送日数の削減や輸送コストの低減を速やかに取り込むために必要な作業である。

ココで差がつく！ 輸送温度

冷凍コンテナは広く普及しており、輸送温度の設定ミスに起因する事故は減少している。しかし、単純なミスは根絶するのが難しい。たとえば、次の種類のミスである。
- 摂氏＋3度の設定を間違えて−3度で輸送した
- 摂氏0度の輸送温度を間違えて華氏0度と船社に通知した

上記のミスは、いずれも貨物に重大なダメージを与える。特に摂氏と華氏の間違いは致命的である。華氏0度は摂氏−17.8度である。摂氏0度は冷蔵貨物の輸送温度帯、−17.8

度(=華氏0度)は冷凍貨物の温度帯になる。いずれも冷凍コンテナの設定温度としては一般的であり間違いが発生しやすい。華氏を使用する米国との貿易では設定温度の確認が特に重要である。単純だが効果的な防止策は、摂氏と華氏の併記である。

冷凍コンテナの温度設定以外にも輸送中の貨物にダメージが発生する危険は数多く潜んでいる。米国のアリゾナ州北部で収穫した果実を日本に輸送する過程で大きなダメージが発生した事例がある。選果場から日本の港までの摂氏3度のDoor to Portの輸送、かつ、選果場からサンフランシスコまでは国内用の冷蔵トレーラーを使用し港で冷凍コンテナに積み替える輸送であった。読者は、複雑な輸送モードがダメージを起こしたと推測されるかもしれないが原因は極めて単純であった。アリゾナからサンフランシスコまではロッキー山脈を越えるルートである。十数年ぶりの大雪で道路が閉鎖され冷蔵トレーラーは3日間雪の中で待機した。冷蔵トレーラーは暖気を送り出す機能がなく、果実は零下に冷やされダメージになった。

冷凍コンテナは設定温度を維持するために冷気と暖気の双方を作る機能を備えている。仮に、摂氏-20度を下回る外気がコンテナの断熱材を通して内部に及んでも摂氏零度前後の設定温度を維持できる。冷凍コンテナは高機能の機器であり、他の輸送機器に同様の機能を求めるのは危険である。実務スペシャリストは、複合一貫輸送を利用し、かつ、輸送途中で積替えが発生するときは、使用する機器の性能を事前に確認する必要がある。国内外を問わず、冷凍トラック、冷凍貨車、冷蔵運搬船は要注意の輸送モードである。

5．輸出貨物の船積手配

輸出者は、「1．輸出貨物の準備」からスタートし「3．国内輸送」、「4．国際輸送」により自社の貨物を輸入者に届ける最適の輸送モードを選択した。輸出者は、選択した輸送モードを使用する具体的な船積手配に進む。手順は次の通りである。

(1) ブッキング

輸出者が船積予定船のスペースとコンテナを確保する手続きである。船社に電話し、予定船を確認の上で積み揚げ港、品名、ボリューム、通関業者などを連絡する。また、FCLは使用するコンテナの種類と本数を通知する。「特殊コンテナ」は船社の保有数が少ないので在庫を確認の上で予約する。本船のスペース確保とコンテナの在庫に問題がなければ、船社からブッキングナンバーが出されブッキングが完了する。

ブッキングの際に船社に通知する貨物ボリュームはグロスの数量である。船積みの現場で確認できる荷姿と個数、重量、容積である。ブッキングの時点で船社に通知する数値は「About」でよく、梱包後に正式な数値が判明するが、ブッキングに使用した「About」と大きく異ならない限り訂正は不要である。

（2）シッピングインストラクション

輸出者は自社で全ての船積手続きを行うのは可能だが非効率である。たとえば、輸出通関は通関業者に任すのが一般的である。通関業者は、輸出通関に加えて他の船積手続きも引き受けるので輸出者にとって頼れる協力者である。通関業者が輸出通関の他に引き受ける業務は「関連業務」と呼ばれる。関連業務は多種多様であり下図は一例である。

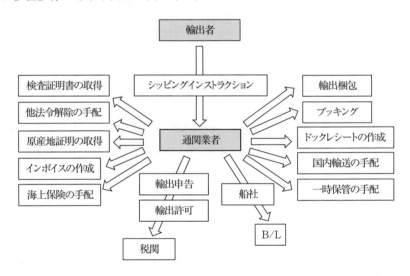

輸出者は通関業務と関連業務を一括して通関業者に依頼する必要はない。自社で作成できるものは自社で行い、外注する場合も通関業者と他の業者に振り分けるのは自由である。ただし、輸出申告から輸出許可までの通関業務は通関業者以外に依頼することはできない。

通関業務や関連業務を通関業者に依頼する場合は、依頼の詳細を記載した

「シッピングインストラクション」を発行する。「シッピングインストラクション」の主たる内容は次の通りである。
- 通関業者に依頼する関連業務の種類（他法令の解除、国内輸送など）と関連業務の手配に必要な輸出貨物の詳細（個数、重量、容積、価格（総額、単価）、仕様書、成分表、取扱説明書など）
- 通関業者に作成を依頼する書類の種類（原産地証明書、インボイスなど）と書類に記載する事項、ならびに、作成する通数

通関業者は、輸出者が締結した売買契約や信用状に関与しない。シッピングインストラクションは売買契約や信用状を100％満たす内容を正確に通関業者に指示する必要がある。

（3）ドックレシート

通関業者はシッピングインストラクションに従ってドックレシート（D/R）を作成する。ドックレシートは7～8枚の複写式の書類で様式はB/Lと同一である。ドックレシートは次の工程で使用される。

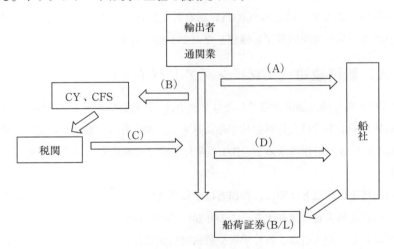

（A）通関業者はD/Rを船社に提出する。船社はブッキングの内容と対比し、D/Rに記載された貨物明細や積み揚げ港などに問題がなければ受領印を

押して確認する。船社は1シートを保管し、残りを通関業者に返却する。船社の保管したシートはB/Lを作成する原本になる。

(B) 通関業者は、船社の受領印のあるD/Rと貨物をCYもしくはCFSに提出する。CY（CFS）は、D/Rと持ち込まれた貨物を対比し、問題がなければ貨物を受領し船積みする。

(C) CY（CFS）は、貨物の船積み後にD/Rを船積みしたターミナルを担当する税関に提出する。税関は、船積みした貨物の明細とD/Rを対比し問題がなければ確認印（輸出の確認）を押印する。

(D) 通関業者は、税関の確認印のあるD/Rを船社に提示する。船社は保管してあるB/LとD/Rを対比し問題がなければB/Lを発行する。

（4）輸出通関

輸出貨物はCYやCFSに到着しても、輸出通関が終了するまでは待機の状態で船積みはされない。通関業者は、輸出貨物をCYやCFSに送る物理的な輸送と同時進行で輸出申告書を税関に提出し通関手続きを進める。LCLは通関の終了を待ってコンテナに詰められCYに送られ船積みされる。FCLは、CYに搬入された後に輸出通関の終了を確認した上で本船に積まれる。

（5）船積通知（シッピングアドバイス）

CYに送られ輸出通関が完了したコンテナは、予定船のターミナル到着を待って船社の指名を受けた作業会社が船積みする。輸出者は、船積みの完了を待ってB/Lの発行を船社に求める。B/Lの発行を受けた輸出者は貿易代金の回収に進む。

貿易代金の回収とは別に、輸出者は船積貨物の明細と貨物を積んだコンテナ船の情報を輸入者に通知する。この通知は、船積通知（シッピングアドバイス）と呼ばれる。輸入者は、為替手形や船積書類が銀行経由で送られてくる前に船積みされた貨物の明細を受け取り、輸入代金の決済をはじめ輸入通関や荷受けの準備を進める。

船積通知に定められた様式はない。通知先は貿易形態により異なる。たとえば、仲介貿易の場合は仲介者と貨物を受け取る輸入者宛になる。また、記載事項に金額、契約ナンバー、信用状番号などを入れる場合は注意が必要である。「第1章　1．貿易の形態」の通り、交信相手により送信する情報が異なる。

6．輸入貨物の荷受手配

　日本の輸入者は、「2．輸入貨物の準備」で自社の希望する梱包や荷印を輸出者に通知した。また、「4．国際輸送」により、やはり自社の希望するコンテナ船やコンテナの種類を輸出者に連絡した。輸入者が貿易取引を完結するには、貨物の到着を待って通関と「3．国内輸送」を手配することである。
　輸入者が船積通知を受け取ってから、実際に船社から輸入貨物を引き取り「3．国内輸送」に引き継ぐまでの手順は次の通りである。

（1）船積通知の受領

　輸入者は、輸出者から送られてくる船積通知により輸入貨物が予定船に積まれたことを確認する。念のために、船積通知の内容が売買契約書や信用状と相違ないことを確認する。次いで、貿易代金の決済を準備し、通関業者に船積通知の内容を連絡する。また、輸入貨物を自社工場の生産ラインに投入する時期、あるいは、販売先への納品時期を打ち合わせる。

（2）輸入通関

　通関業者は、輸入者から入手した資料やデータをもとに輸入貨物のHSコードと課税価格を検証した上で輸入申告書を作成し、貨物の到着を待って税関に提出する。税関は、輸入申告書の記載内容を審査し、問題がないと判断すれば輸入を許可する。輸入申告書のみでは貨物の明細が十分に把握できないと税関が判断すれば、書類審査、さらに、貨物検査を実施の上で輸入許可が出される。

(3) 荷受け

　輸入者は、輸入通関と同時並行で船社から貨物を受け取る手続きを進める。貨物を受け取るには、輸入通関と船社の手続きの双方が完了していなければならない。

①船社の手続き

　信用状取引や信用状なし荷為替手形を使用した場合は、銀行を経由してB/Lが輸入者に送られてくる。また、送金決済の場合は、輸出者がB/Lを直接輸入者に送付する。輸入者はB/Lを船社に提示し、交換にデリバリーオーダー（D/O）を受け取る。輸入港に卸された輸入貨物は船社の委託を受けたCYまたはCFSが管理している。D/Oは、貨物を管理するCYまたはCFSに宛てた船社の荷渡し指示書である。

②荷受け

　輸入通関と船社の手続きを終了した輸入者は、CYまたはCFSにD/Oと輸入許可書を提示し貨物を受領する。ただし、保管料や作業料の支払いが必要である。FCLは、船社の指定した保管期間内にCYからコンテナを引き取れば保管料は発生しない。保管期間が過ぎると保管料が徴収される。LCLは、デバン当日に貨物を受け取らない限り保管料が発生する。保管が発生したLCLの引取りには、D/O、輸入許可書、出庫指示書の3種の書類が必要である。出庫指示書は、貨物を保管した倉庫（＝CFS）に対する指示書である。

③国内輸送への引き継ぎ

　輸入者は、CYやCFSで貨物を受け取るトラックドライバーに輸入許可書のコピーを持たせるのが一般的である。引き取る予定の貨物が輸入許可済であることの証拠であり、同時にドライバーが荷受人の正当な代理であることを確認する手段になる。

CYやCFSにおける貨物の引取りは、輸入通関の完了後直ちに実施する必要はなく輸入者の都合で遅らせることができる。ただし、引取りを遅らせると保管料が発生する。

（4）貨物確認

輸入者は、貨物を受領した時点で数量と貨物ダメージの確認を怠ってはならない。LCLは、デバン時に検数検量業者がB/Lごとに数量とダメージの有無を確認している。したがって、輸入者が貨物を受け取る時点で数量の過不足やダメージの有無は判明している。異常のある貨物を受領する際は、輸入者とCFSが検数業者の作成した瑕疵の記録（「リマーク」と呼ぶ）を確認の上で貨物引渡票に署名する。船社に責任がある数量不足やダメージは船社に求償する。

FCLは、輸入者がコンテナを自社の倉庫や工場に輸送してデバンを行うのが通常である。したがって、デバン時に検数検量業者の立ち会いはない。デバンした貨物に異常を発見した場合は、直ちに貨物海上保険を付保した保険会社に通知する。通知後は、保険会社の指示に従って異常事態の処理を進める。貨物ダメージが甚大と予想されるときは、専門のダメージ調査員（マリーンサーベイヤー）に依頼しダメージによる損失額と原因を調査させる。FCLは、輸出者がバン詰め後に船社に輸送を委託しているので、輸送中に異常な揺れや取扱いがない限り貨物の損傷を船社に求償することはできない。

＜検数検量業者＞
検数検量業者は港湾運送事業法の規制を受けて業務を遂行する会社であり、荷主とCFSのいずれにも属さない独立した立場である。貨物の受渡しに際し数量やダメージの有無を確認する専門業者である。受渡しの現場に第三者を立ち会わせることで、個数やダメージに係る紛争を防ぐ仕組みである。ちなみに、検数検量業者による確認作業はCFSに限定されない。港湾における貨物の受渡しは常に検数検量業者の確認を得て実施される。また、外国においても同様の検査を実施している。日本の主な検数検量業者は次の4機関である。
　一般社団法人　日本海事検定協会
　一般財団法人　新日本検定協会
　一般社団法人　日本貨物検数協会
　一般社団法人　全日検

> **POINT**
>
> 実務スペシャリストにとって輸入手続きの工程管理は重要である。通関が完了し納品可能になった当日に納品できれば問題ないが、通常は一時保管をはさんで納品する。一時保管の手配と最適な国内輸送の手配を模索することになる。

ココで差がつく！　庫内作業

　保税蔵置場に置かれた貨物は、保管中に各種の取扱いを実施する。取扱い全般を庫内作業と呼び、主として梱包の手直しや検品である。特に興味深いのは輸入ワインのラベル貼りである。大量に輸入するワインは工場の出荷時点で日本向けのラベルが貼られている。したがって、保税蔵置場でラベルを貼付するのは数千本程度が多い。ラベルには食品届に必要な情報が記載されているので作業は通関前に実施する。

　ラベル貼りは熟練の"おばさん"が多数参加する。"おばさん"は真のプロフェッショナルである。丸いビンに長方形のラベルを垂直にぶれなく貼る作業を想像いただきたい。"おばさん"は、器具を使用せずに自分の掌の感覚のみで次々にラベルを貼っていく。驚くことに"おばさん"はラベルを貼りながら検品を同時に行っている。以下は、"おばさん"が不良品として撥ねた例である。

- 瓶の首の部分のガラス内部に小さな気泡がある
- 瓶の首の部分の液面が他の瓶と比べて低い（ワインの充填量は一定なので、瓶がほんのわずか大きく作られていた）
- 瓶の底のガラスの内部に亀裂がある

　"おばさん"は大半の不良品を即座に撥ねるが、中には感覚的に除外するものがある。ラベル貼りの連続作業の中で不良品と即断できないが、"良品と異なる"との感覚で除外する。"おばさん"は時間のあるときに除外した瓶を再検査し"良品と異なる"個所を探すのである。

　"おばさん"は「貿易、輸送、通関」の3分野に関連する業務のプロである。実務スペシャリストはプロを正しく使う知識とノウハウを習得しなければならない。

7．国内輸送に係る保険

　貿易取引に係る輸送は国際輸送と国内輸送の組み合わせである。国際輸送を対象にした貨物海上保険は貿易取引や国際輸送に従事する実務スペシャリストにとって周知の保険である。いっぽう、日本の国内輸送に係る保険は十分に理解されているとはいえない。以下は、「輸出FOB保険」と「運送業者貨物賠償責任保険」の概要である。

（１）輸出FOB保険

　輸出FOB保険は、輸出者の工場や倉庫等から輸出港で本船に積まれるまでの国内輸送、一時保管、荷役の過程で発生する危険を対象にした保険である。貨物海上保険を付保できない輸送区間を対象にする。

　売買契約をインコタームズのEXW、あるいは、DDPで締結した場合は輸出FOB保険は不要である。EXW契約は、貨物の輸送に伴う輸入者の危険負担が輸出者の工場や倉庫等から輸入者の工場や倉庫等までになり、全工程を対象に貨物海上保険を付保できる。逆に、DDP契約は、輸出者が全工程の運送危険を負担し貨物海上保険を付保することができる。

　売買契約がインコタームズのFOB、CFR、FCA、CPTの場合は、貨物海上保険の手配は輸入者の負担である。輸入者は、輸送に関する危険負担が輸出者から自社に移転した時点を起点とし輸入者の工場や倉庫等までの輸送を対象に貨物海上保険を付保する。たとえば、FOB契約をみると、輸出地において貨物を在来船に積むまでの作業工程は次の通りである。

(A) 貨物が輸出者の工場や倉庫等を出発し積港に輸送される
(B) 貨物は、積港で輸入者の指定した船社の作業会社に渡され一時保管される
(C) 本船の到着に合わせ、貨物は船側に運ばれる
(D) 貨物は、本船の荷役機器で吊り上げられ積み込まれる
(E) 積み込まれた貨物は、航海中の揺れを防ぐために固縛される

　以上の作業工程において運送危険の輸入者への移転は、輸出貨物が本船の甲板に置かれた時点、すなわち（D）工程の終了時である。したがって、（E）の作業中に事故が発生すれば貨物海上保険の対象になる。いっぽう、(A)から(D)は輸出者が運送危険を負担し貨物海上保険の対象外である。輸出者が運送に関する危険を負担する（A）から（D）を対象にするのが輸出FOB保険である。

　ちなみに、船社の輸送責任は（D）の貨物が吊り上げられたときにスタートする。吊り上げられた貨物が本船の甲板に置かれる前に落下し損傷すると船社

は賠償責任を負う。落下時点の貨物に関する運送危険は輸出者が負っており、貨物の損傷を船社に求償するのは輸出者である。

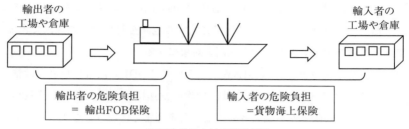

FOB条件における運送保険

輸出FOB保険は、貨物海上保険を提供する保険会社の大半が用意している保険である。輸出者は、貨物海上保険で取引のある保険会社と輸出FOB保険の付保期間、保険金額、保険料率を交渉することができる。輸出FOB保険は貨物海上保険と類似しており概要は次の通りである。

- 基本条件：「オールリスク」が一般的である。ただし、地震と噴火は除外される。
- 保険金額：インボイス価格の110％とするのが一般的である。
- 保険料率：個々の保険会社が定める独自の料率である。
- 契約方式：１件ごとに契約する方式と一定期間の全ての輸出貨物を対象にする一括契約の双方がある。

（２）運送業者貨物賠償責任保険（運送業者受託貨物賠償責任保険）

我が国のトラック業者は６万社を超える。これは、料金を受け取って貨物を輸送する営業トラック会社の数であり、自社の貨物を輸送するためにトラックを保有する会社は含まれない。輸出入者にとってトラック業者の選定は重要課題であり、輸送の品質はもちろん、万が一の事故を想定し補償能力を確認しなければならない。事故を起こしたトラック業者が負担する賠償責任は、損害を与えた対人と対物、ならびに、輸送中の貨物の損害である。対人と対物の保

険が対人賠償責任保険と対物賠償責任保険であり、輸送中の貨物を対象にする保険が運送業者貨物賠償責任保険である。輸出者にとっては運送業者貨物賠償責任保険が重要である。

　運送業者貨物賠償責任保険は、輸送業者が付保する保険であり輸送過程で生じた事故による荷主や元請運送人に対する損害賠償責任を対象にする。貨物の所有者である輸出者に加えて元請運送人を対象にするのは、日本のトラック業界の多重構造に起因する。荷主から輸送を受注したトラック業者は、自社の保有トラックで輸送できない貨物は付き合いのあるトラック業者に委託する。委託先は下請け業者となる。さらに、下請けの下に2番目、3番目の下請けがあり多重構造を構成している。下請けのトラック業者が付保する保険は、下請け業者にとっては荷主に相当する元請に対する損害賠償を対象にすることができる。逆に、元請トラック業者が付保する保険は、元請が引き受けた貨物を下請け業者に委託した場合に、下請け業者の起こした事故を対象にすることができる。

　輸出者は、自社の輸出貨物の価額を念頭に、国内輸送を委託するトラック業者の運送業者貨物賠償責任保険を確認すべきである。輸送を委託したトラック会社が下請けを使用した場合も自社の貨物が保険の対象になること、また、自社の貨物の全損が付保されることの2点が重要である。貨物が高額な場合は、トラック業者が加入した保険約款を確認する慎重さが求められる。なお、輸入貨物は、輸入港で荷卸しされた後に輸入者の倉庫や工場に搬入されるまでの国内輸送は貨物海上保険の範囲内にするのが通常である。

POINT

　「運送業者貨物賠償責任保険」は目立たない保険である。日本の輸出者は、特定のトラック業者と長年の取引により信頼関係を構築している比率が高く、トラック業者は引受貨物の価額を承知し十分な保険を付保するのが通常である。実務スペシャリストは、長年の信頼関係を大事にするのは当然だが、同時に、コンプライアンスの維持に留意しなければならない。自社が直面する可能性がある事故に対し、トラック会社が十分な保険に加入していることを定期的に確認し、トラック会社が契約した保険証券のコピーを要求する慎重さが必要である。

第3章　通関

1．通関業者

(1) 通関業者の役割

①通関業者の業務範囲

Ⅰ．通関業の許可

輸出入者は、自社で輸出入の通関手続きを行うことができる（「自家通関」と呼ぶ）。しかし、通関手続きは通関の専門家である通関業者に委託するのが一般的である。輸出入申告書の作成と提出は専門知識が必要であり、提出後に税関から指摘があれば税関官署に出向いて記載事項の説明や検査の立会いが発生する。税関への対応は全て通関を規制する法令を遵守したものでなければならない。通関手続きは高度な専門性が求められることから、輸出入者の大半は通関業者を起用し輸出入通関の一切を依頼するのである。

通関業者は、通関業を開始するにあたって税関長の許可が必要である。日本は9つの税関区域に区分され、それぞれの区域に税関長が指名されている。具体的には、函館、東京、横浜、名古屋、大阪、神戸、門司、長崎、沖縄の9税関（「本関」と呼ぶ）である。通関業の許可は、許可を出した税関長の管轄区域内でのみ有効である。通関業を全国展開するには9つの許可が必要になる。

Ⅱ．通関業務と関連業務

通関業者の業務は「通関業務」と「関連業務」に大別される。

(A) 通関業務

以下の代理、代行と書類作成が通関業務である。

【通関手続きの代理】

輸出申告書や輸入申告書の税関への提出から輸出許可、輸入許可を受けるまでの一切の手続きである。

【不服申立の代理】

税関が決定した内容に不満がある場合に再考を求める手続きである。税関長に再考を求めるのが「異議申立」、税関長の最終判断に不満があるときは上位者である財務大臣に「審査請求」を提出する。税関は財務省の一部門であり財務大臣の管轄下にある。

【主張、陳述の代行】

税関は、輸出入者が提出した輸出申告書や輸入申告書の記載事項の審査と貨物検査を実施する（税関の判断で省略する場合がある）。通関業者は必要に応じて審査や貨物検査に立ち会い、提出した申告書の内容が正当であることを主張、陳述し証明する。

【通関書類の作成】

上記の代理、代行に要する書類を作成する。

(B) 関連業務

通関業務に先行する、または後続する全ての業務を指し、通関業者は通関業者の名称を使用して引き受けることができる。一例は他法令である。輸出入貨物の通関手続きは他法令（「14. 他法令」を参照）の解除が最初の重要な手続きである。他法令の解除は原則として輸出入者の業務だが、提出書類の準備と解除の手続きは複雑である。通関業者は他法令に精通しており輸出入者に適切な支援を提供する。他法令をはじめ通関業者が引き受ける関連業務の範囲は広く、自社や関連会社で引き受ける業務、あるいは、他の専門業者に再委託する業務の双方が含まれる。次図は通関業者が引き受ける業務範囲の一例である。輸出者や輸入者は、通関手続きに限らず輸出入に係る書類作成や物理的な輸送手配の全てを通関業者に委託することが可能である。もちろん、一括して通関業者に委託する義務はなく、輸出者や輸入者は通関業者に委託する業務を自由に選択できる。

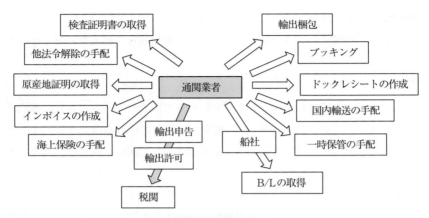

輸出の通関業務と関連業務

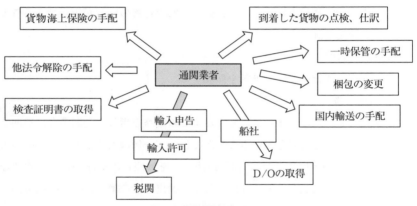

輸入の通関業務と関連業務

②通関業務とは

通関業者が受託する業務を上記①で「(A) 通関業務」と「(B) 関連業務」に区分した。実務では、①で見た通りの区分で十分である。すなわち、

- 通関業務：通関業者の行う通関手続き。
- 関連業務：通関業務に先行し、または後続する業務、すなわち、他法令の解除、梱包、国内輸送、船積手配等である。

実務では上記の区分で支障ないが法律的には「通関業務」の内容が細かく規

定され、通関手続きの一部と思われる業務が関連業務に区分される。法律上の「通関業務」と「関連業務」の主要な項目をリストすると次の通りである。

【通関業務】
- 輸出申告、輸入申告、積戻し申告（輸入申告に伴う減免税申請を含む）
- 蔵入れ承認、移入れ承認、総保入れ承認の申請
- 保税展示場に貨物を入れる承認の申告
- 輸入許可前貨物引取承認（「12.（6）輸入許可前における貨物の引取り」を参照）
- 指定地外検査許可申請
- 特例輸入者、特定輸出者の承認申請（「13. AEO制度」を参照）
- 船名、数量変更申請
- 修正申告、更正の請求
- 不服申立や税関官署への意見陳述

【関連業務】
- 保税運送
- 他所蔵置許可申請
- 外国貨物の見本の一時持ち出し許可申請
- 本船扱い、艀中扱いの承認申請
- 事前教示照会（「12.（3）事前教示」を参照）

上記は申請書や申告書を税関に提出し、税関の許可や承認を受けるまでの一連の業務を指す。「保税運送」以下の「関連業務」にリストされた手続きは「通関業務」の範疇と誤解する輸出入者は少なくない。法律上でわざわざ2つのカテゴリーに区分する目的は次の通りである。
- 通関業務：通関業者のみが行える業務、すなわち、通関業者の独占業務である。
- 関連業務：通関業者の独占業務から除外され、通関業者以外も行える業務である。「関連業務」は上に列挙した業務のほかに、「通関業務」に含まれ

ない全ての業務である。通関業者の独占業務ではないが、通関業者が通関業者の名称を使用して引き受けることができる業務である。

通関手続きに関連した業務は法律的に「通関業務」と「関連業務」に区分され、輸出入者は「通関業務」を通関業者以外に委託してはならない。実務では、通関業者に輸出入に関連する業務を委託する場合は法律的な区分に配慮する必要はない。しかし、通関業者以外に業務を委託する場合は、法律上の「通関業務」が含まれないことを確認しなければならない。

以下は通関業務と関連業務に関する基本的な用語である。

＜外国貨物、内国貨物＞
- 外国貨物：税関の輸出許可を受け保税地域に置かれている貨物
　　　　　　外国から日本に到着し輸入許可を受ける前の貨物
　　　　　　日本の船舶が公海で採捕した水産物
- 内国貨物：日本の国内にある貨物で外国貨物でないもの

＜積戻し申告＞
内国貨物を外国に送り出す行為が輸出であり、外国貨物を外国に送り出す行為が「積戻し」である。税関に積戻し申告書を提出し許可を取得する。たとえば、保税展示場で展示した外国貨物や保税工場で製造した製品を外国に送り出す行為である。

＜保税地域＞
日本には次の5種類の保税地域がある。個々の保税地域は独自の機能を有している。
- 指定保税地域：貨物の積卸と一時蔵置を目的とする。コンテナーミナルが該当する。
- 保税蔵置場：貨物の積卸と蔵置を目的とする。最長2年間の蔵置が可能である。
- 保税工場：外国貨物の原材料を使用し加工、製造を行う。
- 保税展示場：外国貨物を展示する。
- 総合保税地域：保税蔵置場、保税工場、保税展示場の機能を全て備えている。

＜蔵入れ、移入れ、総保入れ承認＞
外国貨物を保税地域に短期間置く場合は税関の承認は不要である。保税地域を輸出通関や輸入通関の場所として使用するときが該当する。いっぽう、指定保税地域を除く他の保税地域の持つ機能を活用する目的で外国貨物を搬入するには税関長の承認が必要である。保税地域により税関長から受ける承認の名称が異なる。
- 保税蔵置場：蔵入れ（くらいれ）承認
- 保税工場：移入れ（うつしいれ）承認
- 保税展示場：保税展示場に貨物を入れる承認

- 総合保税地域：総保入れ（そうほいれ）承認

<取扱い>
保税地域に置かれた外国貨物に触れる作業である。具体的は、外国貨物の点検、仕訳、改装、梱包の手直し、油さし、風入れなどである。取扱いは、保税地域が作業内容を記帳することで実施できる（「自主記帳」と呼ぶ）。保税地域が記帳した内容は税関が定期的に点検する。外国貨物に触れる作業であっても、簡単な加工や見本の展示は事前に税関長の承認が必要になる。
「簡単な加工」を超える外国貨物の加工は保税工場でのみ実施できる。保税工場は、加工を行う前に必ず移入れ承認を取得しなければならない。

<他所蔵置、指定地外検査>
日本にある外国貨物は保税地域以外に置くことはできない。しかし、大型の工場設備など保税地域に置くことが著しく不適当な貨物は、税関長の許可を受けて保税地域以外の場所に置くことができる。保税地域以外で外国貨物を置く場所を「他所蔵置許可場所」と呼ぶ。他所蔵置許可場所に置かれた貨物は、同所で輸出通関、もしくは輸入通関の税関検査を受ける。税関検査は税関の指定場所で受けるのが原則である。他所蔵置許可場所で検査を受けるには、他所蔵置の許可とは別に税関の「指定地外検査」の許可が必要である。

<修正申告、更正の請求>
一般的な輸入貨物は、輸入者が輸入申告書を提出し関税等を納付して輸入許可を取得する。輸入許可の取得後に申告納税した税額に誤りがあることが判明したときの手続きが「修正申告」と「更正の請求」である。
- 修正申告：申告納税した税額が過少であった場合に、不足額を申告して納付する手続きである。
- 更正の請求：申告納税した税額が過大であった場合に、税関長に関税額の訂正を要求する手続きである。

<保税運送>
外国貨物を日本の国内で輸送することである。税関長の承認を必要とする。日本の国内を自由に輸送できるものでなく、次の場所の相互間に限定される。
- 税関官署（税関の建屋、検査場など）
- 保税地域（5種類の全ての保税地域）
- 他所蔵置許可場所

税関は、保税運送の承認の際に輸送を認める期間を指定する（通常は1週間）。輸送者は、輸送の手段（トラック輸送や海上輸送など）と輸送のルートを自由に選択できる。

<本船扱い（ほんせんあつかい）、艀中扱い（ふちゅうあつかい）>
税関は、保税地域に置かれた貨物を検査した後に輸出許可、もしくは輸入許可を出すのを原則とする。ただし、保税地域に搬入するのが著しく不適当な貨物は、税関長の許可を受ければ本船に積まれている状態で申告、検査、許可の手続きが認められる。この方法を「本船扱い」と呼ぶ。

輸出と輸入の双方に認められるもので、貨物検査に支障のない積み付けがなされているなど一定の条件を満たさなければならない。同様に、艀（はしけ）に積んだ状態で申告、検査、許可の手続きを行うのを「艀中扱い」と呼ぶ。

> **POINT**
>
> 　実務スペシャリストが注意すべきは特殊な環境下での通関である。たとえば、公認会計士を起用して破たんした取引先の債権回収の作業中に過払いの関税を発見したときである。公認会計士は過払い金の払戻しを税関に請求することはできない。過払い金の払戻しの手続きは「更正の請求」と呼ばれ「通関業務」に含まれる、すなわち、通関業者の独占業務である。ただし、例外として弁護士は債権回収の過程で過払関税額の払戻しを請求できる。通関手続きは複雑である。実務スペシャリストは、特殊な環境に遭遇したときは、自身で状況を整理すると同時に通関士の判断を仰ぐべきである。

③通関業務依頼状

　輸出入者は通関業者を起用する義務はなく、自家通関を行うか通関業者を起用するかは各社の判断である。通関業者を起用する際は「通関業務依頼状」（通関業務を依頼する内容であれば名称は問わない）の発給が必要である。通関業者は通関業務の代理・代行であり、依頼状を受領しない限り通関手続きの着手は許されない。

　通関業者は原則として関税等の支払義務を有しない。すなわち、通関業務を依頼した輸入者が関税等の支払いを履行できない場合でも通関業者に支払義務は発生しない。ただし、次の場合は例外的に通関業者に支払義務が発生する。

- 輸入者の支払った関税等に不足額がある。
- 輸入者が不明、または、輸入者とされたものが輸入者でないと主張する。
- 通関業者が通関業務の依頼関係を証明できない。

　以上の3条件が同時に成立したときに通関業者は関税等の支払義務が生じる。通関業務依頼状を受け取ることで通関業者は上記の3番目の依頼関係を証明することができ、関税等の支払義務を免れることができる。

　通関業務依頼状は、単に通関業者が関税等の支払義務を免れるために要求する書類ではない。我が国の安全を維持するために重要な書類である。通関業者

は、通関業務依頼状により通関業務の依頼者を確定し、さらに、付随する通関関連書類により正常な輸出入取引であることを確認する。不正な輸出入を防止する重要な確認作業である。税関が通関業者に対して行う監査は、通関業務依頼状の確認から始まる。

④通関業者と通関士

輸出入者にとって通関業者と通関士は同一視できる存在である。しかし、通関業を規制する通関業法は通関業者と通関士を明確に分けている。税関長から通関業の許可を受けるのは通関業者である。ただし、通関業者は通関士を雇用しなければ通関業の許可を受けることはできない。いっぽう、通関士は、通関業者に雇用されない限り通関士として通関業務に従事することはできない。通関業者と通関士は相互に相手を必要とする関係である。

輸出申告書や輸入申告書などの通関関連書類は、通関業者が輸出入者の代理として税関に提出する。通関業者は、通関関連書類の中で重要なものは提出前に通関士に内容を審査させなければならない。輸出入者は、通関業務の委託先は通関業者であり、具体的な書類作成や資料等の収集は通関士の指示に従うと理解すればよい。

⑤通関料金

通関料金は財務大臣の定めた最高料金額に規定される。通常の輸出入申告の料金は輸出が5,900円／件、輸入は11,800円／件が最高額である。これは、通関業者が輸出申告書、もしくは、輸入申告書を作成（通常はNACCSに入力する）し、税関に提出してから許可を取得するまでの料金である。通関の一連の作業に含まれない業務は全て別料金である。たとえば、インボイスの作成、保税運送の手配、船積みの手配などである。

通関業者が受託する通関手続きの料金は上限が設定されているが、通関手続き以外の業務は通関業者が独自に設定する自由料金である。輸出入者は、通関業者に業務を委託する際は、委託する業務の詳細を確認の上で個々の業務の料

金を取り決める必要がある。

（2）通関業者への指示

①輸出者：シッピングインストラクション（S/I）

通関業者の行う通関業務と関連業務は輸出者、もしくは、輸入者の指示に従って実施する。輸出者の業務指示をシッピングインストラクション（S/I）と呼び主たる内容は次の通りである。

- 輸出申告書の記載内容：輸出者、輸入者、品名、個数・重量・容積、船名、積港、揚げ港など。
- 輸出許可の取得の他に通関業者に依頼する業務がある場合は業務の種類と内容：たとえば、内陸輸送を委託するのであれば出荷予定日、発地、到着地など。
- 通関業者に作成を依頼する書類があれば、書類の種類と記載事項、及び作成通数：たとえば、原産地証明書やインボスの作成を委託する場合は、日付、商品名、商品コード、製造者名等の記載事項。

輸出者はS/Iの作成に最大限の注意を払わなければならない。通関業者は貿易取引の売買契約書や信用状に関与しない。また、通関業者や通関士は守秘義務を持つので受託した手続きに必要な情報以外は輸出者に求めないのが通常である。輸出者は、貿易取引に関する情報の中から通関士に提供する情報を取捨選択する知識が必要である。特に重要な項目は、輸出申告書に記載するHSコードの選定と申告価格の計算に関連する情報である。

- HSコードに関する情報：商品名は不十分である。HSコードの分類に必要な貨物明細を提供する（「4．HSコード」を参照）。
- 貨物の価格に関する情報：積港のFOB価格（円貨）を輸出申告書に記載する。売買契約がFOB以外のときは、FOBの計算に必要な情報を通関士に提供する。

POINT

実務スペシャリストは自社で行う業務、通関業者に委託する業務、他の業者に委託する業務を総合的に管理し、個々の業務の進捗状況を見つつ作業の順番が前後することのないよう監督しなければならない。たとえば、他法令解除やインボイスの作成は輸出申告書を提出する前に完了させ、貨物海上保険や輸出FOB保険は運送に関する危険が発生する前に付保する。

②輸入者：通関業務依頼状

輸入者が通関業者に委託する業務は輸出者と比較し狭い範囲である。また、輸入の通関手続きに使用する大半の書類は積地の輸出者が作成し輸入者に送付する。したがって、シッピングインストラクションのような詳細な指示書は不要である。輸入者は、通関業務依頼状にB/L、インボイス、梱包明細書などの書類を添付することで輸入通関、及び関連業務を通関業者に依頼することができる。

輸入者は、輸入申告書の提出から輸入許可の取得までの通関業務を通関業者に委託するのが一般的である。関連業務は社内で処理する、あるいは、通関業者や他の業者に委託するなど輸入者により異なる。輸入者が通関業者に通関業務を委託する際に留意すべき事項は次の通りである。

- HSコードに関する情報：輸出と同様である。
- 貨物の価格に関する情報：課税価格になるCIF価格を通知する。輸入申告書に記載する申告価格は輸入港に到着した時点の円貨で表示したCIF価格である。ただし、輸入者が締結した貿易取引のCIF価格が常に課税価格になるとは限らない。課税価格の計算は高度な専門知識が求められるので通関士に委託する分野である（「5．課税価格」を参照）。

2. 輸出通関の流れ

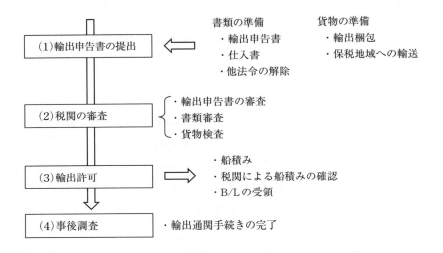

(1) 輸出申告書の提出

　輸出者から通関手続きを受託した通関業者は、NACCSの輸出申告書の画面に必要事項を入力し税関に送付する。輸出申告書の送付は入力と送信の単純な業務だが、多くの事前準備を経て行われる。事前準備の概要は次の通りである。

Ⅰ. 書類の準備

　輸出貨物が他法令の規制に該当する場合は、他法令が輸出に際し要求する許可、承認、検査の完了、条件の具備を取得する（まとめて「他法令の解除」と呼ぶ）。他法令の解除を証明する書類を受け取り輸出申告書に添付する。

　輸出者は、他法令に該当する、該当しないにかかわらず仕入書を必ず作成する。さらに、提出する輸出申告書に関し税関から質問が出ると予想されるときは想定質問に対する回答を準備し、回答を補強し証明する書類を用意する。

Ⅱ. 貨物の準備

　輸出申告書の税関への提出前に貨物の状態を確認する。輸出貨物は国内輸送

用の梱包より厳重な輸出梱包を行うのが通常であり、輸出梱包の完了を確認した後に輸出申告書を税関に提出する。輸出申告書は、輸出貨物を保税地域に搬入する前に税関に提出できる。ただし、輸出申告書の提出後は、梱包の変更は許されない。輸出許可は、AEOの輸出者を除き、貨物を保税地域に搬入した後に受ける。したがって、輸出申告書の提出は貨物の保税地域への搬入後、もしくは保税地域への輸送を手配した後に行うのが通常である。

Ⅲ．通関士の審査

輸出申告書はNACCSの画面に入力し税関に送信されるが、送信前に通関士の審査が必要である。通関士は入力の完了した画面、または、画面をプリントした書類で記載内容を審査し、問題がなければ自身の登録コードナンバーを入れて税関に送付する。

（2）税関の審査

Ⅰ．輸出申告書の審査

輸出申告書を受領した税関は申告書の記載事項を審査する。輸出申告書をNACCSで送付した場合の税関の審査は機械的に実施され、審査結果は通関業者が申告書を入力してから数秒～数分で送られてくる。税関の回答は「区分」と呼ばれ、区分1、2、3のいずれかである。

- 区分1：輸出許可
- 区分2：書類審査
- 区分3：貨物検査

Ⅱ．区分2の書類審査

区分2の回答が送られてきたときは税関の書類審査に進む。通関士は直ちに仕入書をはじめ資料やデータを携えて税関に出向き税関職員の質問に回答する。税関職員の質問は輸出貨物のHSコードと申告価格に集中するのが通常であり、通関士は持参した書類をもとに申告書の記載事項が正当であることを説明し証明する。税関の疑問点が払しょくされれば輸出許可になる。

Ⅲ. 区分３の「貨物検査」

区分３の回答は貨物検査である。税関が貨物検査を行い、輸出貨物が正当に輸出申告書に反映されていることを確認する。ただし、手順としては区分２と同様の書類審査が先に行われる。貨物検査は次の要領で実施される。

（A）検査場所

- 指定地検査：税関の指定した場所で検査する。具体的には次の３種がある。
    - 税関職員の席に見本を持参する。
    - 税関職員が貨物の保管場所に来て検査する。
    - 税関の検査場所に貨物を持ち込む。
- 指定地外検査：税関長の許可を受けて税関の指定地以外の場所で検査を受ける。

（B）検査方法

- 全部検査：貨物の全量を検査する。
- 一部指定検査：税関の指定した貨物、たとえば、機種、製造番号、梱包のカートンナンバーなどにより指定された貨物のみを検査する。
- 見本検査：無作為に見本品を取り出して検査する。

貨物検査が終了し、輸出貨物が正当に輸出申告書に記載されていることを税関が確認すると輸出許可になる。

（３）輸出許可

税関の輸出許可を受けると輸出者は貨物を予定船に積むことができる。もちろん、輸出者の最終目的は船積みではなく、船積み後にB/Lを入手することである。輸出貨物が船積みされると、船積みしたターミナルを担当する税関がドックレシートに税関の船積確認を行う。輸出者は、税関の船積確認があるドックレシートを船社に提示しB/Lの発給を受ける。

（４）事後調査

輸出貨物を船積みし、B/Lの発給を受けた輸出者は船積書類を整えて輸出代

金を回収する。輸出者の貿易取引は完了したかにみえるが、輸出通関は完了していない。税関は、船積み後に輸出者、及び通関業者の事務所を訪問し関係書類を調査する。輸出された貨物が、貿易取引に基づいて正しく申告され輸出許可を得たことを確認する作業であり事後調査と呼ばれる。輸出者は関係帳簿と書類を5年間、通関業者は3年間保管する義務を負っている。事後調査が終了した時点が輸出通関の完了である。

ココで差がつく！　部品輸出

　特殊なボルトの輸出に関連したトラブルである。特別な加工とメッキ塗装が施されているが、単価は低く使用個数は多い。輸出梱包はカートン箱である。ボルトの本数は、検査工程の終了時にベルト上を流れるボルトを光電管でカウントする。計測の誤差は±2％であった。メーカーは米国の代理店に輸出し、自動車メーカーに納品していた。輸出は、毎月2回の少量多頻度出荷を採用していた。

　ある日、メーカーに激震が走った。米国の代理店から輸出を1回取りやめる要請が届いたのである。理由は在庫過多であった。代理店の要請はメーカーが把握する米国の在庫数量が誤っていること、さらには、ユーザーへの納品数が受注数を下回っていた可能性を示唆する。メーカーは大慌てで原因追究に乗り出した。

　在庫過多の原因は単純であった。メーカーは、インボイスに記載された数量以上の本数を代理店に送っていたのである。梱包する際に本数を確認する機械の計測誤差は±2％である。インボイスの数量を下回る本数を送ることは許されないので、機械は常に必要数の＋2％に設定されていた。すなわち、マイナスの計測誤差が発生してもインボイス数量を下回らない工夫である。したがって、長期間の平均を取れば＋2％のボルトが代理店に送られることになる。毎月2回の多頻度出荷であり、50回の輸出、すなわち、約2年間経過すると米国の代理店は1回分の在庫を余分に持つ計算になる。

　貨物の種類によっては正確な数量（個数や重量）を測るのが困難、あるいは、経済的に非合理的である。日本の通関は、±3％以内の誤差であれば仕入書の数値により申告できる制度を採用している。実務スペシャリストは書類の処理に満足してはならない。書類の背景にある実体の理解が重要である。

3．輸入通関の流れ

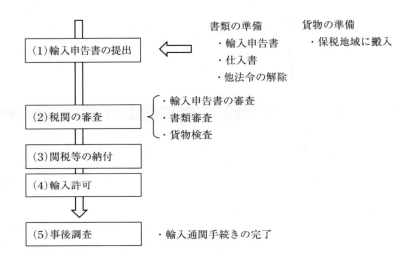

（1）輸入申告書の提出

　輸入申告書に添付する、あるいは、申告書の記載事項を補強し証明する書類の大半は輸出地で準備される。仕入書、原産地証明書、梱包明細書、仕様書、分析書等である。通関士は、想定される税関の質問に対応できる資料を整えた上で輸入申告書を税関に提出する。ただし、書類面の準備が整った時点で提出できるものではない。輸出と異なり、輸入貨物が保税地域に搬入された後に輸入申告書を税関に提出する。

　輸入申告書の税関への提出方法は、輸出と同様にNACCSを使用するのが一般的である。また、通関士は、入力の完了した輸入申告書の内容を審査の上で自身の登録コードナンバーを付して送信する手順も輸出と同様である。輸入申告書に添付する書類は、輸入貨物が他法令に該当する場合は他法令の解除の証明書が必要である。また、特恵税率や協定税率を適用するときは原産地証明書を添付する。

（2）税関の審査

輸入申告書を受け取った税関の回答は区分1～3であり輸出と同様である。また、区分2の書類審査、区分3の貨物検査の手順も輸出と同様である。

（3）関税等の納付

輸入貨物は、税関の審査が終了しても直ちに輸入許可にならない。関税等の納付があって初めて輸入許可になる。関税等とは、関税、内国消費税、地方消費税である。また、関税等の納付に関しては延納の制度があり、納税義務者（輸入者）は担保の提供により一定期間の支払猶予を受けることができる（「12.（2）延納制度」を参照）。

（4）輸入許可

輸入申告書を提出した後に税関の審査が終了し関税等の納付を行うと輸入許可が出る。貨物は内国貨物になり輸入者は自由に貨物を引き取ることができる。ただし、CYやCFSで保管料が発生したときは、保管料を支払わないと貨物の引渡しを受けることはできない。これは、輸入通関の手続きとは無関係でありCYやCFSと輸入者の間の清算業務である。

（5）事後調査

輸入者は、輸入許可を受けた貨物を国内に引き取り自由に処分することができる。ただし、輸入通関は完了ではない。輸出と同様に、税関の事後調査が終了した時点が輸入通関の完了である。輸入者は関係帳簿を7年間、関係書類を5年間保管しなければならない。通関業者は、帳簿と書類を3年間保管する義務を負っている。

4．HSコード

　HSコードは、申告書に記載する商品コードであり輸出入される全ての商品に用意されている。輸出申告書と輸入申告書に記入する最も重要な項目の一つである。HSコードの選択過程は極めて専門的であり、輸出申告書の作成には輸出統計品目表、輸入申告書は実行関税率表（双方とも日本関税協会の出版物である）が使用される。下表は実行関税率表の抜粋である。例に挙げた「コーヒー」は多くのHSコードに細分されるが、普通に炒ったものの番号（HSコード）は0901.21 0004になり基本税率は20％である。HSコードには該当する他法令が連結されており、0901のコードに対し欄外に「植物防疫法と食品衛生法」が他法令であることが注記されている。

番号	統計細分	NACCS	品名	基本	暫定	WTO協定	特恵	特別特恵
			コーヒー（いったものを除く）					
0901.11	000	0	カフェインを除いてないもの	無税		無税		
0901.11	000	6	カフェインを除いたもの	無税		無税		
			コーヒー（いったものに限る）					
0901.21	000	4	カフェインを除いてないもの	20％		12％	10％	無税
0901.22	000	3	カフェインを除いたもの	20％		12％	10％	無税

（注）0901植物防疫法、食品衛生法

（１）HSコードの概要

　「HSコード」は、Harmonized Commodity Description and Coding Systemの略称である。「商品の名称及び分類についての統一システムに関する国際条約」に基づいて制定されたコードシステムである。条約の批准国、及び、批准はしていないがHSコードシステムを採用している国は200か国以上になり、ほぼ全ての世界貿易に使用される標準コードシステムである。日本は本条約を批准し実施のための国内法を制定している。日本では「HSコード」、「税番」、「品目コード」、「商品番号」、「タリフ番号」などと呼ばれる。全てのコードをまとめたリ

ストを「関税率表」と呼ぶ。

　HSコードは、輸出入される全ての品目を21部、97類、1,220項にまとめている。国際条約に基づくコードは6ケタであり、最初の2ケタを「類」、4ケタを「項」、6ケタを「号」と呼ぶ。この6ケタは世界共通のコード番号である。HSコードの利用国は6ケタのコード番号の後に固有の番号を追加することが認められており、日本は、3ケタの統計細分と1ケタのNACCS用番号を付け10ケタで使用している。輸出申告書や輸入申告書には10ケタのHSコードを記入する。

　世界貿易の標準コードシステムであり、輸出国と輸入国の双方は最初の6ケタは同一のコードシステムを使用している。したがって、輸出国で選択されたHSコードは輸入国も選択するはずであり、理論的には輸入国のコード選定作業は不要になる。しかし、日本を含む大半の輸入国は、輸出国のコード番号を流用せずに独自の選定を緻密に実行している。実は、HSコードは全ての品目を網羅しているが、相当数の品目は「項」もしくは「号」の"その他"に分類される。分類の過程は極めて専門的であり、手順を間違えると誤った"その他"に到達する。誤った"その他"を選択した場合に、選択のミスを発見する検証方法を持たないのは本システムの欠陥といえる。通関士は、輸出申告書や輸入申告書に記載したHSコードの選択過程が本コードシステムの構成に沿っていること、また、選択が合理的であることを証明する資料やデータを準備しなければならない。

POINT

輸出通関と輸入通関に係るHSコードの選択は極めて重要な作業であり通関士の専門分野になる。実務スペシャリストはHSコードの全体像と選択過程の手順を理解し適切な情報を通関士に提供しなければならない。

（2）関税率表の解釈に関する通則

　HSコードの選定は極めて専門的であり、HSコードシステムの構成に沿った選択手順が求められる。HSコードの選択は「所属の決定」と呼ばれ、選択の

手順が「関税率表の解釈に関する通則」である。「関税率表の解釈に関する通則」を構成する各項目は「原則」と表記され、原則1から6に従ってHSコードを選択する。原則1から6は複数の規定を持つものがあり構成は以下の通りである。

原則1：1
原則2：2-A、2-B
原則3：3-A、3-B、3-C
原則4：4
原則5：5-A、5-B
原則6：6

以下は、「関税率表の解釈に関する通則」の抜粋である。[ ]は筆者の注記である。

この表における物品の所属は、次の原則により決定する。

【原則1】

部、類、節の表題は、参照上の便宜のために設けたものである。物品の所属は、項の規定及びこれに関係する部または類の注の規定に従う。

[関税率表は、1,220の項を21部、97類に分類している。それぞれの部や類に表題が付されているが、表題をHSコードの選定作業に使用してはならないとの規定である。たとえば、第1部の表題は下記の通りだが、この表題を選択の参考に使用してはならない。ただし、「注」は選択時に従わなければならない。]

第1部　動物（生きているものに限る。）及び動物性生産品
注1　この部の属または種の動物には、文脈により別に解釈される場合を除くほか、当該属または種の未成熟の動物を含む。
注2　この表において乾燥した物品には、文脈により別に解釈される場合を除くほか、脱水し、水分を蒸発させまたは凍結乾燥したものを含む。

【原則2】

- 2-A：各項に記載する物品には、未完成の物品で、完成した物品としての重要な特性を提示の際に有するものを含む。また、完成した物品で、提示の際に組み立ててないもの及び分解してあるものを含む。

    ［たとえば、ガットを張っていないテニスラケットは、「完成した物品としての重要な特性を提示の際に有する」と認定される。］

- 2-B：各項に記載する材料または物質には、当該材料または物質に他の材料または物質を混合しまたは結合した物品を含む。また、特定の材料または物質から成る物品には、一部が当該材料または物質から成る物品も含む。二以上の材料または物質から成る物品の所属は、3の原則に従って決定する。

    ［たとえば、「アルミ製」と記載された品目は、アルミの含有が100％に限定されない。他の物質を含む場合も「アルミ製」になる。二種以上の材料を使用した物品で所属の決定が困難なものは原則3に従って決定する。］

【原則3】

2-Bの規定の適用によりまたは他の理由により物品が二以上の項に属するとみられる場合は、次に定めるところによりその所属を決定する。

- 3-A：最も特殊な限定をして記載している項が、これよりも一般的な記載をしている項に優先する。
- 3-B：混合物、異なる材料から成る物品、異なる構成要素で作られた物品及び小売用のセットにした物品であって、A．の規定により所属を決定することができないものは、当該物品に重要な特性を与えている材料または構成要素から成るものとしてその所属を決定する。
- 3-C：A．及びB．の規定により所属を決定することができない物品は、等しく考慮に値する項のうち数字上の配列において最後となる項に属する。

    ［「数字上の配列」とは、HSコードの番号であり、選択候補となった項の中で最も大きな番号を選定する。］

【原則４】

前記の原則によりその所属を決定することができない物品は、当該物品に最も類似する物品が属する項に属する。

【原則５】

前記の原則のほか、次の物品については、次の原則を適用する。

- ５－Ａ：写真機用ケース、楽器用ケース、銃用ケース、製図機器用ケース、首飾り用ケースその他これらに類する容器で特定の物品または物品のセットを収納するために特に製作しまたは適合させたものであって、長期間の使用に適し、当該容器に収納される物品とともに提示され、かつ、通常当該物品とともに販売されるものは、当該物品に含まれる。

  ［たとえば、バイオリンを収納した容器は、バイオリンに含まれるので個別のHSコードを選択する必要はない。ただし、バイオリンの容器のみが貿易取引の対象になる場合は、「容器」のHSコードを選択する。］

- ５－Ｂ：５－Ａの規定に従うことを条件として、物品とともに提示し、かつ、当該物品の包装に通常使用する包装材料及び包装容器は、当該物品に含まれる。ただし、この規定は、反復使用に適することが明らかな包装材料及び包装容器については、適用しない。

  ［輸送用のパレットや貨物の損傷を防ぐ緩衝材などは貨物に含まれるので独自にHSコードを選択する必要はない。ただし、アルミや鉄製などの輸送用容器は、「容器」として分類する。これらの容器は反復使用を目的に製造され、通常は折り畳み式など復路の輸送を容易にする設計がなされている。］

【原則６】

この表の適用に当たっては、項のうちのいずれの号に物品が属するかは、号の規定及びこれに関係する号の注の規定に従い、かつ、前記の原則を準用して決定するものとし、この場合において、同一の水準にある号のみを比較することができる。

上記の抜粋の中で原則６は関税率表を利用する際に特に重要である。次表は

実行関税率表の冷凍野菜の抜粋である。この抜粋の中で原則6に従って「冷凍えだ豆」の所属を決定する手順は次の通りである。

「冷凍えだ豆」は「冷凍野菜」に含まれ「項」は0710である。0710をスタートに、「号」、「統計細分」、「NACCS用コード」の選択に進む。

【ステップ1】
「冷凍野菜」に含まれる同一の水準は、「ばれいしょ」、「豆」、「ほうれん草」、「スイートコーン」、「その他の野菜」の5つの候補である。この中で「豆」を選択する。

【ステップ2】
「豆」の中で同一の水準は、「えんどう」、「ささげ属、いんげん豆属...」、「その他のもの」の3つの候補である。この中で「その他のもの」を選択する。

【ステップ3】
「その他のもの」に含まれるのは「－えだ豆」と「－その他のもの」の2候補である。ここで「－えだ豆」を選択し、HSコードは0710.29 0103である。

HSコードの一例

HSコード			品名
0710			冷凍野菜
0710.10	000	5	ばれいしょ
			豆
0710.21	000	1	えんどう
0710.22	000	0	ささげ属、いんげん豆属...
0710.29			その他のもの
	010	3	－えだ豆
	090	6	－その他のもの
0710.30	000	6	ほうれん草...
0710.40	000	3	スイートコーン
0710.80			その他の野菜
	030	0	1．ごぼう
			2．その他のもの
	010	1	－ブロッコリー
	090	4	－その他のもの

> **POINT**
> 「関税率表の解釈に関する通則」は通関士が日常業務で最も重視する法令といえる。上記の抜粋のみでHSコードの選定手順を理解するのは難しい面がある。実務スペシャリストは、機会を見つけて担当する品目の「所属の決定」を勉強するのが望ましい。通関士や通関に詳しい同僚にコーチ願うと有効である。原則1から6は特に難しい内容ではなく、実務で繰り返し使用することで十分に習得できる。

5．課税価格

（1）課税価格とは

輸入申告書に記載する関税額は次の式で計算する。

　　　　関税額＝課税標準×税率

　課税標準は輸入貨物の価格、もしくは数量（重量や容積）である。我が国の関税は「従価税」と「従量税」の二種類であり、輸入貨物の価格に課税するのが従価税、数量に課税するのが従量税である。

　関税 ── 従価税：輸入貨物の価格が課税標準になる
　　　　└─ 従量税：輸入貨物の重量や容積が課税標準になる

≪例≫
従価税　　800,000円×4.5％＝36,000円
従量税　　260リットル×135円／リットル＝35,100円

　課税標準は従価税が800,000円、従量税が260リットルである。税率は従価税が4.5％、従量税が135円／リットルである。関税額は従価税が36,000円、従量税が35,100円になる。

　輸入貨物は、品目により従価税と従量税に区分される。実際には、従価税と従量税の双方が課税される品目があり輸入貨物の分類は三種類になる。

5．課税価格

輸入貨物 ─┬─ 従価税品：従価税を適用する
　　　　　├─ 従量税品：従量税を適用する
　　　　　└─ 従価従量税品：一の輸入貨物に従価税と従量税の双方を課税する

　輸入貨物が上記の三種類のいずれに分類されるかは、輸入貨物のHSコードを選定することで確認できる。選択したHSコードの税率が「〇〇％」であれば従価税品、「〇〇円／重量・容積」であれば従量税品である。従価従量税品は、「〇〇％」と「〇〇円／重量・容積」の双方が記載されている。

従価税品・従量税品・従価従量税品の具体例

関税の種類	品目		基本税率
	HSコード		
従価税品	0901 21 0004	コーヒー（いったものに限る）カフェインを除いていないもの	20%
従量税品	7901 20 0101	亜鉛合金　アルミニウムの含有量が全重量の3％を超えるもの	6.24円/kg
従価従量税品	0401 10 1105	ミルク及びクリーム　脂肪分が全重量の1％以下のもの　滅菌し、冷凍または保存に適する処理をしたもの	25%＋63円/kg

　輸入貨物は従価税品、従量税品、従価従量税品に分類されるが、圧倒的に比率の高いのが従価税品である。従価税品の課税標準は「課税価格」と呼ばれる。課税価格が注目されるのは、適用頻度が高いことに加え算出が複雑なためである。従量税の課税標準は、輸入貨物の重量や容積であり実際に計測すれば正確な数値が得られる。いっぽう、課税価格は輸入港に到着したときのCIFの円貨である。課税価格とするCIFは、輸出者と輸入者が契約したCIF価格、あるいは、CIF以外のインコタームズによる契約（たとえばFOB）をCIFに換算したものではない。関税定率法に規定する課税価格の算出方法に従って計算したCIFである。通常の貿易取引であればインボイスの金額を基礎にCIFを計算し課税価格が得られる。しかし、インボイスの金額の他に輸入者が支払った費用があれば課税価格に算入される可能性がある。課税価格の計算を複雑にしているのは、輸入者の支払った費用が全て課税価格に算入されるものではなく、課税価格に

含めるべき費用と除外される費用に区分される点である。

（2）原則的な課税価格の決定方法

　通関士は、輸入者が提供した貨物明細や資料等をもとに実行関税率表を使用してHSコードを選定する。HSコードが判明すると税率が得られる。輸入貨物の大半は従価税品であり、判明した税率と課税価格から関税額を算出する。この一連の流れの中で最も複雑なのが課税価格の計算である。

　課税価格は、原則として売買契約に基づき輸入者が輸出者、もしくは第三者に支払う金額である。これを「現実支払価格」と呼ぶ。現実支払価格に加算要素と減算要素を加えると調整後の現実支払価格が得られる。さらに限定列挙の加算要素を加えると課税価格になる。課税価格の算出手順は以上だが、加算と減算要素の詳細な検討は通関士に委託することになる。実務スペシャリストは、課税価格の計算過程を理解し、通関士が必要とする情報を的確に提供することに努めなければならない。

［原則的な課税価格の決定方法］
① 　現実支払価格
② 　＋加算要素
③ 　－減算要素
　　──────────
調整後の現実支払価格
④ 　＋限定列挙の加算要素
　　──────────
課税価格

①から④までの個々の項目の概要は以下の通りである。

①現実支払価格

　通常の貿易取引では仕入書価格である。仕入書の価格が、CIF以外のインコタームズを使用するときは③の減算要素や④の限定列挙の加算要素にてCIF価格に換算する。

②加算要素

以下の費用は、上記の「①現実支払価格」に含まれていない場合に加算要素になる。

Ⅰ．契約金や前払い金

輸出者と輸入者が貿易取引を締結したときに支払った契約金や前払い金は、仕入書に記載がないときは加算要素になる。一の契約に基づいて複数の輸入が行われるときは、契約時に支払った契約金や前払い金は合理的な基準により各回の仕入書金額に割り振る。たとえば、年間2,000個の契約を締結し契約金400万円を支払ったときである。年間契約に基づき1回目の船積みで500個を輸入した際は、仕入書価格に契約金の割り掛け100万円（年間契約料の1／4）を加算する。

Ⅱ．検査費用

輸出者と輸入者の合意により実施する検査費用が対象になる。輸出者が支払う場合は、別途の取り決めがない限り仕入書金額に含まれているとみなされる。輸入者が検査機関に検査費用を直接支払う場合は加算要素になる。

輸出者との合意がなく、輸入者が独自に検査を手配した場合の検査費用は課税価格に算入する必要はない。この検査は、輸入者が純粋に自己の都合で手配するものであり、検査の有無は貿易取引に影響を及ぼさない。したがって、貿易取引に基づき支払われる課税価格に含まれない。

Ⅲ．保証料

機械類等の輸入に係る保証料やメインテナンス費用である。輸出者が保証やメインテナンスを引き受ける場合と、輸出者の提携先の日本の代理店等が引き受ける場合がある。したがって、保証料等の支払先は輸出者、または日本の代理店等になる。

保証料等の支払いが貿易取引を成立させる必須の条件とみなされる場合は加算要素になる。支払先、また、支払いの時期は加算要素の判断に影響を及ぼさない。

Ⅳ. 派遣作業員

輸入者が自社の社員、あるいは、臨時で雇用した作業員を輸出者の工場に派遣し輸入貨物の製造に従事させたときは、社員や作業員の給与と派遣に要した費用は加算要素になる。

加算要素の判断基準は「製造に従事する」である。輸入者の社員が、品質確認の目的で作業工程に立ち会う業務は製造に当たらない。

Ⅴ. クレームの弁済金

仕入書価格に含まれる場合に加算要素となる。輸出者が負担する弁済金は仕入書の中で減額されているが減額を無効とする。マイナスを打ち消すので加算とみなされる。

定期的に貿易取引を行う輸出者と輸入者の間で発生する問題である。たとえば、3月に輸入した貨物にダメージが見つかり輸出者に責任があることを輸出者と輸入者が確認した。次回の船積みが5月にあり、輸出者が作成した仕入書は5月船積み分の価格と3月のダメージに相当する金額（減額）が記載されている。この場合は、5月の仕入書の金額を課税価格に使用することはできない。3月分ダメージの減額は、5月の船積みとは関係ない金額であり5月分の仕入書より除外する。複雑な印象を受けるが計算サンプルを見れば単純である。

［ダメージの弁済を含む仕入書のサンプル］

　　5月分　貨物代金　　　10,000,000円
　　3月分　ダメージ減額　　　300,000円
　　5月分　仕入書金額　　　9,700,000円

5月分の仕入書の金額9,700,000円を課税価格とすることはできない。5月の輸入貨物と関係のない3月分のダメージ減額を無効とし300,000円を加算する。5月分の課税価格は10,000,000円である。

③減算要素

以下の費用は、上記の「①現実支払価格」に含まれている場合は減算要素に

なる。すなわち、仕入書価格から控除して課税価格を求める。

Ⅰ. 輸入港到着以降の費用

インコタームズのD条件であるDAT、DAP、DDPやターンキーの売買契約に関連する調整である。課税価格は、輸入貨物が日本の港に到着したときのCIF価格である。D条件やターンキーの場合は、CIF以降に日本で発生する費用が含まれるので仕入書価格から減額することができる。たとえば、通関費用、関税や消費税、国内輸送費、据付費用である。CIF以降の費用は金額が明らかな場合に限り減算要素になる。国内輸送費用であれば、具体的な輸送手段と費用が売買契約書などに記載されていることが減算の条件になる。減算対象の費用があっても、金額が明記されていないときは減算してはならない。見積もりや平均値などを使用した減算は認められない。

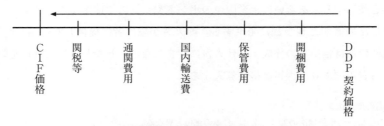

DDP契約の課税価格（減算の費用項目は一例である）

<ターンキー>
機械類やコンピューターシステムなどの売買に使用する契約である。輸出者は製品がすぐに稼働できる状態に整備した上で輸入者に納品する。輸出者は、輸入地における通関、輸送、据え付け、整備、試運転などに掛かる費用を含めた売買契約を締結する。

Ⅱ. 延べ払い金利

輸入者が貿易代金の支払いを延べ払いで行う契約を締結し、延べ払いに伴う金利を輸出者に支払う場合である。この金利は課税価格に含めない。仕入書に延べ払い金利が計上されているときは、仕入書金額より控除できる。

④限定列挙の加算要素

以下の費用項目は仕入書に含まれていない場合に加算要素になる。

Ⅰ．運賃と貨物海上保険料

輸出港から輸入港までの海上運賃、ならびに貨物海上保険の保険料である。貿易取引がFOBやFCAなどの場合に加算要素になる。たとえば、FOBやFCA契約の契約金額をCIF価格にするには、仕入書の金額に運賃と貨物海上保険料を加算する必要がある。

貨物海上保険を付保していない場合は、加算する必要はない。たとえば、定期的に輸入する貨物の手配にミスがあり貨物海上保険の付保を忘れた場合である。通常の保険料が判明していても加算する必要はない。

Ⅱ．輸入者が提供する部品、容器、包装資材

輸入者が輸入貨物に使用する部品、容器、包装資材を輸出者に提供した場合に発生する加算要素である。日本のマーケット向けにデザインした部品や容器を使用する、あるいは、米国産のポンドやオンスを使用する商品を日本向けに詰め直すときなどに発生する。輸入者が輸出者に提供した部品、容器、包装資材は輸出者の作成する仕入書に含まれない。しかし、輸入貨物を製造する費用であり、課税価格に算入する。

＜米国の度量衡＞

米国の度量衡の単位は次の通りであり、日本の単位と異なる。

長さ：インチ＝2.54cm　フィート＝30.5cm　ヤード＝91.44cm　マイル＝1.61km
体積：オンス＝30mℓ　パイント＝0.47ℓ　ガロン＝3.81ℓ
重量：オンス＝28g　ポンド＝0.45kg
温度：華氏（摂氏０度＝華氏32度、摂氏＝（華氏−32）×5／9）

Ⅲ．輸入者が提供する技術、設計、考案、工芸、デザイン

輸入貨物の製造に使用する技術、設計、考案、工芸、デザインを輸入者が購入し輸出者に提供したときは加算要素になる。輸入者が輸出者に提供したものは輸入貨物の製造に要した費用であり課税価格に含まれる。輸出者の仕入書にはこれらの費用が含まれないので加算要素になる。

ただし、日本で開発された技術、設計、考案、工芸、デザインは加算の対象から除外される。この規定は極めて複雑である。実務スペシャリストは、該

当する費用があるときは単独で判断するのを避け通関士と打ち合わせるべきである。技術、設計等に係る規定の概要は次の通りである。

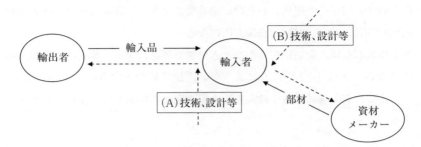

(A) の技術、設計、考案、工芸、デザインは、輸入者が購入し輸入貨物の製造用に輸出者に提供するものである。

日本で開発した技術、設計、考案、工芸、デザインは加算の対象外である。この判定は開発が行われた場所、すなわち属地主義になる。たとえば、ドイツ人スタッフが日本で開発したものは加算要素から外れる。逆に、日本人デザイナーがハワイで開発したものは加算の対象になる。

(B) の技術、設計、考案、工芸、デザインは、輸入者が購入し輸入貨物に組み込む部材や原材料の製造用に資材メーカーに提供するものである。

輸入貨物の生産に使用する部品や包装資材に採用された技術、設計、考案、工芸、デザインは全て加算要素である。日本で開発したものも加算要素になる。

Ⅳ．特許権等

特許権、実用新案権、意匠権、商標権、著作権、著作隣接権、回路配置利用権、育成者権などの知的財産権と呼ぶ権利を輸入者が購入し、輸入貨物の生産用に輸出者に提供した場合が該当する。また、輸出者が保有する特許権等を使用して製造した貨物を輸入する場合に、貨物代金とは別に特許権等の使用料を払う場合も対象になる。支払先、また、支払時期を問わない。

Ⅴ．売手帰属収益

輸入者が、輸入貨物の販売後に販売代金の一部を輸出者に支払う契約が該当

する。たとえば、輸入者が仕入書金額500万円で輸入した商品を800万円で販売し、販売価格の一部である60万円を輸出者に支払う売買契約である。この場合の60万円を売手帰属収益と呼び加算要素である。課税価格は、仕入書金額500万円に60万を加算した560万円になる。

売手帰属収益は、金額が明らかなときに加算要素になる。輸入時に金額が明確でないときは「(3) 原則によらない課税価格の決定方法」を使用する。たとえば、売手帰属収益を輸入貨物の販売価格の10％とした売買契約が該当する。

> **POINT**
>
> 「原則的な課税価格の決定方法」は仕入書価格からスタートし、加算要素、減算要素、限定列挙の加算要素に進む。加算や減算の対象になる費用の判定は極めて専門的である。実務スペシャリストは、加算や減算の対象になりうる費用項目を残らず列挙し、個々の費用の発生理由と支払先を一覧にまとめるのが効果的である。情報を全て取りまとめた上で最終判断を通関士に委託するのが良策であり、独自に取捨選択するのは危険である。

(3) 原則によらない課税価格の決定方法

上記 (2) の「原則的な課税価格の決定方法」が使用できない場合に課税価格を決定する方法である。

①特別な事情

貿易取引に特別な事情がある場合は、「原則的な課税価格の決定方法」は使用できない。以下の場合に「特別な事情」が有ると認定する。

Ⅰ. 販売や使用の制限

輸入者が行う輸入貨物の販売や使用などに制限が設けられている貿易取引である。

- 輸入後の販売先が限定されている。
- 輸入後の使用目的が限定されている、たとえば展示用に使用する。

ただし、次の場合は「特別な事情」に該当しない。
- 販売地域の限定、たとえば東日本に限定する。
- 販売開始日の設定、たとえば新型車の販売開始を10月1日とする。

II．抱き合わせ販売

輸入貨物の価格が、輸出者と輸入者が行う別の商品の取引価格に影響を受けている。たとえば、A商品を購入するときに、同時にB商品を一定数量購入する条件でA商品の価格が設定される場合である。

　　A商品　300個　単価　4.5万円　　計1,350万円
　　B商品　200個　単価　2.0万円　　計400万円　　合計1,750万円

B商品を単価2万円で200個購入することを条件にA商品の単価（4.5万円）が決められたときは「特別な事情」に該当する。

III．売手帰属収益

売買契約に売手帰属収益の項目があり、その金額が明らかでない場合である。たとえば、輸入者が行う輸入貨物の販売は、販売価格が販売先との交渉で変動しても常に販売価格の10％を輸出者に支払う契約が該当する。

IV．特殊関係

輸出者と輸入者が特殊関係にあり、特殊関係が貿易取引の価格に影響を与えていると認められる場合である。特殊関係の主たるものは次の通りである。
- 輸出者と輸入者が相互に取締役や監査役などの役員に就任している。
- 共同経営者である。
- 一方が他方の使用者である（親会社と子会社の関係）。
- 一方が他方の株式を5％以上保有している。
- 第三者が輸出者と輸入者の株式をそれぞれ5％以上保有している。
- 輸出者と輸入者が親族関係にある（血族は6親等以内、姻族は3親等以内）。

②特別な事情がある場合の課税価格の決定方法

上記①の「特別な事情」に該当する場合は、「原則的な課税価格の決定方法」は使用できないので以下のI．からIV．の方法で課税価格を算出する。

Ⅰ．同種または類似の貨物の取引価格

輸入貨物と同種、または、類似の貨物の取引価格を参考に課税価格を決定する。同種の貨物とは、次の条件を全て満たす貨物である。

- 輸入貨物と同じ国で生産された貨物である。
- 輸入貨物の輸出日、もしくは近接する日に船積みされた貨物である。
- 全ての点で輸入貨物と同一な商品である。

また、類似の貨物は同種の貨物と基本的に同一だが、"全ての点で輸入貨物と同一"なことは要求されず商業上の交換が可能な商品であればよい。

Ⅱ．国内販売価格

上記Ⅰ．の同種または類似の貨物の取引価格が入手できないときは、輸入貨物もしくは同種、または、類似の貨物の国内販売価格を利用する。国内販売価格から逆算で課税価格を算出する方法である。課税価格は輸入港に到着した時点のCIF価格であり、CIF以降に発生し費用を国内販売価格から控除する。下図に記載した費用項目は一例であり全ての費用を網羅したものではない。

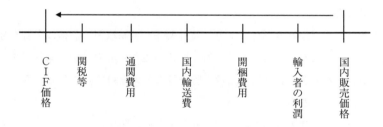

Ⅲ．加工後の国内販売価格

上記のⅠ．Ⅱ．のいずれも適用できない場合、さらに、輸入者が希望する場合は輸入貨物の加工後の国内販売価格から逆算でCIF価格を算出する。計算の手順はⅡ．の国内販売価格と同一であり、控除する費用の中に加工に要した費用が追加される。この方法を使用する場合は、輸入貨物の加工後の販売価格に限定され、同種、もしくは類似の貨物の加工後の販売価格は使用できない。

IV. 製造原価

輸入貨物の製造原価からCIF価格を算出する方法である。4番目の方法だが、輸入者が希望する場合は、II．III．に優先して使用される。ただし、I．の同種または類似の貨物の取引価格が適用できない場合に限定される。

輸入貨物の製造原価に、下図の「梱包費用」から「貨物海上保険」までの費用を加算することで輸入港に到着した時点のCIF価格を算出する。下図に記載した費用項目は一例であり全ての費用を網羅したものではない。

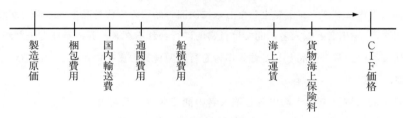

POINT

「原則によらない課税価格の決定方法」は、極めて専門的であり通関士の業務分野である。実務スペシャリストは、決定方法の概要を理解し通関士が課税価格の算出に使用する資料やデータを速やかに取り揃えなければならない。

(4) 課税価格の決定の特例

課税価格は、「(2) 原則的な課税価格の決定方法」、ならびに、「(3) 原則によらない課税価格の決定方法」に従って算出する。ただし、特定の環境下で輸送された貨物に関し、課税価格を算出する際の特例が設定されている。

①無償の貨物

輸出者と輸入者の合意により特定の貨物を無償で輸入することは問題ない。ただし、輸入申告書には、無償の貨物は有償として課税価格を記載し有税品は関税等を納付しなければならない。無税品の場合は内国諸費税と消費税（「9．消費税等と付帯税」を参照）を支払うことになる。発生頻度の高い無償の貨物

は次の通りである。

Ⅰ．サンプル

- 輸出者が売買契約による貨物の他に自社の別商品をサンプルとして輸入者に送ってきた。
- 輸出者が、日本用のパッケージを試作し、無償のサンプルを売買契約の商品と一緒に送ってきた。

Ⅱ．ダメージの代替品

輸入貨物にダメージが発生したときに次回の船積みで代替品を送る場合が該当する。輸出者と輸入者の間では日常的に行われるダメージの処理方法だが、代替品は通常の商品として輸入申告を行い関税等の支払いが必要である。

Ⅲ．ギフト

継続的に取引を行う輸出者と輸入者の間で発生する可能性が高い事例である。通常の輸入貨物の中に売買契約とは全く異なる商品がギフトとして含まれる場合である。クリスマス、輸入者の創立記念日、輸入担当者の誕生日などに菓子類やワインのギフトがみられる。輸出者と輸入者の間では相互の親近感を高めるアイデアといえる。しかし、ギフトは、輸入商品として輸入申告を行い関税等の支払いが必要である。

②航空機により輸送された貨物

貿易取引の売買契約は海上輸送を前提に締結したが、何らかの理由により航空機による輸送に変更した場合が該当する。たとえば、次の理由が想定される。

(A) 輸出者の製造遅延により、輸入者が予定していた納品時期に間に合わない。

(B) 港湾作業員、あるいは、船員のストライキにより海上輸送が中断した。

(C) 輸入者の希望により日本の到着日を早める。

海上輸送を航空輸送に変更した場合は、原則として航空輸送に要した運賃と保険料を使用して課税価格を算出する。ただし、次の条件を全て満たす場合は、本来の海上輸送に要する運賃と保険料で課税価格を計算することができる。

- 輸入貨物の日本到着の遅延が見込まれ、その原因が輸入者の責任によるものではない。
- 輸送手段の変更に伴う追加の費用を輸入者以外が負担する。

したがって、上記（A）から（C）は次の通り処理するのが正しい。

(A) 通常は輸出者が追加の輸送費用を負担するはずである。その場合は、本来の海上輸送を前提に課税価格を算出することができる。ただし、航空輸送に伴う追加の費用を輸入者が負担した場合は、航空輸送に要した費用で課税価格を計算する。

(B) 輸出者が追加の輸送費用を負担する場合は、課税価格は本来の海上輸送を前提に算出する。輸入者が追加の輸送費用を負担する場合は、課税価格は実費、すなわち航空輸送に要した費用により課税価格を算出する。

(C) 通常は、輸入者が追加の輸送費用を負担し、課税価格は航空輸送の実費で計算する。

ただし、(B) については、別の特例が適用になる。「災害等運賃特例」と呼ばれるもので、天災やストライキなどが原因で通常の海上輸送が困難になり、別ルートの海上輸送を使用する、あるいは、航空輸送を利用した場合の規定である。この特例に該当する場合は、輸入者が追加の輸送費用を負担する場合であっても本来の海上輸送を前提に課税価格を算出することができる。

POINT

課税価格の算出は極めて複雑である。実務スペシャリストは、通常と異なる売買契約が締結されたとき、あるいは通常と異なる輸送ルートで貨物が輸送されたときは十分に注意を払う必要がある。通常と異なる事態が発生した理由と追加費用の明細を通関士に説明し通関士の指示に従うのが良策である。

ココで差がつく！ 予備品

日本人の品質に対する関心は異常といえるほどに高い。日本製品は高品質で信頼性が高いと海外で評価されるのは当然である。しかし、通関の現場ではこれがトラブルの原因となることがある。問題になった貨物は家庭用雑貨の輸入品である。商品は販売用の個装に収められ、さらに内装のカートン箱に梱包された後にまとめてパレットに載せプラスティッ

クフィルムで包まれている。個装、内装、外装の典型例であり輸出梱包としては十分である。難点は、コンテナに詰めたときに貨物と貨物の間に隙間が生じるサイズであった。輸送中に貨物同士が接触し内装のカートン箱にわずかなへこみが発生した。内装に発生したへこみは個装に影響を及ぼすものではなかった。しかし、内装は問屋が商品を小売店に販売する単位であり、完璧な外観を求めるのが日本の商習慣である。

　輸入者は輸出者と打ち合わせた結果、内装の強度を高めても効果は薄いと判断し予備のカートン箱を2～3枚コンテナに同梱することにした。予備のカートン箱は売買契約に含まれずB/Lやインボイスにも記載されていない。輸入者は輸入コンテナを自社の倉庫でデバンし、内装にへこみを発見すれば予備のカートンに交換していた。

　予備のカートン箱が問題になったのは、納品先の都合でコンテナのデバンを保税蔵置場で行ったときである。デバンを担当した作業員がB/Lに記載のない予備のカートン箱を見つけ事務所に連絡したので直ちに作業が中断された。輸入申告を行わずに日本に持ち込める貨物はない。無償で送られてきた貨物は有償として申告し、関税が無税の品目は内国消費税と地方消費税を支払わなければならない。じつは、カートン箱は有税品である（協定と特恵は無税）。

　輸入者は密輸を行う意図などなく、へこみの生じたカートンを廃棄し新しいカートンに入れ替えることで完璧な品質を求めた結果である。ただし、通関は、貿易取引や商習慣とは別の基準であることを忘れてはならない。2～3枚の予備のカートン箱を申告したときの関税はわずか数円であり、納付税額の計算では端数処理に紛れ込む程度の影響である。しかし、通関は、常に「正しい申告」が求められる。実務スペシャリストは、「貿易」、「輸送」、「通関」の知識を総合的に発揮しなければならない。

6．関税率

（1）関税率の種類

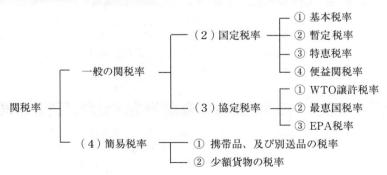

我が国の関税率は「一般の関税率」と「簡易税率」に大別される。一般の関税率は、通常の貿易取引による輸入貨物に適用され、品目、ならびに輸出国により税率が異なる。いっぽう、貿易取引による輸入貨物で課税価格が20万円以下の貨物は、簡易税率（少額貨物の税率）が適用される。個々の税率の概要は以下の通りである。

（2）国定税率

国定税率は国会が定めた税率であり、4種類の税率で構成される。それぞれの税率の対象貨物は次の通りである。

①基本税率

名称の通り我が国の関税率の基本になる税率であり、輸入される全ての品目を対象に関税率が用意されている。品目によっては基本税率が「無税」であり、全ての品目から関税を徴収するのではない。

②暫定税率

品目と期間を限定して基本税率を変更するものである。暫定税率は、基本税率を下回るときと上回るときがある。輸入する品目に基本税率と暫定税率の双方が設定されているときは暫定税率を適用する。暫定税率の対象は約500品目である。

③特恵税率

特恵受益国からの輸入貨物に適用する税率である。特恵受益国は、通常の特恵受益国と特別特恵受益国とに区分され、特別特恵受益国はより優遇された関税率が適用される。平成26年4月現在で特恵受益国は137か国＋7地域の合計144である。また、特別特恵受益国は、特恵受益国144の中の47か国である。特恵受益国と特別特恵受益国の国名は税関のホームページで確認できる。特恵関税の対象は約3,500品目である。特恵関税の詳細は「7．特恵関税」である。

④便益関税率

WTO譲許税率と同一の税率が適用される。対象はWTOの非加盟国、かつ、日本と通商条約を持たないが関税に関する便益を望む国からの輸入品である。具体的には次の16か国である。

ブータン、バハマ、バチカン、ナウル、アフガニスタン、イラン、イラク、シリア、アルジェリア、エチオピア、サントメ・プリンシペ、スーダン、セーシェル、ソマリア、リビア、リベリア

（3）協定税率

日本が、他国と締結した関税に関する条約により設定した税率である。

①WTO譲許税率

WTO加盟国からの輸入品に適用される。WTOはWorld Trade Organization（世界貿易機構）の略であり、161か国が加盟している。

②最恵国税率

WTOの非加盟国だが、日本と関税に関する条約を締結し最恵国待遇を取り決めている国からの輸入品が対象になる。WTO譲許税率と同一の関税率が適用される。

最恵国待遇とは、日本が二国間の取り決めを締結した相手国に対し、他の第三国に対して与えている待遇（低率の関税率など）より不利にならない待遇を与えることである。

③EPA税率

EPAはEconomic Partnership Agreementの略で経済連携協定と訳される。日本と経済連携協定を締結した国からの輸入品に適用される。輸出国と品目を限定した税率が設定されている。EPAが発効しているのは次の15か国である。

シンガポール、メキシコ、マレーシア、チリ、タイ、インドネシア、ブルネイ、

ASEAN、フィリピン、スイス、ベトナム、インド、ペルー、メキシコ、オーストラリア

また、モンゴルとは協定に署名済であり、カナダ、コロンビア、中国、韓国、EU、トルコと交渉中である。

（4）簡易税率

簡易税率は、「携帯品、別送品の税率」と「少額貨物の税率」の二種類があり対象が異なる。

①携帯品、別送品の税率

携帯品は、日本に入国する者が携帯して持ち込む外国貨物である。別送品は、日本に入国する者が外地より日本の本人向けに発送した外国貨物である。入国する者とは、帰国する日本人と日本に入国する外国人の双方である。平成27年11月1日時点の免税枠と税率は次の通りである。

Ⅰ．免税枠

酒類	1本760ml程度のものが3本
たばこ	紙巻たばこ200本、または葉巻たばこ50本、またはその他のたばこ250g
香水	2オンス（約56ml）
その他の品目	海外市価の合計額が20万円までが免税になる。1品目ごとの海外市価の合計額が1万円以下のものは免税枠に加算する必要はない。
注意事項	
米	免税の適用を受ける場合は、地方農政事務所等で確認を受けた「米穀の輸入に関する届出書」を税関に提出する。年間100kgの範囲内に限る。
未成年者	酒類とたばこは免税にならない。
6歳未満	おもちゃなど明らかに子供が使用すると認められるもの以外は免税にならない。

Ⅱ．税率

免税枠を超える部分に課される税率は次表の通りである。関税と内国消費税、地方消費税を合算した税率である。

酒類	
ウイスキー、ブランデー	600円/リットル
ラム、ジン、ウオッカ	400円/リットル
リキュール、焼酎	300円/リットル
その他(ワイン、ビール等)	200円/リットル
その他の物品	15%(関税が無税のものを除く)
たばこ税+たばこ特別税	11.5円/紙巻きたばこ1本

(注) 関税が課徴されない貨物には内国消費税と地方消費税が課される。

Ⅲ. 適用上の注意事項

(A) 次の品目に簡易税率は適用されず一般の関税率が適用される。

- 1個または1組の課税価格が10万円を超えるもの
- 米
- 食用ののり、パイナップル製品、こんにゃく芋、紙巻たばこ以外のたばこ、猟銃

(B) 入国する者は、本人の希望により簡易税率の適用、もしくは一般の関税率の適用のいずれかを選択できる。ただし、課税対象貨物の全てに対し簡易税率か一般の関税率を選択し、品目により税率を使い分けることはできない。

②少額貨物の税率

輸入貨物の課税価格の総額が20万円以下の場合に適用する関税率である。「携帯費、別送品の税率」は内国消費税と地方消費税を含む関税率になっているが、「少額貨物の税率」は関税率のみであり内国消費税と地方消費税は別途課徴される。①の携帯品、別送品の税率と同様に納税者の希望により簡易税率、もしくは一般の関税率のいずれかを選択できる。課税対象貨物の全てに対し簡易税率か一般の関税率を選択し、品目により税率を使い分けることはできない。

6．関税率

品目	税率
ワイン	70円/リットル
蒸留酒（焼酎、ウイスキーなど）	20円/リットル
醸造酒（清酒、りんご酒など）	30円/リットル
トマトソース、氷菓、なめした毛皮（ドロップスキン）、毛皮製品 等	20%
コーヒー、茶（紅茶を除く）、なめした毛皮（ドロップスキンを除く） 等	15%
衣類及び衣類附属品（メリヤス編みまたはクロセ編みのものを除く） 等	10%
プラスチック製品、ガラス製品、卑金属（銅、アルミニウム等）製品	10%
ゴム、紙、陶磁器品、鉄鋼製品、すず製品	無税
その他のもの	5%

備考
1. 上記の関税率とは別に内国消費税（消費税、酒税など）及び地方消費税が別途課税される。また、関税が無税の品目については、内国消費税及び地方消費税のみが課税される。
2. 課税価格が1万円以下の貨物は、関税、消費税及び地方消費税は免除される。ただし、酒税及びたばこ・たばこ特別消費税は課税される。また、革製のバッグ、パンスト・タイツ、手袋・履物、スキー靴、ニット製衣類等は個人的な使用に供されるギフトとして居住者に贈られたものである場合を除き、課税価格が1万円以下であっても関税等が課税される。
3. 個人輸入の貨物の課税価格は、海外小売価格に0.6を掛けた金額になる。
4. 次のものについては、「少額貨物の簡易税率」は適用されず、一般の関税率が適用される。
    ・米などの穀物とその調製品
    ・ミルク、クリームなどとその調整品
    ・ハムや牛肉缶詰などの食肉調製品
    ・たばこ、精製塩
    ・旅行用具、ハンドバッグなどの革製品
    ・ニット製衣類
    ・履物
    ・身辺用模造細貨類（卑金属製のものを除く）

＜携帯品、別送品、個人輸入の課税価格＞

輸入者が個人的に使用する物品の課税価格は、外地の小売店で購入した金額ではない。東京税関のホームページに以下の通り計算の基準が掲載されている。

「入国者の携帯品、寄贈物品等の輸入取引が小売取引の段階であると認められる貨物のうち、輸入者が個人的に使用する貨物は、その貨物が通常の卸取引の段階で輸入された場合の価格を課税価格とします。」

すなわち、課税価格は小売店における購入金額ではなく、当該商品の卸売り段階の価格である。具体的には、上記の「備考3」にある、「海外小売価格に0.6を掛けた金額」を課税価格とする。

（5）税率の適用順位

　一般の税率は、実行関税率表に基本税率、協定税率、特恵税率、暫定税率の4種が記載されている。この4種の適用順位は①から④の通りである。なお、

簡易税率は２種あるが適用対象が異なり適用順位を判定する必要はない。

①国定税率の優先順位
次の手順により適用する税率を決定する。
- Step 1：特恵税率、便益税率、協定税率の対象国を除外する。
- Step 2：上記以外の国からの輸入品に基本税率と暫定税率の双方が設定されているときは自動的に暫定税率を適用する。すなわち、暫定税率と基本税率を比較する必要はない。
- Step 3：基本税率のみが設定されている品目は基本税率を適用する。

②特恵受益国からの輸入品
特恵関税率を適用する。特恵関税の設定がない品目は上記①のStep 2と3により適用税率を決定する。

③便益関税の対象国、WTO譲許税率、最恵国税率の対象国からの輸入品
次の手順により適用する税率を決定する。
- Step 1：国定税率の候補を選定する。すなわち、基本税率と暫定税率の双方が設定されている品目は暫定税率、基本税率のみの品目は基本税率を候補とする。
- Step 2：国定税率の候補と協定税率を比較し、より低率の税率を適用する。
- Step 3：国定税率の候補と協定税率が同率の場合は、国定税率の候補を適用する。

④EPA税率の適用国から輸入品
EPA税率を適用する。EPAの締結国別、また、特定品目別にEPA税率が設定されており実行関税率表に別枠で掲載されている。EPA税率の設定がない品目は、上記①から③に従って税率を決定する。

> **POINT**
> 　輸入貨物に適用する関税率の選択は通関士の業務範囲であり、実務スペシャリストが独自に選択する機会は少ない。実務スペシャリストは、通関士が行う適用順位の検討に必要な情報を提供する立場であり、情報の収集には通関士の業務に係る基本的な知識が必要である。関税率の選定は、関税額等を算出する基本であり実務スペシャリストが習得すべき知識である。

7．特恵関税

　特恵関税の適用対象国は、一般特恵関税が144か国（地域）、特別特恵関税の対象は144の中の47か国である。財務省の貿易統計に記載されている日本の貿易相手国は238か国である。仮に全ての特恵関税の適用対象国から輸入実績があると特恵関税対象国は日本の貿易相手国の60％を占める。貿易相手国の地域分布は表の通りである。

日本の貿易相手国

アジア	26
大洋州	25
北米	4
中南米	47
西欧	33
中東欧・ロシア	23
中東	17
アフリカ	60
特殊地域	3
合計	238か国・地域

　特恵関税は、開発途上国の輸出所得の増大、工業化の促進、経済発展の支援を目的に通常の関税率より低い税率を適用する制度である。したがって、適用を受けるには種々の条件を満たさなければならない。実務スペシャリストは特恵関税制度を理解し、特恵関税の適用に必要な書類を遅滞なく準備しなければならない。

（１）特恵関税の構成

特恵関税は以下の構成になっている。

```
┌─ 一般特恵関税
│      ├─ 農水産品
│      │    原則：特恵関税の対象外である。
│      │    例外：特定の農水産品に限り特恵関税を適用する。
│      │         関税暫定措置法【別表２】ポジティブ・リスト
│      │                        （農水産物特恵関税率表）
│      └─ 鉱工業産品
│           原則：鉱工業産品は無税。
│           例外：特定の鉱工業産品の特恵関税は有税である。
│                関税暫定措置法【別表３】特恵関税算出係数
│                関税暫定措置法【別表４】ネガティブ・リスト
│                              （特恵関税例外品目表）
└─ 特別特恵関税
       原則：農水産物と鉱工業産品の全てが無税である。
       例外：特定の品目の特別特恵関税は有税である。
            関税暫定措置法【別表５】特別特恵関税例外品目表
```

　一般特恵関税は複雑な構成になっている。特恵関税の目的のひとつは開発途上国の工業化の促進であり、原則として第１次産業の農水産品を対象外とし、鉱工業製品は無税とする。ただし、農水産品と鉱工業製品の双方とも例外規定が設けられている。

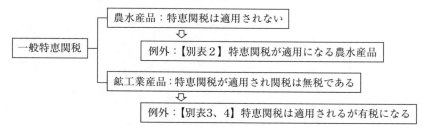

　一般特恵関税の例外規定は関税暫定措置法の別表２から４である。また、特別特恵関税の例外規定は別表５である。

7．特恵関税

【別表2】一般特恵関税　農水産品

農水産品は原則として特恵関税の対象外だが、別表2にリストされた品目は特恵関税の対象になり、無税、もしくは一般税率より低い税率が適用される。

【別表3】一般特恵関税　鉱工業産品

鉱工業産品は原則として無税だが、別表3の品目は例外であり特恵税率が設定されている。

品目別に0.2、0.6、0.8のように係数が記載されている。特恵関税率を得るには、当該品目の一般税率（基本税率もしくは暫定税率）に係数を掛ける。たとえば、一般税率が5.0％、係数が0.2の品目は、1.0％（5.0％×0.2）の特恵関税率が適用になる。

【別表4】一般特恵関税　鉱工業産品

鉱工業産品は原則として無税になるが、別表3と同様に別表4の品目は例外であり特恵税率が設定されている（無税のものがある）。別表4は品目別に特恵関税率が記載されている。

【別表5】特別特恵関税

特別特恵関税の対象国からの輸入は全ての品目が原則として無税になる。ただし、別表5にリストされた品目は特恵関税率が課される。

別表2から5の抜粋は下記の通りである。実務スペシャリストの理解を助ける目的で作成したものであり、それぞれの別表の全品目を網羅したものではない。

別表2　農水産物等特恵関税率表（特恵関税の対象になる農水産品である。本表の品目は、別表2の品目をある程度まとめたものである。別表2は、細分された品目別に特恵関税率が記載されている。本表は税率の部分を削除した。）

品目
食用のくず肉（牛、豚、羊、やぎ、馬、ろ馬、ら馬またはヒニーのもので、生鮮のもの及び冷蔵しまたは冷凍したものに限る。）
肉及び食用のくず肉で家きんのもの（生鮮のもの及び冷蔵しまたは冷凍したものに限る。）
魚（乾燥し、塩蔵しまたは塩水漬けしたものに限る。）、くん製した魚ならびに魚の粉、ミール及びペレット（食用に適するものに限る。）
甲殻類（生きているもの、生鮮のもの及び冷凍し、冷凍し、乾燥し、塩蔵しまたは塩水漬けしたものに限る）、くん製した甲殻類

軟体動物（生きているもの、生鮮のもの及び冷蔵し、冷凍し、乾燥し、塩蔵しまたは塩水漬けしたものに限るものとし、殻を除いてあるかないかを問わない。）、くん製した軟体動物
水棲無脊椎動物（生きているもの、生鮮のもの及び冷蔵し、冷凍し、乾燥し、塩蔵しまたは塩水漬けしたものに限るものとし、甲殻類及び軟体動物を除く。）、くん製した水棲無脊椎動物
種ばれいしょ（生鮮のもの及び冷蔵したものに限る。）
レタス及びチコリー（生鮮のもの及び冷蔵したものに限る。）
にんじん、かぶ、サラダ用のビート、サルシファイ、セルリアク、大根その他これらに類する食用の根（生鮮のもの及び冷蔵したものに限る。）
アーティチョーク
オリーブ
乾燥した豆
ココやしの実、ブラジルナット及びカシューナット
バナナ
なつめやしの実、いちじく、パイナップル、アボカド、グアバ、マンゴー及びマンゴスチン
冷凍果実及び冷凍ナット
コーヒー
とうがらし属またはピメンタ属の果実
しようが、サフラン、うこん、タイム、月けい樹の葉、カレーその他の香辛料
とうもろこし
そば
穀粉（小麦粉及びメスリン粉を除く。）
海草その他の藻類
粗油
魚（調製しまたは保存に適する処理をしたものに限る。）、キャビア及び魚卵から調製したキャビア代用物
ココアペースト
スパゲッティ、マカロニ、ヌードル、ラザーニヤ、ニョッキ、ラビオリ、カネローニその他のパスタ
調製しまたは保存に適する処理をしたトマト
果実、ナットその他植物の食用の部分
果実または野菜のジュース
ソース、ソース用の調製品、混合調味料、マスタードの粉
ビール
ぶどう酒
その他の発酵酒（たとえば、りんご酒、なし酒）

7．特恵関税

別表3　鉱工業産品に係る特恵関税率算出のための係数表（特恵関税が無税にならない鉱工業産品である。一般の関税に係数を掛けて特恵関税率を算出する。別表3はHSコードにより対象品目を規定し係数を記載している。本表は代表的な品目をリストした。また、係数の部分は削除した。）

品目	
花火	乳児用の衣類
原皮、皮	毛布
木材	傘
化粧ばり用単板、合板用単板	造花
かご細工物	フェロニッケル
紡毛糸、紡毛織物	精製銅、銅合金
綿糸	銅の棒、形材、板、管用継手
亜麻織物	ニッケルマット
縫い糸	精製鉛
人造繊維の織物	亜鉛の塊
ゴム糸、ゴムひも	スズの棒、形材
じゅうたん	マットレスサポート
羊毛製パイル織物	歯ブラシ

別表4　特恵関税例外品目表（特恵関税が無税にならない鉱工業産品である。別表4は細分された品目別に特恵関税率が記載されている。本表は代表的な品目にまとめ税率は削除した。）

品目
塩
石油
炭酸二ナトリウム
牛の原皮、なめし皮
革製品、動物用装着具、旅行用具、ハンドバッグ
合板
いぐさ、いぐさを織った物品
絹織物
綿糸
綿製パイル織物
衣類
ベッドリネン、テーブルリネン、カーテン、ベッドスプレッド
履物
ガラス製のビーズ、模造貴石
身辺用細貨類
フェロマンガン
時計のバンド、ブレスレット
革製の腰掛用部分品
トラベルセット

別表5 特別特恵関税例外品目表（特別特恵関税が有税の品目であり、品目別に特別特恵関税率が記載されている。別表5の品目は細分されているので本表は代表的な品目にまとめ税率は削除した。）

品目	
魚	調整食料品
とうもろこし	ゼラチン
米	衣類
穀粉	なめし皮、仕上げた原皮
海草	防水性履物、履物、履物の部分品
甘しゃ糖、てん菜糖、ブドウ糖	時計のバンド、ブレスレット
ベーカリ製品製造用の混合物、練り製品	

（2）原産地の認定

特恵関税の対象品目は一般の関税より低い税率を享受できる。したがって、不正を働く誘因を持つといえる。たとえば、非特恵受益国で製造された物品を特恵受益国に輸送した後に日本に輸送する方法である。外観的には特恵受益国からの輸入になるが、この種の貨物に特恵関税を適用するのは不合理である。特恵関税の適用を受けるのは、特恵受益国を原産地とする物品に限定される。したがって、「原産地」の定義が重要になり以下の①〜④のいずれかを満たす物品が特恵受益国の生産品と認定され特恵関税の対象になる。

①完全生産品

特恵受益国において完全に生産された物品を指す。具体的には、下表のいずれかを満たす物品である。

特恵受益国において採掘された鉱物性生産品（原油、石炭、岩塩等）
特恵受益国において収穫された植物性生産品（果物、野菜、切花等）
特恵受益国において生まれ、かつ、成育した動物（生きているものに限る）（家畜等）
特恵受益国において動物（生きているものに限る）から得られた物品（卵、牛乳、ハチミツ等）
特恵受益国において狩猟または漁ろうにより得られた物品（捕獲された野生動物等）
特恵受益国の船舶により公海ならびに本邦の排他的経済水域の海域及び外国の排他的経済水域の海域で採捕された水産物
特恵受益国の船舶において前号に掲げる物品のみを原料または材料として生産された物品（船上で製造した魚の干物等）
特恵受益国において収集された使用済みの物品で原料または材料の回収用のみに適するもの（稼働しない中古自動車等）
特恵受益国において行われた製造の際に生じたくず（木くず、金属の削りくず等）

＜排他的経済水域＞

海域に関する用語は次の通りである（海上保安庁のHPより作成）。

- 内水：領海の陸地側で沿岸国の主権が及ぶ。
- 領海：領海の基線（干潮時の海岸線）からその外側12海里（約22km）の線までの海域である。
- 接続水域：領海からその外側12海里（約22km）の線までの海域である。領海の基線からは24海里(約44km)になる。沿岸国は通関、出入国管理、衛生管理上等の必要な規制を行うことができる。
- 排他的経済水域：領海の基線から200海里（約370km）の線までの海域である。沿岸国は次の権利が認められている。
    ・天然資源等の開発
    ・人工島の設置
    ・海洋の科学調査に係る管轄権
    ・海洋環境の保護に係る管轄権
- 公海：海洋に面する全ての国の内水～排他的経済水域を除く海洋の部分。

②実質的な変更を加えた物品

　特恵受益国が輸入原材料（非原産材料）を使用し製造した製品を特恵受益国の原産品と認定する基準である。特恵受益国における製造工程が非原産材料に「大きな変化」＝「実質的変更」を加えるものであれば、特恵受益国の原産品と認定される。具体的には、次のいずれかを満たす加工である。

関税分類変更基準	特恵受益国の最終製品の関税分類番号（HSコード）が、製造に使用された全ての非原産材料の関税分類番号と異なることになる製造が行われること
加工工程基準	全ての非原産材料に、ある特定の加工工程が施されて最終製品が得られること
付加価値基準	特恵受益国の生産において十分なコスト等が投入され、「大きく価値が付加」されること。具体的な判定は、特恵受益国において付加された価値が大きく、総価値に占める非原産品が品目ごとに設定された割合を下回ること。

（本表は認定基準の概要である。各項目に詳細な規定がある。）

③自国関与品

　特恵受益国の製造に使用された原材料が、日本から輸出された物品のみ、または、日本から輸出された物品と①の完全生産品のみである場合は、特恵受益国の完全生産品と認定する。

　日本から輸出された物品と日本以外の非原産材料の双方を原材料として特恵受益国の製造に使用した場合は自国関与品にならない。特恵受益国の生産品と認定されるには②に該当する加工を行わなければならない。

④東南アジア諸国を対象とした累積原産地品

　インドネシア、マレーシア、フィリピン、タイ及びベトナムの5か国を対象とした認定基準である。5か国を一つの国とみなし、2以上の国における生産行為が上記①〜③のいずれかの基準を満たすときは原産地基準を満たすと認定する。生産品の輸出国を当該産品の原産地とする。

（3）特定品目の原産地の認定基準

　以下の①〜④は原産地の認定に係る詳細な基準の一部である。

①原産地の認定を受けられない加工

　特恵受益国において、非原産品の原材料に以下の加工を施しても当該特恵受益国の原産品とは認定されない。

- 輸送または保存のための乾燥、冷凍、塩水漬け

- 単なる切断、選別、また、瓶、箱、その他これらに類する包装容器に詰める作業
- 改装、仕訳、また、製品または包装にマークやラベルその他の表示を貼り付ける作業
- 単なる混合、単なる部分品の組立、セットにする作業

　上記の加工により関税分類変更基準、または、加工工程基準を満たす場合でも実質的な変更を加えた物品とは認定されない、すなわち、特恵関税の適用を受けることはできない。

②繊維製品に対する規定（デミニミス）

　特恵受益国における繊維製品（関税率表第11部の製品）の製造過程に使用された非原産材料の総重量が当該繊維製品の総重量の10％以下である場合は特恵関税の対象品目と認定される。本規定が適用されるのは、第11部（第50類から63類まで）の繊維製品のみである。

- 第11部　紡織用繊維及びその製品
  第50類絹及び絹織物 ～ 第63類紡織用繊維のその他の製品、セット、中古の衣類、紡織用繊維の中古の物品及びぼろ

③パスタ類

　スパゲッティ、マカロニ、ヌードル、ラザーニヤ、ニョッキ、ラビオリ、カネローニ、その他のパスタは製造に使用した原材料、すなわち、小麦粉等が特恵受益国の原産品であることが原産地を認定する条件になる。逆に言えば、非原産品の原料を使用してパスタ類を製造しても特恵受益国の原産品と認定されず特恵関税の適用を受けることはできない。

④野菜や果実のジュース

　上記③のパスタ類と同様の扱いになる。特恵関税の適用を受けるには、特恵受益国にて生産された野菜や果実を原料としたジュースに限定される。たとえ

ば、非原産国から生鮮のオレンジを輸入し特恵受益国でジュースに加工しても特恵関税の対象にならない。

（4）原産地証明書と運送要件証明書

①原産地証明書

特恵関税の適用を受けるには、輸入申告書に原産地証明書を添付して税関に提出しなければならない。原産地証明書は次の基準を満たさなければならない。

- 「一般特恵制度原産地証明書様式A」、略してGSP（Generalized System of Preferences）：Form Aを使用する。
- 原産地の税関が発給する。税関が発給する制度を持たない国においては、発給の権限を有する商工会議所等が発給する。
- 輸出者の申請に基づき発給されたものである。
- 有効期限があり、輸入申告書の提出時において発給の日から1年以内であること。

なお、協定税率の適用に際しても原産地証明書の提出が求められる。協定税率用の原産地証明書は、様式の指定はなく輸出国の様式が使用できる。また、発行者は輸出国の税関、商工会議所、日本の在外公館等である。様式と発行者を除く基準は特恵関税と同一である。

②アネックス（ANNEX）

上記の「（2）原産地の認定③自国関与品」に該当する品目は、原産地証明書に加えてアネックスの提出が求められる。アネックスは、「原産地証明書に記載された物品の生産に使用された日本からの輸入原料に関する証明書」（ANNEX）である。名称の通り、日本からの輸入原材料が特恵関税の対象品目を製造する過程で使用されたことを証明するものである。アネックスは、特恵原産地証明書と同様に原産地の税関が作成したものに限定され、ANNEX番号が原産地証明書の第4欄（公用欄）に記載されていなければならない。

③累積加工・製造証明書

　上記の「(2) 原産地の認定④東南アジア諸国を対象とした累積原産地品」に該当する品目は、特恵原産地証明書の他に原産地の税関が証明した「累積加工・製造証明書」(暫定規則別紙様式第3) を輸入申告時に税関に提出する。アネックスと同様に、特恵原産地証明書の第4欄（公用欄）に「累積加工・製造証明書」の番号を記載しなければならない。

　累積原産地制度の適用を受ける東南アジア諸国において、本邦から輸出された物品を原材料の全部または一部として生産された物品は必要事項を累積加工・製造証明書に記載し、これと特恵原産地証明書を税関に提出する。この場合は、「ANNEX」の提出は不要である。

④運送要件証明書

　特恵関税の適用を受けるには、特恵受益国から日本までの輸送が次のいずれかに該当しなければならない。

- 特恵受益国から本邦へ向けて直接に運送される、すなわち、輸送の途中で特恵受益国以外の国（非原産国）を経由しない。
- 特恵受益国から非原産国を経由して本邦へ向けて運送される物品で、当該非原産国において運送上の理由による積替え及び一時蔵置以外の取扱いを行わない。
- 特恵受益国から非原産国における一時蔵置、または博覧会、展示会その他これらに類するものへの出品のため輸出された物品で、特恵受益国から輸出をした者により当該非原産国から本邦に輸出される。

　上記の輸送方法の中で、特恵受益国から本邦に直接運送される場合を除き、運送要件証明書の提出が必要である。運送要件証明書は次のいずれかを満たす書類である。

- 通し船荷証券の写し：船社が、特恵受益国から非原産国を経由し日本までの輸送を引き受けた船荷証券（B/L）である。非原産国における積替えを当初から予定し、当該積替えを含む輸送を引き受けた運送約款である。

- 積替国の官公署が発給した証明書：特恵受益国から輸出された貨物が非原産国で積替えられ、かつ、非原産国から日本までは異なる船社が輸送する場合である。積替国において、積替えのための一時蔵置と荷役以外は行われなかったことを証明する書類である。
- 上記に該当する書類がない場合は、税関長が適当と認める書類を提出する。

> **POINT**
>
> 特恵関税の適用を受けるには、輸入貨物が特恵対象貨物であることの確認をはじめ、複数の書類を準備するなど手続きは複雑である。実務スペシャリストは、必要書類を手配する前に通関士と綿密な打合せを行うべきである。また、継続的に輸入する品目は、輸入貨物の製造に使用する原材料や製造工程が変更されていないことを定期的に確認しないと危険である。特恵関税は無税、もしくは極めて低率であるため適用基準が厳しく安易な対応は重大な申告ミスにつながる。

8．減免税の制度

　関税定率法、及び関税暫定措置法には多数の減税、免税制度が用意されている。輸入者は、減免税制度を利用することで関税の低減を図ることができるが、利用する場合の制約を正しく理解しなければならない。下図の減免税制度の中で利用頻度の高い（1）から（8）の概要を解説する。

減免税制度
├─ 関税定率法
│　├─ （1）変質、損傷等の場合の減税及び戻し税（第10条）
│　├─ （2）加工または修繕のため輸出された貨物の減税（第11条）
│　├─ 生活関連物資の減免税（第12条）
│　├─ 製造用原料品の減免税（第13条）
│　├─ （3）無条件免税（第14条）
│　├─ （4）再輸入免税（第14条第10号）
│　├─ 再輸入減税（第14条の2）
│　├─ 外国で採捕された水産物等の減免税（第14条の3）

── 特定用途免税（第15条）
── 外交官用貨物等の免税（第16条）
──（5）再輸出免税（第17条）
── 課税原料品等による製品を輸出した場合の免税または戻し税
　（第19条の2）
──（6）輸入時と同一状態で再輸出される場合の戻し税（第19条の3）
──（7）違約品等の再輸出または廃棄の場合の戻し税（第20条）
── 軽減税率適用貨物の用途外使用の制限（第20条の2）
── 関税暫定措置法
　── 航空機部分品等の免税（第4条）
　──（8）加工、組立のために輸出された貨物の減税（第8条）
　── 軽減税率の適用手続き（第9条）

（1）変質、損傷等の場合の減税及び戻し税

　輸入貨物が輸入申告前、あるいは輸入申告書を提出したが輸入の許可前に変質や損傷を受けた場合は、良品と比較し減税を受けることができる。変質や損傷を受けた時点、ならびに、従価税品と従量税品の違いにより減税の計算方法が異なる。実務スペシャリストは変質や損傷の情報を収集し通関士と減税の詳細を打ち合わせるのが良策である。

　輸入許可を受ける前に減税の手続きが必要である。輸入貨物の外装に損傷がある、あるいは、水濡れが見られるなど損傷または変質が予想されるにもかかわらず、何の手続きもせずに輸入申告を行うと良品とみなされて課税される。後日、変質や損傷が判明しても関税の払戻しを受けることはできない。貨物ダメージが予想される場合は、必ず保税の状態で貨物の点検を行わなければならない。点検の結果、ダメージが判明したときは良品とダメージ品を仕訳して輸入申告を行う。

　減税に加え変質や損傷の場合に戻し税の制度が設定されている。輸入許可後にコンテナを自社の倉庫や工場でデバンしたときに発見されたダメージ品の関税は払い戻されると理解する輸入者がいるが誤解である。戻し税が適用される

のは以下の場合に限定される。

- 保税地域に置かれた輸入貨物が、輸入許可後も保税地域に置かれている。
- 輸入許可後に保税地域に保管中の貨物が災害その他やむを得ない理由により損傷、もしくは滅失した。

すなわち、輸入許可を受けた後に貨物を保税地域から搬出した時点で戻し税の対象から除外される。

＜良品とダメージ品＞
通関や現場業務で使用する「良品」は本来の形状、性質、品質を保っている貨物のことであり、"品質が良い"ことを意味するものではない。したがって、良品の反対は「ダメージ品」になる。貿易取引の貨物にダメージが発生したときは、最初に良品とダメージ品を分ける作業を行う。さらに、ダメージ品をダメージの程度により区分けすることで損害額を判定する。

（2）加工または修繕のため輸出された貨物の減税

　関税は、輸入貨物が日本の港に到着した時点のCIF価格に課税する。CIF価格を算出する際に、輸入貨物に含まれる日本産の製品や日本で製造した部品を計算から除外する規定はない。輸入者の立場では、日本から輸出された貨物が外国を経由して日本に戻ったときに関税が課されるのはいささか不合理な感がある。したがって、一定の条件を満たしたときに日本の生産品に減免税が適用される。

　「一定の条件」の一つが、加工または修繕を目的に輸出された貨物の輸入である（「（4）再輸入免税」が同様に「一定の条件」の一つである）。加工または修繕を目的に日本から輸出された貨物の輸出時の価値は、輸入時に計算するCIF価格から除外される。したがって、課税価格は、外国で行われた加工や修繕により付加された価値のみになる。ただし、減税規定の適用には条件があり、「加工」は日本で行うことができない種類に限定される。「修繕」に条件はない。さらに、加工と修繕の双方とも次の条件を満たさなければならない。

- 輸出の許可の日から1年以内に輸入する。
- 輸出時に次の手続きを取る。

- 輸出申告書に加工・修繕を目的とした輸出であること、及び輸入の予定時期と予定地を付記する。
- 加工、修繕を目的に輸出することを証明する書類（契約書や修繕指図書など）を添付する。

　減税の規定を利用するには輸出時の手続きが絶対条件である。たとえば、機械を加工のために輸出し加工後に輸入する場合は、輸出時に減税手続きを取っていれば加工による付加価値のみが関税の対象になる。輸出時の手続きを怠った場合は、輸入港に到着した貨物のCIF価格（輸出時の価値を含む）が関税の対象になる。

（3）無条件免税

　対象品目は免税になる。輸入申告時に無条件免税の対象品目であれば免税となり、輸入許可後に何らかの理由により別の用途に使用されても関税が徴収されることはない。以下は対象品目の一部であり、通常の貿易取引で扱う可能性の高い品目である。

- 絵入りカレンダーで広告の部分（社名など）が大きさの25％を超えないもの。
- 注文の取り集めのための見本で見本用にのみ適する、または、著しく価値の低いもの（著しく価値の低いものとは、課税価格の総額が5千円以下の商品で酒類を除く）。
- 日本の輸出貨物に貼付するラベル（輸出先の国の規定により、日本から輸出する貨物に貼付するもの）。
- 日本に入国する者の携帯品と別送品、ただし、自動車、船舶、航空機を除く。入国する者は、帰国する日本人、ならびに、外国人の双方である。
- 本邦から輸出された容器。政令で定めるもので輸出、または、輸入貨物の容器として使用されるもの。
- 課税価格の総額が1万円以下の物品（米、皮製品、砂糖など例外品目がある）。

（4）再輸入免税

　日本から輸出された貨物が外国を「素通り」して戻ったときは免税になる。この制度を誤解する輸入者が散見されるが、日本から輸出した貨物の全てに適用されるものではない。外国を「素通り」、すなわち外国において使用や加工がされずに日本に戻ってきた貨物が対象である。外国で使用された貨物は対象外である。外国に留まっている期間に制限はない。たとえば、通常の貿易取引により輸出した貨物が、輸入者の倒産により輸入地の倉庫に保管された場合である。輸出者が転売先を探したが見つからず、数年後に日本に戻す場合が該当する。輸出時に問題の発生を想定できないため輸出時の免税手続きは求められない。外地の「素通り」が条件であり、輸出許可書の貨物明細と再輸入時の貨物明細が同一でなければならない。

（5）再輸出免税

　再輸出を条件に、輸入時の関税が免除される。再輸出は、輸入許可の日から１年以内に行わなければならない。対象品目が限定されており、以下は主たる品目である。

- 日本で象嵌、七宝、ほうろう等の加工がされる品物。
- 輸入貨物、もしくは輸出貨物の容器（容器は「（３）無条件免税」にリストされているが、無条件免税は政令で定めるものに限定される。本項の容器は「政令で定める」との条件は付されていないが、輸入から1年以内に再輸出しなければならない。）。
- 注文の取り集め、または、製作用の見本（無条件免税の「見本」は、見本用にのみ適する、または、著しく価値の低いものに限定される。本項の見本に条件は付されていない。たとえば、価値の高い見本も免税になる。ただし、輸入から１年以内に再輸出しなければならない。）。
- 一時入国者の携帯品や別送品で自動車、船舶、航空機を含む（無条件免税の対象外とした自動車、船舶、航空機が含まれる。ただし、輸入から１年

以内に再輸出しなければならない。)。

(6) 輸入時と同一状態で再輸出される場合の戻し税

通常の輸入取引で輸入した貨物を、日本国内で使用せずに輸出した場合に関税が払い戻される制度である。誤解する輸入者が多い制度である。この制度を利用するには輸入時の手続きが必要であり、輸入の時点で再輸出の可能性を持つ貨物に限定される。適用の手順は次の通りである。

- 輸入許可の日から1年以内に再輸出する。
- 輸入時の性質及び形状を保っている。
- 輸入時に次の手続きを行う。
    - 通常の輸入手続きに加え「再輸出貨物確認申請書」に輸出の予定時期、予定船積地、貨物明細を記入して提出する。税関は「再輸出貨物確認申請書」に確認印を押印し返却する。
    - 関税等を支払って輸入許可を受ける。
- 輸出時に、輸出申告書に税関の確認を受けた「再輸出貨物確認申請書」を添付する。併せて、輸入時に支払った関税の払戻しを申請する。

戻し税を受けるには、輸入時に手続きを行い「再輸出貨物確認申請書」に税関の確認を受けるのが条件である。輸入時に手続きを行わず、輸入後に当初の計画を変更し再輸出することになった貨物には適用できない。

(7) 違約品等の再輸出または廃棄の場合の戻し税

通常の輸入手続きを経て輸入許可を受けた貨物が、輸入後に以下の事情が判明した場合の救済策である。

- 輸入許可を取得し引き取った貨物が発注した品物と異なる（違約品）。
- 新たに施行された日本の国内法により販売や使用が禁止された。
- 個人輸入で入手した商品が、期待した品質と異なる。

違約品等を返品のために輸出者宛に再輸出する、もしくは、返品に代わり廃棄することで納付した関税の払戻しを受けることができる。この救済策は、違

約品等を対象にしたものであり、発注した商品が損傷を受けて到着したとき、すなわちダメージ品には適用されない。また、「期待した品質」と異なることを理由に戻し税を受けることができるのは個人輸入のみである。通常の貿易取引により輸入した貨物が、輸入者の期待する品質や機能を持たないために廃棄しても戻し税の対象にはならない。

輸入者が戻し税を受けるには次の条件を満たさなければならない。

- 輸入許可の日から6か月以内に保税地域に搬入する。
- 輸入時の性質及び形状を保っている。
- 違約品等であることを証明する書類がある。

廃棄する場合は、貨物を輸入許可の日から6か月以内に保税地域に搬入した後に税関長の廃棄の承認を受ける。

（8）加工、組立のために輸出された貨物の減税

関税暫定措置法第8条に規定される減税制度であり、通称で「暫八」と呼ばれる。日本から原材料等を輸出し、外国で組立や加工を行った製品を輸入するときの減税である。輸入時の課税価格の計算に際し日本から輸出した貨物の価格（実際の計算では、輸出した貨物の価格＋みなし加算）が除外される。

「（2）加工または修繕のため輸出された貨物の減税」と類似しているが、（2）は「日本でできない加工」の条件が付されている。しかし、「暫八」は加工の内容に関する条件は付されていない、すなわち、日本で行える加工や組立に使用する原材料も減税の対象になる。ただし、「暫八」の適用は以下の品目に限定される（主たる品目）。

- 衣類
- 皮革製品
- 革製の自動車用シート

日本の大手衣料品チェーン店は本制度を活用している。日本から布地を中国やベトナムなど人件費の安い国に輸出し、縫製した製品を輸入するビジネスである。輸入時の課税価格は、日本から輸出した布地は除外され外地の付加価値、

すなわち加工賃が対象になる。

> **POINT**
>
> （2）、（4）、（8）の減免税制度から分かる通り、日本から輸出した原材料や製品を輸出時の状態、もしくは加工後に輸入するときは原則として課税価格に含まれ、一定の条件を満たすときのみ除外される。多くの輸入者が、日本で製造され輸出された商品を外国で購入し輸入する場合に関税は不要と誤解している。実務スペシャリストは注意すべきポイントである。
>
> 　実務スペシャリストは、減免税制度に該当するとみられる商品を輸入する場合は、事前に通関士と十分に打ち合わせるべきである。上記（1）から（8）の解説は概要であり、それぞれの減免税を受けるには詳細な規定を満たさなければならない。また、輸出時や輸入時に提出する書類、さらに戻し税を受けるための申請書等を作成しなければならない。

9．消費税と付帯税

（1）消費税等の納付

　輸入者は、関税を納付する際に内国消費税と地方消費税を同時に納付しなければならない。関税が無税の品目は内国消費税と地方消費税のみを納付する。先に見た通り無償の貨物は有償として輸入申告を行わなければならない。したがって、輸入時に価値がゼロの貨物は存在せず、関税が無税の品目であっても内国消費税と地方消費税は納付しなければならない（消費税の例外品目、たとえば、身体障害者用物品や教科用図書の譲渡は消費税も課徴されない）。内国消費税は複数の税があり構成は次の通りである。地方消費税は1.7%である。

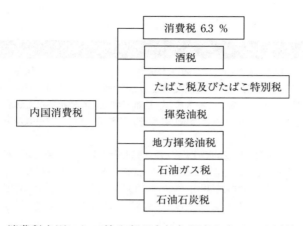

消費税を別にして輸入者が支払う頻度が高いのは酒税であり次表が主たる項目である。酒類に係る関税と酒税は輸出国、成分、アルコール度数などにより細かく規定されている。輸入に際しては事前に通関士と詳細の打合せが必要である。

酒類に係る関税と酒税

品目	関税	酒税
ビール	・6.4円/リットル（基本税率） ・無税（協定税率）	220,000円/1,000リットル
ワイン	15％もしくは125円/リットルの低い額を適用する	80,000円/1,000リットル
ウイスキー、ブランデー	無税（協定税率）	370,000円/1,000リットル アルコール分が38度を超えるときは10,000円/1度を加算する

（2）付帯税

　輸入者は、関税と内国消費税、地方消費税を納付し輸入許可を受けるのが通常の手続きである。一般的な貿易取引に係る貨物の輸入申告は、輸入者が関税と2つの消費税を計算して申告する申告納税方式である。輸入者は、定められた期限までに申告を行い納税することを求められる。期限内に申告がなかった場合、または、申告した関税に不足額があったときは付帯税が課徴される。付帯税の種類は次の①から④の4種類である。付帯税は、期限内に正しい申告を

行った納税者が不利にならないための利子や罰則と理解すればよい。

　付帯税が課されたときは、輸入者は関税等と同時に付帯税を納付すると輸入許可になる。また、輸入許可を受けた貨物に対し後日付帯税が課徴された場合は、付帯税の規定による納付の期限（「納期限」と呼ぶ）までに納付しなければならない。

<申告納税方式、賦課課税方式>
申告納税方式は、納税義務者（通常は輸入者）が納税額を計算し自ら納税するものである。納税義務者が課税標準を計算し税率を選択し関税額を算出する。通常の輸入申告はこの方式である。賦課課税方式は、税関長が課税標準、税率、納税額を決定し納税義務者に通知するものである。付帯税（延滞税を除く）や携帯品の簡易税率は賦課課税方式である。

<法定納期限、納期限>
関税等を納付する期限に法定納期限と納期限がある。定義は次の通りである。
- 法定納期限：本来的に関税等を納付すべき期限である。この日までに納付すれば延滞税は課されない。
- 納期限：税関が、納税義務者による納付を待つ期限である。この日を過ぎると強制徴収、すなわち差し押さえなどの強制的な徴収を行う。納期限は、法定納期限と同一日、もしくは法定納期限より後の日になる。法定納期限を超えた場合は、納期限までに納付しても延滞税を納めなければならない。

①延滞税

　延滞税は、関税を定められた納期（法定納期限）までに完納しなかった場合に課徴される。実質的に利子に相当する税である。税率は毎年調整され、2016年1月から12月までは年率2.8%である。延滞税は次の計算式で求める。

$$延滞税 = 未納の関税額 \times 2.8\% \times 延滞日数 / 365$$

　365は1年間の日数で固定数である。うるう年も365を使用する。延滞日数は法定納期限から納付した日までの日数である。法定納期限の翌日を起算日とし

納付の日を含めて計算し、うるう年の2月29日も延滞日数の計算に入れる。納税義務者（輸入者）は、法定納期限までに関税を完納しなかったときは、不足の関税額を納付する日に延滞税を合わせて納付しなければならない。延滞税は納付者（実務では通関業者）が計算して納付する。

　通常の輸入申告は、輸入申告書を提出し関税を納付して輸入許可を受ける。したがって、未納税額があれば輸入許可を受けることはできない。未納税額が発生するのは、関税等の延納を受けながら延納の期限までに納付しなかった場合、もしくは輸入許可後の修正申告や税関長による更正があった場合である。未納税額を納付する時点は輸入許可日や延納の期限の後であり、未納税額の納付時に延滞税を一緒に納付する。

【延滞税の計算例】

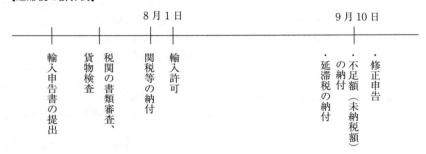

　輸入者は、8月1日（輸入許可日＝法定納期限）に関税額650,000円を納付して輸入許可を取得した。後日、関税の計算に誤りがあることを発見し、再計算の結果、正しい関税額は1,100,000円であった。450,000円の未納税額が発生したので、9月10日に修正申告を行い未納税額を納付した。未納税額に合わせて納付する延滞税は次の通りである。

　未納税額：450,000円

　延滞日数：40日

　⇨延滞税＝450,000円×2.8％×40日／365＝1,380円

　端数処理の規則があり、100円未満を切り捨てて1,300円を納付する。

②過少申告加算税と③無申告加算税

　輸入者が申告納税した関税額（「当初税額」と呼ぶ）に不足がある場合に課徴される税である。最初に申告した関税額が正しい関税額を下回っていた場合が過少申告加算税、最初の申告に漏れがある場合は無申告加算税の対象になる。いずれも税関長の判断で課税される税であり、延滞税のように輸入者が計算して納付するものではない。税関長は、過少申告加算税や無申告加算税の対象を未納関税額の全額、あるいは、一部にとどめる決定を下すことができる。また、税関長は、輸入者が最初に申告したときの状況を勘案し、未納額があっても加算税を課さない判断を下すことができる。税率は次の通りである。

Ⅰ. 過少申告加算税

　10％部分：不足額×10％

　15％部分：｛不足額－（当初税額、もしくは50万円のいずれか大の金額）｝
　　　　　　×5％

過少申告加算税の対象になる不足額を10％部分と15％部分に分割して課税する趣旨だが上記の通り全体に10％を掛け、15％の部分に追加の5％を掛ける計算式を使用する。

［過少申告加算税の計算例］

　　当初税額　　：　　　450,000円
　　正しい税額　：　　 1,050,000円
　　不足額　　　：　　　600,000円

- 過少申告加算税

　10％部分　　600,000円×10％＝60,000円

　15％部分　｛600,000円－（450,000円もしくは500,000円）｝　×5％＝5,000円

　過少申告加算税額　　65,000円

（税関長が、不足額の全額に過少申告加算税を課す処分を行った場合）

Ⅱ. 無申告加算税

　15％部分：不足額×15％

　20％部分：（不足額－50万円）×5％

税関長が決定した課税対象金額を15％部分と20％部分に分割して課税する方式であり、税率は異なるが過少申告加算税と同様の計算方式である。無申告加算税が課される場合は、「当初税額」はないので、20％部分の計算は不足額から単純に50万円を控除した金額が対象になる。

④重加算税

輸入者の納税申告に意図的な仮装や隠ぺいがある場合に課される税である。本来は過少申告加算税や無申告加算税の対象になるべき未納税額の中から仮装や隠ぺいによる金額を抜き出し課税される。仮装や隠ぺいの事実認定、また、仮装や隠ぺいにより納付を免れた金額の判定は税関長が行う。税率は次の通りである。

［過少申告加算税の代わりに課される場合］

　仮装や隠ぺいにより納付を免れた関税額×35％

［無申告加算税の代わりに課される場合］

　仮装や隠ぺいにより納付を免れた関税額×40％

重加算税は過少申告加算税や無申告加算税の代わりに課される税であり、過少申告加算税や無申告加算税と併科されることはない。

＜併科＞
同時に2つ以上の刑を科すことを指す。たとえば、関税法の罰則には「罰金刑」、「罰金刑もしくは懲役」、「罰金刑と懲役の併科」の3種類がある。

POINT

延滞税の税率は年率2.8％（2016年1月～12月）であり、銀行預金の金利などと比較すると高率である。また、加算税は15～40％と極めて高率であり罰則と理解すべきである。関税は法定納期限までに正当な金額を納付しなければならない。実務スペシャリストは、付帯税の課税を避けるためにも通関業者と密接に連絡を取り、適正な輸入申告と納税を心がけねばならない。

10. 輸出してはならない貨物、輸入してはならない貨物

　関税法は、「輸出してはならない貨物」と「輸入してはならない貨物」を規定している。これらの貨物は、理由の如何を問わず「輸出許可」や「輸入許可」を受けることはできない。

　類似の規定で輸出貿易管理令と輸入貿易管理令は経済産業大臣の輸出許可、輸出承認、輸入承認を受けるべき貨物が規定されている。対象品目は経済産業大臣の許可や承認を得れば輸出入は可能である。いっぽう、関税法の「輸出してはならない貨物」と「輸入してはならない貨物」は、経済産業大臣の許可や承認に相当する解除の規定はなく絶対的な禁止品目である。

（1）輸出してはならない貨物

1	麻薬及び向精神薬、大麻、あへん及びけしがら、ならびに覚醒剤（覚せい剤原料を含む）
2	児童ポルノ
3	特許権、実用新案権、意匠権、商標権、著作権、著作隣接権または育成者権を侵害する物品
4	不正競争防止法第2条第1項第1号から第3号まで、第10号または第11号に掲げる行為を組成する物品（不正競争防止法が規定する全ての物品ではない）

（2）輸入してはならない貨物

1	麻薬及び向精神薬、大麻、あへん及びけしがら、覚醒剤、あへん吸煙具
2	拳銃、小銃、機関銃、砲、銃砲弾、拳銃部品
3	爆発物
4	火薬類
5	化学兵器の製造に使用される化学物質
6	生物兵器に利用される可能性がある病原体
7	貨幣、紙幣、銀行券、印紙、郵便切手、有価証券の偽造品、変造品、模造品、ならびに偽造カード（生カードを含む）
8	公安または風俗を害すべき書籍、図画、彫刻物その他の物品
9	児童ポルノ
10	特許権、実用新案権、意匠権、商標権、著作権、著作隣接権、回路配置利用権または育成者権を侵害する物品
11	不正競争防止法第2条第1項第1号から第3号まで、第10号または第11号に掲げる行為を組成する物品（不正競争防止法が規定する全ての物品ではない）

（3） 疑義物品と認定手続き

「輸出してはならない貨物」と「輸入してはならない貨物」の双方とも判定が明白な品目と判定の難しい品目が含まれる。たとえば、麻薬や拳銃などは判定に疑義をはさむ余地はない。いっぽう、特許権や商標権などの知的財産権を侵害する物品、公安や風俗を害する書籍などは判定が難しい品目に該当する。税関は、「輸出してはならない貨物」や「輸入してはならない貨物」に該当する恐れがあると判断した場合は、該当貨物を「疑義物品」として認定手続きを取る。認定手続きは、輸出入者と特許権等の権利所有者の意見を聴取し「該当」、もしくは「非該当」を判定する手続きである。該当と判定された貨物の輸出入は許可されない。

また、特許権等の権利所有者は、自己の保有する権利を侵害すると認められる品目が輸出、もしくは輸入されようとする場合は、税関長に対し認定手続きを取るよう申し入れることができる。

ココで差がつく！　象牙の輸入

　象牙は原則として輸入禁止である。「象牙」の言葉でイメージするのは長い鼻の横に見える牙である。ただし、象牙の加工品も輸入禁止である。たとえば、象牙を素材とした装飾品やハンコである。
　象牙の輸出入は禁止されたが、禁止以前に輸入し在庫している象牙を加工した商品の国内販売を認める国は多い。これらの商品は当該国内の流通は自由だが輸出はできない。日本人が海外旅行やインターネットの国際オークションで象牙を素材とする商品を購入すると輸入時に問題が生じる。以下は、輸入が許可されなかった事例である。
［アンティークの小型オルガン］
　　日本人が海外のオークションに出向いて購入したものである。日本の輸入時に税関検査で象牙の使用が発覚した。鍵盤の表面が象牙であった。
［アンティークのテーブルナイフセット］
　　旅行者が外地の骨董店で購入した複数のテーブル用品の中に含まれていた。ナイフの持ち手の部分の装飾が象牙であった。
［アンティークのコーヒーテーブル］
　　インターネットのオークションで購入し英国から輸入した高価なテーブルである。二人用の小振りだが手の込んだ作りで1枚板の天板には象嵌細工が施されていた。象嵌は、木材の面に図柄を掘り、掘った部分に金、銀、貝などを埋め込んで磨き上げる装飾手法

である。コーヒーテーブルの象嵌細工に象牙が埋め込まれていた。

　ワシントン条約の発効後は、メーカーは象牙の使用に慎重になっている。思わぬところに象牙が使用されているのはアインティーク製品である。日本人の日常生活でワシントン条約に関与するケースはごく稀である。しかし、海外旅行やインターネットで骨董のオークションに参加するとワシントン条約が現実の規制として出現する。実務スペシャリストがコンプライアンス遵守のために警戒する範囲は広い。

11. 輸出入通関の必要書類

　輸出申告書に必ず添付する書類は他法令の解除を証明する書類である。いっぽう、輸入申告の際は、輸出と同様に他法令の解除の証明書は必須であり、また、特恵関税や協定関税の適用を受ける場合は原産地証明書を添付する。これらの必須書類の他に、税関長は輸出許可、または輸入許可を判断するために必要と認める書類の提出を求めることができる。輸出入者は、税関長から提出を求められる書類を事前に準備しなければならない。準備すべき書類は、貨物の種類や向け地、原産地などから想定可能であり、実務スペシャリストは通関士と打ち合わせて用意しなければならない。以下は、税関長から提出を求められる機会の多い書類である。

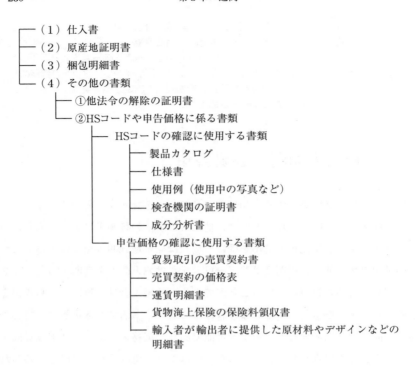

（1）仕入書（インボイス）

　貿易取引では「インボイス」と呼ぶが、通関時に税関に提出するときは「仕入書」と呼ばれる。仕入書は、輸出申告書や輸入申告書を税関に提出する際に添付は求められない。ただし、税関より提出の指示があったとき、あるいは、NACCSを使用した申告に対する税関の回答が区分2や区分3のときは税関に提出しなければならない（仕入書はNACCSを使用して提出できる）。したがって、輸出入者は、仕入書を準備した上で輸出申告書、もしくは輸入申告書を税関に提出する手順になる。

　インボイスは複数の種類があり、一般的なのが商業インボイスである。他に、税関用インボイスと領事査証インボイスがよく知られている。商業インボイスは輸出者が作成し輸入者に送付する船積貨物の明細であり請求金額の明細であ

る。商業インボイスは、国際的に定められた様式はなく輸出者が自由な様式で作成できる。また、日本の税関に提出する仕入書に関しても様式は指定されていない。ただし、仕入書の記載事項は関税法の基本通達に定められている。

【関税法基本通達　68－3－1】

関税法第68条の規定により、輸入の許可の判断のために提出を求める仕入書は、仕出国の荷送人が仕向国の荷受人に貨物の発送を通知するために作成する書類で、一般に貨物の品名、種類、数量、価格、代金支払方法、当該荷送人及び当該荷受人の住所または居所及び氏名または名称等が記載されているものをいう。

基本通達68－3－1は輸入貨物に係る仕入書の記載事項を定めたものである。輸出貨物に関しては基本通達68－1－1により同様の規定が設けられている。

一般的な商業インボイスは、関税法基本通達の規定する記載事項に加え売買契約番号や信用状番号、積載船名等を記載し輸出者が署名するのが通常である。関税法は仕入書に輸出者の署名を求めていないが署名があっても支障はない。

仕入書は、輸出通関や輸入通関に際し申告価格を確認する重要な資料である。特に輸入申告の課税価格を確認する資料であり、仕入書の品名や価格は貿易取引を正確に反映したものでなければならない。しかし、この関係を悪用する輸出入者が現れる。すなわち、実際の貿易取引より低い金額の仕入書を作成し関税を不正に削減する行為である。金額を操作する不正行為の排除を目的とするのが税関インボイスや領事査証インボイスである。税関インボイスは、取引価格の正当性を証明するため輸入国の税関に提出する目的で輸出者が作成する。領事査証インボイスは、輸出者が作成したインボイスを輸出国にある輸入国の領事館に提出し記載金額の確認を受けたものである。

＜基本通達＞

名称の通り数多くある通達の中で基本になるものである。通達は、法律を施行する際の統一性を確保するために各省大臣や各庁の長官が法令の解釈、運用基準、取扱基準、法令施行の方針などを所管の職員に通知するものである。本来的に行政機関の内部資料であり官報には登載されないが法令集や各省のホームページに掲載する形で公表される。実務スペシャリストは、主要な基本通達は法令と同様に概要を理解すべきである。

（2）原産地証明書

原産地証明書（Certificate of Origin）は、世界中の輸出入で広範囲に使用されている。一般的に原産地証明書は、貿易取引される物品の原産地、すなわち国籍を証明する書類で輸出地の税関や商工会議所、もしくは、輸出国に所在する輸入国の領事館等が発給する。原産地証明書を必要とする主な理由は次の通りである。

- 輸入国の法規制により提出が求められる（商品の原産地表示の義務など）。
- 売買契約に規定されている（輸入者が輸入品を販売する際に原産地が重要な要素になる）。
- 適用する関税率の判定に使用する（原産地により関税が異なる）。
- 輸入国の輸入規制、ダンピング関税や相殺関税などの適用の判断に使用する（原産地により適用対象を判定する）。

日本からの輸出品は、輸入者からの要請に応じて原産地証明書を添付する。いっぽう、日本の輸入申告時に原産地証明書を必要とするのは次の理由による。

- 特恵関税や協定関税の適用を受ける：特恵受益国や協定税率の適用対象国からの輸入品であっても、原産地証明書が添付されていないものは関税上の便益を受けることはできない。
- 報復関税、相殺関税、不当廉売関税、対抗関税の適用を受ける輸出国の確認に使用する：報復関税から対抗関税は特殊関税の範疇であり、課税の際は対象国と対象貨物が決められる。対象国を判定する際に原産地証明書が重要な書類になる。
- 輸入貨物に表示された原産国に疑義があるときの確認に使用する：原産地を偽った物品、あるいは誤認を生じさせる表記をした物品は輸入許可を受けることができない。原産地の表記に疑義がある場合に、原産地証明書は表示の正当性を証明する書類である。
- 輸入貿易管理令に基づく経済産業大臣の輸入承認を必要とする品目で、特定の国や地域を原産地とするものの確認に使用する。具体的には輸入公表

2号に記載された品目であり、たとえば、中国産のサケ、グルジア（ジョージア）産のメバチマグロ等である。

日本の輸入申告書に添付する原産地証明書は、特恵関税の適用時は様式が定められている。特恵関税以外の原産地証明書は定められた様式はない。原産地証明書の発給者は輸出国の税関が原則だが、税関が発行の権限を持たない場合は権限を有する公的機関の発行したものが認められる。また、特恵関税用の原産地証明書以外は輸出国の商工会議所や日本の在外公館の発給が認められる。

（3）梱包明細書（パッキングリスト）

貨物をどのように梱包したかを示す書類である。国際的に定められた様式はない。輸出者は自社の様式で作成し、一般的に次の項目を記載する。
- 梱包数
- 梱包形態（ケース、クレート、ベールなどの梱包方法である）
- 梱包ごとのグロスの重量と容積
- 梱包ごとのネットの重量と容積
- 梱包の外側に貼付したマーク
- 梱包ごとに内容物が異なる場合は、梱包別の内容物の明細

さらに、輸出者名、輸入者名、貨物明細、契約番号、信用状番号、積み揚げ港などが記載される。

梱包明細書は輸出入の申告書と貨物を結び付ける重要な書類である。たとえば、A商品を10個とB商品を8個の合計18個を4パレットに梱包して輸出する場合である。4つのパレットのそれぞれに積まれたA商品とB商品を明記するのが梱包明細書である。梱包明細書は通関時に重要な役割を果たすほかに、輸入地においては、輸入者が到着した貨物の点検に使用する書類である。

（4）その他の書類

①他法令の解除の証明書

関税三法以外の国内法により輸出入が規制される品目は、該当する国内法が

求める許可、承認、検査の完了、条件の具備が完了していることを証明する書類を税関に提出しなければならない。許可と承認の証明書は輸出申告書や輸入申告書の提出時に提出する。検査の完了と条件の具備の証明書は、税関が行う貨物検査の際に提出する。たとえば、食品衛生法の対象になる食品や食品添加物を含む品目は、厚生労働省に食品届を提出し届出済証の発給を受ける。輸出者、もしくは輸入者は税関検査の際に届済証を提示する。また、植物防疫法の対象になる果実や野菜を輸入するには、植物検疫の合格書を税関検査の際に提示する（「14．他法令」を参照）。

②HSコードや申告価格に係る書類

準備すべき主だった書類は次の通りである。

Ⅰ．**HSコードの確認に使用する書類**
- 製品カタログ：用途、原材料、梱包、製法、食品の添加物などを確認する。
- 仕様書：原材料、製法、機能、用途などを確認する。
- 使用例（使用中の写真など）：新製品など日本で使用されていない製品の使用目的を確認する。また、一の製品が、性能や性質の違いにより用途が異なる場合は輸入貨物の用途を確認する。
- 検査機関の証明書：機械類などが対象になり、輸入者の要求する性能を満たしていることを検査機関が確認したものである。輸入貨物の性能や機能を確認する。
- 成分分析書：食品などの原材料や添加物を確認する。

Ⅱ．**申告価格の確認に使用する書類**
- 貿易取引の売買契約書：貿易取引に使用したインコタームズや決済通貨を確認する。また、貿易取引によっては決済時の換算率、特許権者等の第三者への支払い、前払い金の支払い、輸入者が提供する部品などがあり、具体的な内容を売買契約書で確認する。
- 売買契約の価格表：農産物などは品質の等級により価格が変わる。また、発注数量や発注時期による変動する単価は価格表により確認する。

- 運賃明細書：課税価格になるCIFのF（Freight）を確認する。
- 貨物海上保険の保険料領収書：課税価格になるCIFのI（Insurance）を確認する。
- 輸入者が輸出者に提供した原材料やデザインなどの明細書：輸入者が購入し、輸入貨物の製造用に輸出者に無償で提供した部品、原材料、デザイン、製法特許などは一定の基準に従って課税価格に算入する。参入した金額の正当性、また、算入しない費用がある場合は算入しないことの正当性を確認する。

申告書の提出前に準備する書類は、貨物の種類、原産地、売買契約の内容などにより異なる。通関士は、申告書類を準備する段階で申告書に記載した事項の補完や証明に必要な書類を判断し準備を進める。実務スペシャリストは、通関士の要求する書類を速やかに用意しなければならない。

12. 輸出入通関に関する便利な制度

（1）NACCS

①NACCSの概要

NACCSはNippon Automated Cargo and Port Consolidated Systemの略で、輸出入・港湾関連情報処理センター株式会社が提供するLANシステムである。輸出入貨物の通関手続きや他法令の諸手続き、ならびに、関連する民間業務をオンラインで行うことを目的とする。NACCSは航空輸送用のシステムと海上輸送用のシステムで構成され、その機能はNACCSセンターのホームページに簡潔に説明されている。

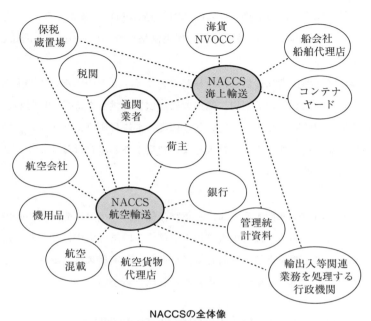

NACCSの全体像
輸出入・港湾関連情報処理センター株式会社の「NACCSの概要」をもとに作成

② NACCSで処理できる主な業務

NACCSで処理が可能な主たる業務を利用者別にまとめると次の通りである。

- 海貨、NVOCC：FCLやLCLのバン詰め情報、バン詰め後の実入りコンテナの輸送など物流についての手続き。
- 船会社、船舶代理店：本船の入港と出港についての税関等港湾関係省庁の手続き、本船の積荷目録の提出、輸出貨物の船積確認についての税関手続き。
- コンテナヤード：輸出者や輸入者との間で行うコンテナの搬出入に係る税関手続き、本船のコンテナの積卸についての税関手続き。
- 保税蔵置場：輸出入貨物の搬入と搬出についての税関手続き、外国貨物の在庫管理、貨物の手入れについての税関手続き、保管料等の計算（航空貨物のみ）。

- 税関：輸出入申告書の受理、輸出入の許可の通知、保税運送の承認の通知、蔵入承認や移入承認の通知、各種申請等の受理。
- 通関業者：輸出入通関のための税関手続き、修正申告や更正の請求についての税関手続き、他法令解除の証明書や仕入書などの税関への提出、取扱手数料等の荷主宛請求書の作成、保税蔵置場に対する搬出の予約（航空貨物のみ）。
- 荷主：通関業者宛の船積指図やインボイスの登録。
- 銀行：口座振替による関税等の納付手続き。
- 管理統計資料：入力された情報をもとに各種の管理統計資料の作成。
- 輸出入の関連業務を処理する行政機関：輸出入者が利用する頻度の高い税関以外の行政機関とNACCSの接続状況は次の通りである。
    - 植物検疫所：植物の輸出入に係る検疫の申請書をNACCS経由で受理する。
    - 動物検疫所：動物や畜産品の輸出入に係る検疫の申請書をNACCS経由で受理する。
    - 厚生労働省検疫所：NACCSは使用できない。食品等輸入届書はインターネット経由で提出できるが、事前に機器の登録が必要である。
    - 薬事法：薬事法に該当する品目を輸入するには、厚生労働大臣が交付する「製造販売（製造）用医薬品等輸入届出書（輸入販売業許可証）」、「医薬品等輸入報告書」を輸入申告書に添付しなければならない。これらの書類の交付はNACCSで申請することはできない。
- 航空会社：航空機の入出港についての税関や入国管理局及び検疫の手続き、航空貨物についての税関手続き、着払い貨物の運賃情報。
- 機用品：機用品の保税地域についての搬出入に係る税関手続き、機用品の在庫管理。
- 航空混載業者：混載貨物についての税関手続き、着払い貨物の運賃情報。
- 航空代理店：航空貨物を保税蔵置場に搬出入する伝票の作成。

輸出申告書と輸入申告書の提出はNACCSを使用するのが一般化している。NACCSを使用して申告すると、税関の回答もNACCSを経由して通知される。平成27年3月に行われた財務省の大臣官房審議官 松村武人氏の講演「最近における関税政策・税関行政について」の資料によるとNACCSの利用比率は次の通りである。

- 輸出入申告書の提出比率：約98%
- 通関関連書類の電磁的記録による提出比率：輸出が約52%、輸入が約42%

＜積荷目録＞
外国貿易船が入港する際に、船会社（または船舶代理店）が本邦に卸される外国貨物の明細を税関に届け出る書類である。B/L単位にまとめられている。ただし、旅客や乗組員の携帯品、郵便物、船（機）用品、仮陸揚げ貨物などは除かれる。積荷目録はNACCSを使用して登録するのが一般的である。

（2）延納制度

輸入貨物の通関手続きは、輸入者（通関業者）が輸入申告書を提出し、税関による書類審査と貨物検査の終了後に関税等を納付し輸入許可を受ける。

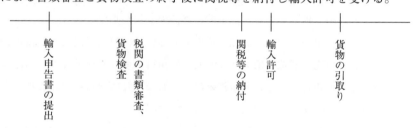

上記の関税等の納付期限は一定の条件を満たすことで延長できる制度がある。延納制度と呼ばれ、税関長の承認を受けることで最長3か月間の延長が可能である。納付の延長を受けるには担保の提供が必要であり、担保の金額を上限に延納が認められる。延納には個別延納方式と包括延納方式がある。

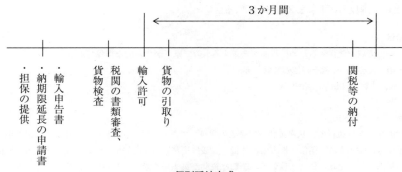

個別延納方式

　輸入申告書の提出時に関税等の納期限の延長を申請し、延長する金額に見合う担保を提供する。税関長の承認があれば、輸入許可日から3か月間の延長を受けることができる。法定納期限と納期限の双方が延長され、輸入者は延長された3か月以内に関税等を納付し担保の解除を受ける。

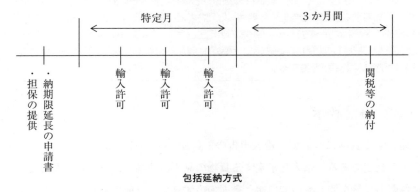

包括延納方式

　包括延納方式を利用するには、延長の対象になる輸入貨物を輸入する特定月の前月末日までに納期限の延長申請書を税関長に提出し担保を提供する。一の税関長に提出した担保を他の税関長の担保とすることはできない（日本は9の税関区域に分割されている）。特定月に輸入する複数の輸入貨物が延納の対象になるが、延納の総額は担保の額を限度とする。延納の期間は3か月である。たとえば、特定月が7月であれば、7月の輸入貨物の全ての関税等の法定納期

限と納期限が10月末まで延長される。

＜担保＞
関税等の徴収を確保するために税関が要求するもので以下が代表的な担保である。
・国債、地方債、社債その他の有価証券
・土地、建物、自動車、船舶
・金銭
・保証人の保証

一般的な担保は銀行の支払保証状（保証人の保証）である。保証状を税関に提出することで担保の手続きが完了する。国債、地方債、社債、金銭は法務省の供託局に供託し供託書の正本を税関長に提出する。土地、建物、自動車、船舶は税関が抵当権を設定するので、設定に必要な書類を税関長に提出する。金銭担保は、金銭を税関に提出すると誤解する輸入者が多い。金銭を担保とするには、供託の手続きが必要である。

> **POINT**
> 輸入者は延納制度を利用することで資金繰りを緩和できる。ただし、税関に提出する担保の管理が必要になる。通常は、輸入者が取引のある銀行に依頼し一定額の支払保証状を発行してもらい税関に提出する。銀行から見ると輸入者に対する与信行為であり、銀行が顧客別に設定する与信枠の範囲に限定される。実務スペシャリストは、税関別に提出済の保証状の金額を把握し、解除の予定日と金額、逆に、次の担保提出の予定日と金額を常に把握しなければならない。担保の金額が不足すると輸入通関が滞り貨物の引取りが遅れる事態が発生する。

（3）事前教示

　輸入する貨物について、輸入申告の前にHSコードや関税率などを税関に照会する制度である。輸入を予定する貨物の見本、仕様書、カタログなどをもとに税関の見解を聞くもので口頭と書面のいずれでも可能である。ただし、架空の取引の品目は事前教示の対象にならない。

　口頭の照会に対し、税関は口頭で回答する。口頭の回答はアドバイスと理解すべきもので実際の輸入申告書の審査では考慮されない。いっぽう、書面による照会は、口頭と異なり税関の公式見解を聞くための手段である。輸入を予定している貨物の輸入者、通関業者、国内販売業者、エンドユーザーなどの関係者が書面にてHSコード、関税率、減免税の適用などを税関に照会する。税関

は書面で回答する。税関の回答は公式見解であり、確定すれば3年間は有効であり変更はできない。税関から受領した回答に満足できないときは、受領日より2か月以内に再考を要求する手続きを取らないと税関見解が確定する。また、確定した税関の回答は税関のホームページに公表される。新製品の輸入など一定期間は情報の開示を避けたいときは、その旨を税関に通知すれば公表時期の調整が行われる。

> **POINT**
> 事前教示は便利な制度だが、注意して利用しなければならない。口頭による照会は簡易だが、税関の回答はアドバイス以上の効果は持たない。書面による照会は口頭よりはるかに重要な意味を持つ。実務スペシャリストは、書面による事前照会の際は入念な事前準備が必要である。照会する項目に関する通関士の意見を確定した上で税関の意見を聴取するのが順当である。税関の回答が通関士の意見と異なる場合は、直ちに輸入者側の意見を伝え税関に再検討を求める。

（4）評価申告書

関税は「課税価格×税率」（従価税品）で計算され、課税価格は日本の港に到着した時点のCIF価格である。CIF価格は仕入書を基準に計算するのが通常の手順である。たとえば、仕入書の価格がFOBであれば海上運賃と保険料を加算してCIF価格とする。しかし、単純な加算や減算ではCIF価格を算出できない場合は、評価申告書を税関に提出する。評価申告書にCIF価格の算出過程と根拠を記載するのである。評価申告書には（Ⅰ）と（Ⅱ）がある。

①評価申告書Ⅰ

仕入書を基礎データとするが、加算、もしくは、減算する金額が単純に得られない場合に使用する。たとえば、輸入者が、輸入貨物の製造用にデザインを米国で購入し輸出者に提供した場合である。

［デザインを提供した例］
- 発注予定

予定数量　4,000個　CIF単価　6万円　デザイン購入料　2,000万円
- 1回目の輸入

　仕入書のCIF金額：　数量　1,000個　　金額　6,000万円

　この場合に、デザイン購入料を課税価格に算入しないのは不合理である。デザイン購入料は何らかの方法で仕入書の金額に加算されるべきであり、以下は加算の一例である。

　デザイン購入料の仕入書金額への加算単価：0.5万円（2,000万円÷4,000個）
　1回目の仕入書への加算額：500万円（0.5万円×1,000個）
　1回目の輸入の課税価格：6,500万円

　以上の計算により、1回目の仕入書のCIF価格（課税価格）を6,500万円にした経緯を説明するのが評価申告書である。輸入者は、残りの3,000個に関しても同様の計算を行わなければならない（複数の輸入を対象にした包括評価申告の利用が可能である）。この計算は、発注予定量通りの数量が輸入されるとの前提で成り立っている。輸入数量が変われば加算単価も変動する。たとえば、輸入量が5,000個になった場合の加算単価は0.4万円である。逆に、輸入量が2,000個にとどまった場合は、加算単価は1万円になる。輸入者は、輸入総量が確定した時点で輸入した各回の課税価格の再計算を行う。再計算したCIF金額が正当な課税価格であり、評価申告書の金額と異なる場合は正当な関税額を算出し輸入申告時に納付した関税額との差額を修正申告、もしくは更正の請求により調整する。

②評価申告書Ⅱ

　仕入書を基礎データに置くことができない貿易取引に使用する。たとえば、親子間の貿易取引である。日本の親会社が外国に設立した子会社から部品を購入する場合は、仕入書に基づく取引であっても仕入書の価格を課税価格の算出に使用することはできない。この場合は、「5．課税価格（3）原則によらない課税価格の決定方法」に従って課税価格を算出する。すなわち、「同種、または類似の貨物の取引価格」、あるいは「国内販売価格」などを使用して課税

価格を導き出す。この算出過程を説明したのが評価申告書Ⅱである。

> **POINT**
> 評価申告書の作成は極めて専門的である。特に、評価申告書Ⅱは、「特別な事情」の認定から課税価格の算出までの工程が複雑であり、多数の資料やデータを駆使しなければならない。専門家である通関士に委託する業務分野である。実務スペシャリストの役割は、評価申告書を必要とする輸入品目を的確に判別すること、さらに、評価申告書の作成に必要な情報を通関士に提供することである。

（5）予備審査制度（予備申告）

輸入貨物の受取りを急ぐ場合に利用する制度である。輸入貨物の到着前に税関の審査を終了し、貨物の到着を待って輸入許可を取得する。手順は次の通りである。

- 輸入者は、予備申告書（輸入申告書の表題を変える）に仕入書を添付し税関に提出する。
- 税関は通常の輸入申告書と同様の審査を行い、貨物検査を省略できると判断すれば貨物の到着を待って輸入を許可する。

予備申告制度の利用は、税関が行う審査との関係で次の条件を満たさなければならない。

- 輸入貨物のB/Lが発行されていること。
- 輸入貨物を積んでいる船の到着予定日が確定し、輸入貨物に適用する換算率が確定していること（関税額が計算可能になる）。

＜換算率＞
貿易取引が円貨以外で締結されたときは、輸出入者は契約金額を円貨に換算して輸出申告書、もしくは輸入申告書に記入する。換算率は、毎週税関が発表する換算率表を使用する。税関は毎週火曜日に換算率表を発表し、同表は次週の月曜日から土曜日を対象にする。実際の換算は、輸出申告書や輸入申告書の提出日が属する週の2週前を対象にした換算率表を使用する。
［適用例］
- 2016年1月12日（火）発表の換算率表は1月18日（月）から23日（土）を対象にする。
- 2016年1月19日（火）発表の換算率表は1月25日（月）から30日（土）を対象にする。
- 2016年1月26日（火）発表の換算率表は2月1日（月）から6日（土）を対象にする。

輸入者が輸入申告書を2月10日に提出した場合に使用する換算率は、申告書の提出日を含む週の2週間前を対象にした換算率表である「1月25日（月）から30日（土）を対象にした換算率表」すなわち、2016年1月19日（火）に発表されたものである。

（6）輸入許可前における貨物の引取り

　税関の輸入許可を取得する前に貨物を引き取り自由に処分できる制度である。関税額の計算に関し税関と意見を異にする、あるいは、特恵関税の対象品目を輸入する際に原産地証明書の取得が遅れているときなどに利用する。税関の定める担保を提供することにより関税額の審査を一定期間先送りする。税関は、貨物の検査を行い国内で自由流通の状態にすることに問題がなければ輸入許可前における貨物の引取りを承認する。輸入者は、引き取った輸入貨物を何の制約も受けず自由に処分できる。

　税関は関税額の審査を継続して行い、最終判断が出た時点で第7条の17の通知書、もしくは更正通知書を輸入者に送付する。
- 第7条の17の通知書：輸入者が提出した輸入申告書に記載された税額が正しいことを確認する。
- 更正通知書：税関は、輸入申告書に記載された税額を認めず、正しい税額を輸入者に通知する。

　輸入者は、第7条の17の通知書、もしくは更正通知書に記載された金額を納付し輸入許可を受ける。同時に担保は解除される。なお、第7条の17の通知書、もしくは更正通知書が送付された日が法定納期限である。上図の例は、輸入者

が関税等を支払うときに延滞税が発生する。

(7) ATAカルネ

①ATAカルネの概要

ATAカルネは日本では「カルネ」や「カルネ手帳」とも呼ばれる。カルネ（Carnet）はフランス語で"手帳"を意味する。ATAカルネを利用することで「物品の一時輸入＋関税の免除」が受けられる。事前の手続きを済ませておけば、輸出国の輸出通関、輸入国の輸入通関と再輸出通関、ならびに保税運送はいずれもATAカルネで受けられ申告書等の作成は不要である。

ATAカルネは条約に基づいて発給される書類であり、「物品の一時輸入のためのATAカルネに関する通関条約（ATA条約）」が条約の正式名称である。条約の批准国は日本を含め73か国であり、批准した国の間で「物品の一時輸入＋関税の免除」が受けられる。主たる批准国は次の通りである（平成26年4月1日現在）。

オーストラリア、オーストリア、ベルギー、ブルガリア、カナダ、チリ、中華人民共和国、チェコ、デンマーク、フィンランド、フランス、ドイツ、ギリシャ、ハンガリー、アイスランド、インド、イラン、イスラエル、イタリア、日本、大韓民国、ルクセンブルク、マレーシア、メキシコ、モンゴル、オランダ、ニュージーランド、ノルウェー、パキスタン、ポーランド、ポルトガル、ルーマニア、ロシア、シンガポール、南アフリカ共和国、スペイン、スウェーデン、スイス、タイ、トルコ、ウクライナ、アラブ首長国連邦、英国、アメリカ合衆国

ATAカルネは、表紙、総合物品表、輸出証書、輸入証書、再輸出証書、再輸入証書で構成される。総合物品表は当該ATAカルネで輸送される貨物の明細であり、通常の輸出入取引のインボイスに相当する。輸出証書は輸出国の輸出通関に使用する。輸入証書と再輸出証書は輸入国の輸入通関と再輸出通関に使用する。最後の再輸入証書は、輸出国に貨物を戻すときに使用する輸入申告書に相当する。

日本は、条約を施行するための国内法を施行し以下の簡便な通関手続きを認めている。
- ATAカルネの輸入証書を輸入申告書、ならびに、再輸出貨物の免税の手続きとして取り扱う。すなわち、輸入申告書の提出は不要であり、また、再輸出を条件とする免税の手続きも不要である。
- 保税運送は、ATAカルネにより行うことができる。
- ATAカルネの再輸出証書を積戻申告書として取り扱う。

ATAカルネを使用することで簡便な税関手続きを行えるが、以下の条件を満たす貨物に限り本制度を利用できる。
- 輸入時の状態で再輸出される。
- 日本の滞在期間はATAカルネの有効期間内に限る。

ATAカルネの利用頻度が高い品目は商業用の見本、展示会の出品物、一時輸入者の職業用品（楽器、報道用のカメラや録音機、医師や学者の専門用具など）、国際競技会の用具（ヨットやボートなど）である。

②ATAカルネの事前手続き

ATAカルネを利用するには事前に次の手続きを完了しなければならない。

Ⅰ．ATAカルネの発給

ATAカルネの利用を希望する者は、条約加盟国ごとに登録されている発行団体からATAカルネの発給を受ける。発行団体は、発給したATAカルネに関し問題が発生した場合に関税等の納付義務を負う。したがって、発給の条件として担保を取るのが通常である。発行団体の例は次の通りである。
- 日本：日本商事仲裁協会　The Japan Chamber of Commerce and Industry (Consignee:The Japan Commercial Arbitration Association)

    3rd Floor, Hirose Building, 3-17, Kanda Nishiki-cho, Chiyoda-ku, Tokyo 101-0054
- 米国：United States Council for International Business

    1212 Avenue of the Americas New York N.Y. 10036

- オランダ：The Netherlands Chamber of Commerce and Industry Kroon-straat

  50-3511 RC Utrecht P.O.Box 48-3500 AA Utrecht

発給されるATAカルネの有効期間は1年以内である。ATAカルネを使用して日本に一時輸入された貨物は、ATAカルネの有効期間内に再輸出されなければならない。

II．ATAカルネの確認

外国で発給されたATAカルネを使用して日本の一時輸入を行う者は、日本の保証団体（日本商事仲裁協会）の確認を受けなければならない。日本商事仲裁協会は、確認したATAカルネに関し問題が発生した場合は関税等の支払義務を負う。仮に関税等の支払いが発生した場合は、日本商事仲裁協会はATAカルネの発行団体に負担額を請求し、発行団体はATAカルネの申請者から徴収する仕組みである。ATAカルネの発行者は、最終的な徴収を確実にするために担保を取っている。

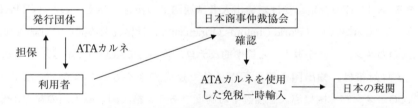

POINT

ATAカルネは、日本に留まる期間が短い物品にとって便利な制度である。実務スペシャリストは、ATAカルネを使用する前の準備をもれなく進めなければならない。ATAカルネの発行の確認、ならびに、日本商事仲裁協会による確認の手続きである。後者の確認を得ていないATAカルネは、日本の輸入通関時に本来の役割を果たすことはできない。

13. AEO制度

（1） AEO制度の概要

　AEOはAuthorized Economic Operatorの略である。税関が、セキュリティー管理と法令順守の体制が整った輸出者、輸入者、製造者、通関業者などを認定し簡素化された税関手続きを適用する制度である。税関は、AEOの承認者が取り扱う信頼性の高い輸出入貨物の書類審査や貨物検査を削減することで非AEOの審査に要員と機器を集中することができる。

　AEO制度は、2001年9月11日に発生した米国の同時多発テロが発端になっている。テロ対策として米国は2001年11月にCTPATを導入した。CTPATはCustoms-Trade Partnership Against Terrorismの略である。名称の通り法令順守の整った輸出入者を税関のPartnerと認定し官民共同でテロ対策を進めるものである。CTPATの認定を受けた輸出入者は通関上の優遇が与えられる。CTPATは、その後にWCO（World Customs Organization：世界税関機構）で討議され、WCOのメンバー国が導入する標準的なテロ対策としてAEO制度が導入された。

　テロ対策は、輸出国や輸入国が単独で達成できるものではない。AEOはWCOがメンバー国に導入を推奨する制度であり、輸出国と輸入国の双方が導入することで効果的なテロ対策が可能になる。テロ対策を目的とする国際的なサプライチェーンとみることができる。輸出国では、輸出貨物にかかわる全ての業者がAEOの認定を受け、また、輸入国においても輸入貨物にかかわる全ての業者がAEOの認定を受ければAEOの国際サプライチェーンが成立する。仮に、サプライチェーンの中に非AEOの業者が加わるときは、前後のAEO業者が監視することでテロ対策の効果を維持できる。したがって、AEO制度はサプライチェーンを構成する製造者、輸出者、輸出国の通関業者、輸入国の内陸輸送業者、輸入者等を対象に細分化されている。

　日本のAEO制度の構成は次の通りである。

【認定製造者(特定製造貨物輸出者)】

輸出貨物の製造者を対象にしたAEOである。この認定を受けた製造者は、製造に特化し輸出を行わない。認定製造者が製造した貨物を輸出するのが特定製造貨物輸出者である。特定製造貨物輸出者は非AEOだが、認定製造者の管理の下で輸出を行うことにより簡素化された税関手続きを享受できる。

【特定輸出者】

輸出者を対象にしたAEOである。特定輸出者は輸出申告書の提出と輸出許可を受ける時期で優遇される。

【特例輸入者】

輸入者に対するAEOであり特例輸入者が享受できるメリットは大きい。特例輸入者は、貨物が日本に到着する前に輸入許可を受けることができる。また、関税等の支払いは一定期間の猶予があり、関税等の支払いの前に貨物を引き取ることができる。

【認定通関業者】

AEOの認定を受けた通関業者は、非AEOの輸出者や輸入者から通関業務を引き受けることにより、当該輸出入者の通関業務をAEO輸出入者と類似した簡素な手続きで行うことができる。

【特定保税運送者】

AEOの認定を受けた保税運送者は、一定の制約のもとに、保税運送の承認を受けずに保税運送を行うことができる。

【特定保税承認制度】

保税蔵置場と保税工場に対するAEO制度である。AEOの承認を受けることにより、税関の許可手数料(たとえば、5千坪の保税蔵置場は月額42,100円)が免除される。許可期間も8年間と長期である。

実務スペシャリストの利用頻度が高い特定輸出者、特例輸入者、認定製造者の概要を以下に解説する。

（2） 輸出者とAEO制度

①特定輸出者

　税関長よりAEOの承認を受けた輸出者は「特定輸出者」と呼ばれる。特定輸出者が行う輸出申告が特定輸出申告である。輸出者が税関長からAEOの承認を受けるための要件は以下に該当しないことである。

AEOの承認を受けられない者（欠格事由）

関税法、その他関税に関する法律に違反して刑に処せられてから3年を経過しない者
他法令の輸出に関する規定に違反して刑に処せられてから2年を経過しない者
禁固以上の刑に処せられてから2年を経過しない者
暴力団員である、または、暴力団に係る法律に違反し刑に処せられてから2年を経過しない者、暴力団に支配されている者
特定輸出者の承認を取り消されてから3年を経過しない者
NACCSを使用した輸出業務の遂行能力を有しない者
法令順守規則を定めていない者

　AEO制度は、輸出者、輸入者、製造者などに分かれているが、税関長の承認を受けることのできない者（欠格事由）の基本は上記のリストである。AEOの対象者により要件が部分的に変更される、たとえば、輸入者の承認の要件には、輸出にはない関税の支払いに関するものが含まれ関税や国税の滞納者は欠格事由になる。

　AEOの承認を受けた輸出者は次のメリットを享受できる。

【輸出申告書を提出する税関の選択】

　特例輸出者は、輸出貨物が完成した時点で当該貨物が置かれている場所を管轄する税関長、もしくは、船積みのために搬入する予定の保税地域を管轄する税関長のいずれかを選択し輸出申告書を提出できる。たとえば、名古屋に工場を運営し通常は名古屋港から貨物を輸出する輸出者が、向け地の都合で横浜港から船積みする場合である。一般の輸出者は横浜税関長宛に輸出申告書を提出するが、特定輸出者は名古屋税関長もしくは横浜税関長のいずれかを選択できる。名古屋税関を利用すれば、自社商品の輸出実績があり通関手続きがよりスムースに終了すると期待できる。

【輸出許可】

通関制度の簡素化により一般の輸出者と特定輸出者の双方とも貨物を保税地域に搬入する前に輸出申告書を税関に提出できる。ただし、輸出許可は、一般の輸出者は貨物を保税地域に搬入した後に取得する。いっぽう、特定輸出者は、輸出許可を受ける時点に制限がなく、税関審査が終了すれば保税地域に搬入前であっても輸出許可を取得できる。輸出貨物が国内輸送中は、輸出許可が出た時点で貨物は外国貨物になり以降の国内輸送は保税運送になるが保税運送の承認は不要である。特定輸出者は輸出許可を早期に得られることにより、輸出貨物の保税地域への搬入確認、保税地域内における内国貨物から外国貨物への変更の確認、保税地域に対する船積みの指示などの貨物管理を簡素化できる。

②特定委託輸出者

　一般の輸出者は、AEOの承認を受けた通関業者（認定通関業者）を起用することで特定委託輸出者となり、特定輸出者と同様のメリットを享受できる。輸出申告書の提出税関の選択と、輸出許可を受ける時期の双方である。ただし、国内輸送は、特定保税運送者を起用しなければならない。すなわち、通関と国内輸送の双方にAEO業者の起用が条件になる。

　一般の輸出者は、認定通関業者を起用することで自動的に特定委託輸出者になるものではない。既述の通りAEOはサプライチェーンであり、サプライチェーンの中に非AEOが加わるときは前後のAEOが監視する制度である。特定委託輸出者は、認定通関業者の監視を受けることになる。認定通関業者が、サプライチェーンに加えて問題ないと判定した輸出者のみが特定委託輸出者になる。認定通関業者の行う判定は、情実の絡まない一定の手順（マニュアル）に沿ったものである。判定に合格しない輸出者は、認定通関業者を起用しても特定委託輸出者になることはできない。

> **POINT**
>
> 実務スペシャリストにとって輸出申告書を提出する税関を選択できるのは大きなメリットである。税関の管轄地域は隣接する主要港で異なることがある。たとえば、東京と横浜、大阪と神戸はそれぞれ異なる税関の管轄地域である。関東に自社の工場や倉庫を持つ輸出者は、AEOを取得することで自社の工場や倉庫に貨物がある段階（輸出梱包の終了後）で輸出許可を受けることができる。積港に関係なく常に同じ税関に輸出申告書を提出することで実績を積み税関との信頼関係を強めることができる。

（3） 輸入者とAEO制度

①特例輸入者

税関長よりAEOの承認を受けた輸入者は「特例輸入者」と呼ばれ以下の通関上の優遇措置を享受できる。

【輸入申告書の提出と輸入許可の時期】

非AEOの輸入者は、貨物が保税地域に搬入された後に輸入申告書を税関に提出し輸入許可を受ける。いっぽう、特例輸入者は、貨物が保税地域に搬入される前に、すなわち、貨物が本船に積まれている段階で輸入申告書を提出し輸入許可を受けることができる。ただし、輸入申告書の提出時期は積荷目録の提出後とされている。本船に積まれている段階で輸入許可を受けた貨物は、コンテナターミナルにおいて船卸された時点で内国貨物であり直ちに引き取ることができる。

【関税等の納付時期】

輸入貨物は、関税等を納付した後に輸入許可を受けるのが通常の手順である。しかし、特例輸入者は、先に輸入許可を受け、輸入許可を受けた日の翌月末日までに関税等を納付すればよい。具体的には、二種類の申告書を提出する。最初に貨物のHSコードに関する事項を記載した輸入申告書を提出する。税関は、書類審査と貨物検査の後に輸入を許可する（特例輸入者は、書類審査と貨物検査を省略されるのが大半である）。2番目の申告書は、輸入許可を受けた日の翌月末日までに納税に係る申告書（「納税申告書」または「特例申告書」と呼ぶ）を税関に提出し関税等を納付する。関税等の納付は1か月

以上も猶予されることになる。

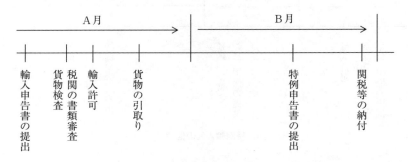

特例輸入者の輸入手続き

特例輸入者はA月に輸入申告書を提出する。税関は、申告のあった貨物を国内自由流通の状態にして支障ないか審査する。審査が終了すると輸入が許可される。特例輸入者はB月末日までに特例申告書を提出する。特例申告書には輸入貨物の課税標準、税率、関税額など関税等の納付に必要な事項を記載する。特例申告書の提出は、輸入許可ごとに提出、または、前月に受けた複数の輸入許可をまとめて提出する方法のいずれかを選択する。

　税関長は、関税等の徴収を確実にするために必要があると認めたときは、特例輸入者に担保の提供を命じることができる。担保は輸入許可を受ける前に提供する。ただし、現時点では、この規定は適用されないのが通常である。関税等の徴収に不安がある輸入者はAEOの承認を受けられないとみるべきである（特例申告は2007年に導入された制度である。将来的に、特例輸入者の経営が悪化したときは担保提供の指示が出る可能性がある）。

　特例輸入者は、特例申告と併せて「12.（2）延納制度」を利用することができる。特例申告により延長された関税等の納付期限は、延納制度の利用によりさらに延長される。通常の延納制度は、関税等の納付を3か月間延期するものだが、特例輸入者の延納は2か月間に短縮される。特例輸入者であっても、延納制度を利用する2か月間は必ず担保を税関に提供しなければならない。

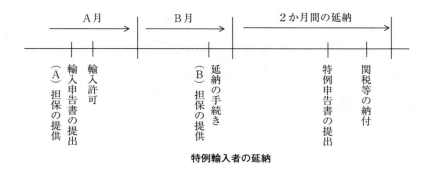

特例輸入者の延納

　特例輸入者は、税関に輸入申告書を提出し輸入許可を取得する。税関長は、この時点で必要があると判断すれば特例輸入者に関税額等に相当する担保の提供を命じることができる（(A)担保の提供）。特例輸入者が延納制度を利用する場合は、輸入許可を受けた翌月末日までに延納の手続きと担保の提供（(B)担保の提供）を行う。延納に係る担保は必ず提供しなければならない。関税等の納付は、延納制度を利用することにより特例申告の納付期限をさらに2か月間遅らせることができる。たとえば、7月に輸入許可を受けた貨物は10月末までに特例申告書を提出し納税すればよい。上図にある、「(A)担保の提供」の担保は税関長に命じられたときに実行するもので「任意担保」と呼ばれる。いっぽう、「(B)担保の提供」は必ず提供するもので「絶対的担保」と呼ばれる。

②特例委託輸入者

　輸出と同様に、非AEOの輸入者は認定通関業者を起用することで特例委託輸入者となり、特例輸入者と類似のメリットを享受できる。ただし、特定委託輸出者と同様に、認定通関業者を起用すれば自動的に特例委託輸入者になるものではない。認定通関業者の設定する判定基準を満たす輸入者のみが特例委託輸入者となる。特例委託輸入者が利用できる簡易な通関手続きは次の通りである。特例輸入者と類似しているが大きく異なる点があり注意を要する。

【輸入申告と輸入許可】
　貨物が保税地域に搬入される前、すなわち、貨物が本船に積まれている段階

で輸入申告書を税関に提出できる。ただし、輸入許可は、貨物が保税地域に搬入された後に出される。特例委託輸入者の貨物は、船卸された時点では外国貨物でありコンテナターミナルに到着後に直ちに貨物を引き取ることはできない。

【関税等の納付】

特例委託輸入者は、特例輸入者と同様に輸入許可と関税等の納付を分離することができる。最初に輸入申告書を提出し輸入許可を受ける。特例委託輸入者は輸入許可を受ける際に任意担保の提供を命じられるのが通常である。次に、輸入許可日の属する月の翌月末日までに特例申告書を提出し関税等を納付すればよい。貨物は、輸入許可を受けた時点で引き取ることができる。

【延納】

延納に関しては、特例輸入者と特例委託輸入者の間に差異はない。担保を提供し特例申告書の提出と関税等の納付期限を2か月間延長できる。

> **POINT**
> 特例輸入者は延納制度を活用するのが通常である。実務スペシャリストは実質的に2つの延納を利用するので管理が重要になる。特例申告書の提出期限（輸入許可日の翌月末日）までは延納の申請は不要である。この提出期限内に、次の2か月間の延納を申請し担保を提供しなければならない。

（4）製造者（メーカー）とAEO制度

①認定製造者と特定製造貨物輸出者

認定製造者と特定製造貨物輸出者は一組でAEOの要件を満たすといえる。輸出貨物の製造者はAEOの承認を受けると認定製造者になる。認定製造者は輸出者にはならない。認定製造者が製造した貨物を輸出するのが特定製造貨物輸出者であり非AEOである。認定製造者が特定製造貨物輸出者を監督することでAEOの求めるセキュリティー管理と法令順守の要件を確保する。具体的には、認定製造者は自社が製造した輸出貨物（「特定製造貨物」と呼ぶ）に対

し「貨物確認書」を作成し、特定製造貨物輸出者に交付する。貨物確認書に記載する主な項目は次の通りである。

- 認定製造者の名称と住所
- 特定製造貨物の品名、数量、記号、番号
- 特定製造貨物輸出者の名称と住所
- 特定製造貨物を保税地域まで輸送する運送者の名称と住所

特定製造貨物輸出者は、輸出申告書と一緒に貨物確認書を税関に提出しなければならない。

②特定製造貨物輸出者の輸出申告

特定製造貨物輸出者は非AEOだが、貨物確認書を認定製造者から交付されることにより特定輸出者と同様のメリットを享受できる。具体的には次の簡素化された税関手続きを利用できる。

- 輸出申告書は、輸出貨物が置かれている場所を管轄する税関長、もしくは、貨物を搬入する予定の保税地域を管轄する税関長のいずれかを選択して提出できる。
- 輸出貨物を保税地域に搬入する前に輸出許可を受けることができる。
- 国内輸送中の輸出貨物は、輸出許可が出た時点からは保税運送になるが保税運送の承認は不要である。また、特定保税運送者の使用は義務付けられていない。

（5）AEO制度の国際化

既述の通り、AEO制度の目的であるテロ対策は輸出国と輸入国の連携により効果が高まる。したがって、WCOのメンバー国は相互にAEO制度を認定する交渉が進んでいる。世界では30組を超える相互承認が成立し、日本は7組を占めている。日本の相互承認の相手国はニュージーランド、米国、カナダ、EU、韓国、シンガポール、マレーシアである。

国際間のAEO相互承認はさらに増加する傾向にあるが、相互承認の内容は

同一ではない。AEO制度はWCOがメンバー国に導入を呼びかけたものだが、メンバー国は導入に際し自国の特色を反映させることが認められている。したがって、相互承認はお互いの国の特色を尊重したものになっている。日本は、現時点では米国とEUの双方と相互承認を行った唯一の国である。

> **ココで差がつく！** 親子間取引
>
> 　実務スペシャリストが参考にすべき事例である。通関士が顧客の輸入担当者から相談を受けた。輸入者のメーカーはタイに設立した子会社から定期的に2次加工した部材を輸入している。この部材の輸入で問題が発生した。輸入した部材を工場で開梱したところ、発注した部材とサイズが異なることを発見した。HSコードとCIF価格は発注した商品と同一だが社内コードが異なる。親会社は直ちに、タイの子会社に通知し正しいサイズの部材を発送させた。いっぽう、すでに到着した部材は、すぐには使用しないが近い将来に使用する可能性があるので在庫として置くことにした。
> 　以上の手配に問題はない。問題は発注と在庫の処理である。すでに到着した部材は、発注品と異なるが返品する必要はないので在庫とする。ただし、タイの子会社の在庫とし代金の支払いは行わない。いっぽう、次に送られてくる正しいサイズの部材の支払いは、すでに送られてきた部材の支払金額を充当する。もちろん、サイズ違いの部材を無償で受け取ることはなく、使用する時点でタイ子会社の在庫を本社在庫に切り替え代金を支払う。この処理方法は国内の子会社との取引でも適用している。
> 　輸入担当者が通関士に相談したのは、2回目の正しいサイズの輸入に係る仕入書の作成と通関の手順である。メーカーの製造担当者は国内と海外の子会社を同列に扱っているが、輸入担当者は通関の手順に疑問を持ったのである。
> 　最初の部材輸入は、サイズが異なる違約品であり返送が可能である。返送すれば納付した関税は還付される。ただし、在庫として保管するのであれば正規の輸入として処理するほかない。次回の正しいサイズの輸入は、最初の輸入とは別個の輸入案件として処理することになる。代金の支払時期は課税価格に影響しない。2回とも正規の輸入取引として申告する。問題が発生したときに外部の専門家の意見を聴取しており、この会社のコンプライアンスは正しく順守されている。

14. 他法令

（1）他法令とは

　関税三法（関税法、関税定率法、関税暫定措置法）をはじめとする関税関係法令の他に各種の国内法が、我が国の輸出入を規制している。関税関係法令以

外の法令はまとめて「他の法令」、または単に「他法令」と呼ばれる。

　日本の税関は財務省の一部門であり、関税関係法令に従って輸出入申告書を受理し、検査後に輸出、もしくは、輸入を許可する。他法令は税関が管理する法令以外であり、税関は他法令が規定する輸出入に関する所轄大臣の許可、承認、検査の完了、条件の具備の手続きに関与しない。税関が他法令を取り扱うのは、我が国の水際を管理する役所として他法令の確実な実行を確保するのが目的である。すなわち、他法令の規制を受ける品目は、他法令が規定する許可や承認等の手続きが完了していなければ税関の輸出許可や輸入許可を受けることはできない。

　他法令は、「輸出貿易管理令」と「輸入貿易管理令」が広く知られている。しかし、他法令は多岐にわたり横浜税関のホームページに記載されているのは輸出関連が10法令、輸入関連が28法令に達する。他法令の中には「文化財保護法」や「鳥獣の保護及び狩猟の適正化に関する法律」など輸出入に関しては適用頻度の低いもの、また、「大麻取締法」、「あへん法」など通常の貿易取引では扱うことのない品目を規制する法令が含まれる。本項は、他法令の中心をなす「輸出貿易管理令」と「輸入貿易管理令」、及び適用頻度の高い「薬事法」、「食品衛生法」、「植物防疫法」、「家畜伝染病予防法」を取り上げる。

（２）外為法と輸出貿易管理令、輸入貿易管理令

　輸出貿易管理令と輸入貿易管理令は政令であり、「外国為替及び外国貿易法」（通称、外為法）が上位の法律である。この法律の下に、外国為替を規制する「外国為替令」、貨物の輸出入を規制する「輸出貿易管理令」と「輸入貿易管理令」の３つの政令がある。それぞれの政令の下にある管理規則は省令である。

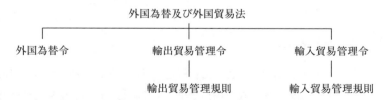

＜法律＞

法律は国会が制定する。第１条に法律の目的を載せるのが通常の形式であり、外為法の目的は次の通りである。

『この法律は、外国為替、外国貿易その他の対外取引が自由に行われることを基本とし、対外取引に対し必要最小限の管理または調整を行うことにより、対外取引の正常な発展並びに我が国又は国際社会の平和及び安全の維持を期し、もって国際収支の均衡及び通貨の安定を図るとともに我が国経済の健全な発展に寄与することを目的とする。』

第１条にある「必要最小限の管理又は調整」の具体策が、輸出貿易管理令の「輸出の許可」と「輸出の承認」及び輸入貿易管理令の「輸入の承認」である。

＜政令＞

内閣が、法律の規定を実施するために制定する命令である。

＜省令＞

各省の大臣が、法律や政令を施行するために省内の行政事務に関して制定する命令である。

（３）輸出貿易管理令

①輸出の許可

日本からの輸出に際し、「輸出貿易管理令 別表１」に掲げられた品目は経済産業大臣の輸出許可が必要である。これらの品目を輸出するには、最初に経済産業大臣の輸出許可を取得し、次いで税関の輸出許可が必要である。税関は、輸出申告書を受理するときに経済産業大臣の輸出許可を確認し、許可の手続きが未済のものは輸出を許可しない。

「輸出貿易管理令 別表１」は１～15項の「リスト規制」と16項の「キャッチオール規制」で構成される。全16項目の表題のみをまとめた一覧表が下表である。実際の対象品目は項目ごとに細かく規定されており、経済産業省のホームページで確認できる。実務スペシャリストは全項目を理解し、対象品目が経済産業大臣の輸出許可を取得せずに輸出される法令違反を防がねばならない。

輸出貿易管理令　別表１

1	武器	
2	原子力	
3	化学兵器	
3-2	生物兵器	

4	ミサイル	
5	先端素材	
6	材料加工	
	（1）軸受け、またはその部分品	軸受であって、次のいずれかに該当するものまたはその部分品 イ　玉軸受またはころ軸受であって、日本工業規格Ｂ1514－１号で定める精度が４級以上のもののうち、内外輪及び国際規格ISO5593で定める転動体がモネル製またはベリリウム製のもの ロ　削除 ハ　能動型の磁気軸受システムであって、次のいずれかに該当するもの 　（一）磁束密度が２テスラ以上で、かつ、降伏点が414メガパスカルを超える材料からなるもの 　（二）全電磁式で、かつ、三次元ホモポーラバイアス励磁方式のアクチュエータを用いるもの 　（三）温度が177℃以上で用いることができる位置検出器を有するもの
7	エレクトロニクス	
8	電子計算機	
9	通信	
	（3）通信用の光ファイバー	通信用の光ファイバーであって、長さが500メートルを超えるもののうち、引張強さが２ギガニュートン毎平方メートル以上のもの
10	センサー	
11	航法装置	
12	海洋関連	
13	推進装置	
14	その他	
15	機微品目	
16	キャッチオール規制	１～15項（リスト規制）以外の品物で、 ・輸出しようとする貨物や提供しようとする技術が大量破壊兵器等の開発、製造、使用、貯蔵もしくは通常兵器の開発、製造、使用に用いられるおそれがあることを輸出者が知った場合 ・または経済産業大臣から、許可申請をすべき旨の通知（インフォーム通知）を受けた場合

備考
1．本表はリスト規制とキャッチオール規制をまとめた表である。
2．本来の別表１は、対象品目の詳細が記載されている。一例は、本表の「６項：材料加工」である。「材料加工」には９つの対象品目が規定されており、本表に記載したのは第１の品目である。また、「９項：通信」は11の品目が対象になり品目の詳細が記載されている。本表に記載したのは第３の品目である。

　別表１の第１～15項が「リスト規制」と呼ばれるのに対し、第16項は「補完的輸出規制」あるいは「キャッチオール規制」と呼ばれ大量破壊兵器の製造や使用に転用される恐れがある製品や技術を対象にする。具体的には、「関税

定率法　別表第25類から第40類まで、第54類から第59類まで、第63類、第68類から第93類まで又は第95類に該当する貨物」と規定され、実質的に全ての工業製品が対象になる。ただし、第1～15項が全ての向け地を対象とするのに対し、第16項はホワイト国と呼ばれる次の27か国向けの輸出を対象外にしている。

- ホワイト国：アルゼンチン、オーストラリア、オーストリア、ベルギー、ブルガリア、カナダ、チェコ、デンマーク、フィンランド、フランス、ドイツ、ギリシャ、ハンガリー、アイルランド、イタリア、大韓民国、ルクセンブルク、オランダ、ニュージーランド、ノルウェー、ポーランド、ポルトガル、スペイン、スウェーデン、スイス、英国、アメリカ合衆国

キャッチオール規制の対象品目は広範囲であり、ホワイト国以外を向け地とする工業製品は全て経済産業大臣の「輸出の許可」の対象になる可能性を秘めている。範囲が広いので許可の対象を絞り込む必要があり、次の2つの基準のいずれかに該当した場合に「輸出の許可」の対象となる。

- 客観要件：輸出者が、当該貨物が大量破壊兵器に転用される恐れがあると知っている場合。
- インフォーム要件：経済産業大臣より「輸出の許可」の取得を通知された場合。

上記の2つの基準の中で「インフォーム要件」は明確だが、「客観要件」は判断が難しい基準である。輸入者が、貿易取引の交渉過程で貨物の使途を「大量破壊兵器の製造」と明かすことはあり得ない。また、輸出者も、商売を成立させるためにあえて確認しない事態も想定される。このような意図的、あるいは、不作為の不正を防止するための手段としてパラメーターシートが使用される。このシートにより、輸出貨物が軍事用途に使用可能な高度の性能や精度を有するかを判定する。軍用に適さない商品は、パラメーターシートの判定をもとに非該当証明を作成する。非該当証明はキャッチオール規制に該当しない品目であることを証明するものである。いっぽう、軍事転用が可能な高性能品であれば、輸入者、エンドユーザー、使用用途の確認などの資料を揃え経済産業大臣の輸出許可を取得する。

パラメーターシートのサンプルはインターネット上で"マイクロソフト　パ

ラメーターシート"を入力し検索できる。パラメーターシートはメーカーが準備するため技術的な機密事項を含むことが多く公表される機会が少ない。しかし、マイクロソフト社はホームページ上でWindows10やOffice Homeのパラメーターシートを公表している。パラメーターシートは複数の項目がリストされ項目ごとに「該当」か「非該当」の判定を行い、最終的に輸出貨物が経済産業大臣の輸出許可を受けるべき品目に「該当」か「非該当」を判定する。

> **POINT**
> 　別表1の第1〜15項の品目は詳細が規定されているので、輸出者の「該当」、「非該当」の判定は容易である。不正行為の発生する可能性が高いのは第16項である。実務スペシャリストは、仮に過失であっても正当な手続きを経ずにキャッチオール規制の該当品目を輸出してはならない。工業製品の輸出は常に注意を払うべきである。

②輸出の承認

　特定の品目は、輸出に際し経済産業大臣の「輸出の承認」が必要である。経済産業大臣の輸出承認を受けてから税関の輸出許可を取得する。以下の品目が対象である。

- 「輸出貿易管理令 別表2」の品目
- 北朝鮮を仕向地とする全ての貨物
- 委託加工貿易のために輸出する原料で経済産業大臣の指定する品目（具体的には、皮革（原皮、なめし皮、仕上げ革等）や毛皮等を原材料として海外に輸出し、海外で製品（靴、鞄、財布、革製衣類、毛皮製品等）に加工した上で日本に輸入する場合が該当する）

　「輸出貿易管理令 別表2」は、第1項から45項で構成されるが、項の番号は連番になっていない。たとえば第1項の次は19項であり、2項から18項は欠番である。

輸出貿易管理令　別表2

1	ダイヤモンド
19	血液製剤
20	核原料物質及び核燃料物質
21	次に掲げる物に係る廃棄物として経済産業大臣が告示で定めるもの 　（一）核原料物質または核燃料物質によつて汚染された物 　（二）使用済燃料から分離された物及びこれによつて汚染された物 　（三）放射線を放出する同位元素及びその化合物ならびにこれらの含有物
21-2	放射性同位元素
21-3	麻薬向精神薬原料その他の麻薬または向精神薬の原材料となる化学物質
25	船舶 　イ　漁ろう設備を有するもの 　ロ　漁獲物を原材料とする製品の製造設備を有するもの 　ハ　漁獲物の保蔵の設備を有するもの
28	ふすま、米ぬか及び麦ぬか
29	配合飼料
30	しいたけ種菌
32	せん及びならの丸太
33	うなぎの稚魚
34	冷凍のあさり、はまぐり及びいがい
35	オゾン層を破壊する物質に関するモントリオール議定書附属書A、附属書B、附属書C及び附属書Eに掲げる物質
35-2	（1）特定有害廃棄物等 （2）廃棄物の処理及び清掃に関する法律第2条第1項に規定する廃棄物
35-3	（1）ロッテルダム条約附属書Ⅲ上欄に掲げる化学物質 （2）農薬の成分である化学物質 　　1.登録の申請を却下された農薬 　　2.登録が取り消された農薬 　　3.販売を禁止された農薬 （3）毒物及び劇物取締法第2条第3項に規定する特定毒物 （4）医薬品または医薬部外品に該当する殺虫剤の成分である化学物質 　　1.承認が与えられなかつた医薬品または医薬部外品に該当する殺虫剤 　　2.承認が取り消された医薬品または医薬部外品に該当する殺虫剤 （5）労働安全衛生法施行令第16条第1項第2号から第7号まで及び第9号に掲げる物　　ベンジン、アミノジフエニル、石綿、4―ニトロジフエニルなど （6）第一種特定化学物質
36	絶滅のおそれのある野生動植物の種の国際取引に関する条約附属書Ⅰまたは附属書Ⅱに掲げる種に属する動物または植物
37	希少野生動植物種
38	かすみ網
39	偽造、変造または模造の通貨、郵便切手及び収入印紙
40	反乱を主張し、またはせん動する内容を有する書籍、図画その他の貨物
41	風俗を害するおそれがある書籍、図画、彫刻物その他の貨物

43	国宝、重要文化財、重要有形民俗文化財、特別天然記念物、天然記念物及び重要美術品
44	仕向国における特許権、実用新案権、意匠権、商標権若しくは著作権を侵害すべき貨物または原産地を誤認させるべき貨物
45	関税法第69条の12第1項に規定する認定手続きが取られた貨物

　別表2の大半の品目は、一見して理解できる通り通常の輸出取引では扱わない品目である。特別な理由がない限り、経済産業大臣の「輸出の承認」は得られないのは明白である。

> **POINT**
> 　実務スペシャリストは、別表2の品目が通常の輸出貨物に紛れ込む可能性に注意を払うべきである。たとえば、輸出される玩具類に通貨の偽造品（おもちゃの紙幣）、あるいは、商標権を侵害する物品が含まれる等である。環境の異なる輸出先で使用されると予想外の問題を生じる可能性がある。

（4）輸入貿易管理令

①輸入貿易管理令の概要

　輸入貿易管理令に規定される品目は、輸入の際に経済産業大臣の「輸入の承認」が必要である。輸入貿易管理令は、輸出貿易管理令と異なり「許可」を必要とする品目はなく全て「承認」である。輸入の手続きは、経済産業大臣の「輸入の承認」を取得した上で税関の輸入許可を取得する。

　輸入貿易管理令の規定により経済産業大臣の「輸入の承認」を必要とする品目は次の通りである。

- 輸入公表1号品目（輸入割当品目、IQ品目）
- 輸入公表2号品目
- 輸入公表2の2号品目
- 輸入公表3号品目（その他公表品目）：事前確認品目と通関時確認品目

②輸入公表1号品目（輸入割当品目、ＩＱ品目）

　輸入の数量規制、すなわち、年間の輸入量の上限が定められている品目であ

る。これらの品目に限り、経済産業大臣の輸入割当の取得が必要である。輸入の手順は、最初に経済産業大臣の輸入割当を取得し、次いで、同じく経済産業大臣の輸入承認を取得する。最後に税関の輸入許可を取得すれば貨物を輸入できる。

輸入公表1号品目に含まれるのは、非自由化品目（近海魚等）とモントリオール議定書に係る物質（オゾン層を破壊する物質）の二種類である。下表は主要な品目をまとめたものである。

輸入公表1号にある主要な品目

非自由化品目	にしん、たら、ぶり、さば、いわし、あじ、さんま、帆立貝、貝柱、いか、食用の海藻 など
モントリオール議定書に係る物質	クロロフルオロカーボン、ハロン、完全にハロゲン化されたクロロフルオロカーボン、四塩化炭素、メチルクロロホルム、ハイドロクロロフルオロカーボン など

備考：非自由化品目とオゾン層を破壊する物質は非常に細かく規定されている。たとえば、表にあるにしん、たら、ぶりなどは次の通り品種が定められている。
『冷凍したにしん（クルペア属のもの）、たら（ガドゥス属、テラグラ属またはメルルシウス属のもの）及びその卵、ぶり（セリオーラ属のもの）、さば（スコムベル属のもの）、いわし（エトルメウス属、サルディノプス属またはエングラウリス属のもの）、あじ（トラクルス属またはデカプテルス属のもの）ならびにさんま（コロラビス属のもの）』

実務スペシャリストは、輸入公表1号に該当する可能性のある品目を輸入する際は、経済産業省ホームページの「輸入関係法令、輸入公表」で品種などの詳細を確認すべきである。

③輸入公表2号品目

特定の国からの特定の品目が経済産業大臣の輸入承認の対象になる。

輸入公表2号

輸出国	品目
国際捕鯨取締条約の非加盟国	鯨
中華人民共和国、北朝鮮、台湾	サケ、マス、及びその調整品
日本の領海以外の水域を船積地とする	魚、海藻等の水産品
ボリビア、グルジア（ジョージア）	メバチマグロ、及びその調整品
イラク	文化財（不法に取得したもの）
イラン	核兵器関連物質、武器等
リベリア	ダイヤモンドの原石

（輸出国に関し詳細な規定がある）	ワシントン条約動植物及びその派生物、モントリオール議定書附属書に定める物質及び製品ならびに化学兵器の禁止及び特定物質の規制等に関する法律に定める第一種指定物質 等

　特定国からの特定品目であり対象を絞り込むのは容易だが、輸出国や原産地、あるいは品目を偽って輸入される可能性を否定できない。輸入者は、魚類については相応の注意を払うべきである。

【輸入公表2の2号品】

　2の2号に規定される品目の輸出元は、上記の2号と異なり全ての国になる。具体的な品目の概要は次の通りであり、通常の貿易取引では扱わない品目が並んでいる。

輸入公表2の2号

品目	明細
機械類等	武器及び銃砲弾ならびにこれらの部分品及び附属品
火薬類	
原子力関連貨物	核燃料物質、核原料物質、原子炉及び放射線の定義に関する政令第2条に規定する核原料物質
医薬品類	口蹄疫ワクチン
化学品等	石綿、4－ニトロジフェニル、ビス（クロロメチル）エーテル、ベーターナフチルアミン、4－アミノジフェニル、ベンジジン、ベンゼンを含有するゴムのり、黄りんマッチなど
化学兵器禁止法関連物質	化学兵器の禁止及び特定物質の規制等に関する法律施行令の別表に記載された品目
バーゼル条約関連	有害廃棄物
廃棄物の処理及び清掃に関する法律関連	・廃棄物：ごみ、粗大ごみ、燃え殻、汚泥、ふん尿、廃油、廃酸、廃アルカリ、動物の死体その他の汚物または不要物であつて、固形状または液状のもの ・産業廃棄物 　1．事業活動に伴つて生じた廃棄物のうち、燃え殻、汚泥、廃油、廃酸、廃アルカリ、廃プラスチック類その他政令で定める廃棄物 　2．輸入された廃棄物、ならびに本邦に入国する者が携帯する廃棄
ワシントン条約関連	絶滅危惧の動植物

④輸入公表3号品目

　輸入公表3号に記載された品目は、経済産業大臣の「輸入の承認」は不要である。ただし「輸入の承認」の代わりに経済産業大臣、もしくは所管大臣の事前確認、あるいは、通関時に税関の確認が必要である。

14. 他法令

事前確認品目

品目	事前確認
治験用の微生物性ワクチン（口蹄疫ワクチンに限る。）	農林水産大臣の確認
特定外国文化財	返還を必要としないものであることについての文部科学大臣の確認
被占領地域流出文化財	本邦において一時的に保管すべきものであることについての文部科学大臣の確認
試験研究用の貨物（化学品名の詳細がある）	経済産業大臣の確認
まぐろ、かじき、メロ、鯨（詳細の規定あり）	経済産業大臣の確認
特定の国からのワシントン条約附属書に記載された動植物（詳細の規定あり）	経済産業大臣の確認
モントリオール議定書附属書に掲げる物品（詳細の規定あり）	経済産業大臣の確認
冷凍したカニ	経済産業大臣の確認

税関の通関時確認品目

けしの実及び大麻の実	熱処理等によって発芽不能の処理を施したものであることを証する書類（当該陸揚港を管轄する地方厚生局麻薬取締部、地方厚生支局麻薬取締部または地方麻薬取締支所が発行したものに限る。）
特定の国を輸出国とするワシントン条約附属書Ⅱに掲げる種に属する動物	船積地域に係る国若しくは地域の管理当局またはこれに準ずる当局が同条約に基づき発給する当該貨物に係る輸出許可書または再輸出証明書の原本
放射性同位元素	放射性同位元素の使用の許可を受けた者にあっては、放射線障害防止法第9条第1項に規定する許可証の写し 放射性同位元素の使用の届出または販売若しくは賃貸の業の届出を行った者にあっては、届出を行ったことを示す証明書
ダイヤモンド	船積地域に係る国または地域において発行されたキンバリー・プロセス証明書
農薬	農薬取締法に規定する登録を受けたことを証する書類
ロシア産のカニ（冷凍していないもの）	ロシア政府が発給した証明書の原本
カニ（冷凍していないもの）（ロシア産を除く）	原産地を証明する書類等

POINT

所管大臣の事前確認品目、税関の通関時確認品目の双方とも水産物を除くと通常の輸入取引では扱わない品目である。実務スペシャリストは、対象品目が通常の輸入貨物に紛れ込む事故を阻止するために監視を怠ってはならない。

（5） 外為法以外の主な他法令

薬事法、食品衛生法、植物防疫法、家畜伝染病予防法を取り上げる。これらはいずれも輸出貨物と輸入貨物の双方に適用される法令だが、輸入貨物に適用される頻度が圧倒的に高い。本項は、輸入貨物を対象に個々の法令を解説する。

①薬事法（医薬品、医療機器等の品質、有効性及び安全性の確保等に関する法律）

Ⅰ．薬事法の概要

薬事法は、平成26年度に従来の「薬事法」から「医薬品、医療機器等の品質、有効性及び安全性の確保等に関する法律」に変更された。しかし、実務では、長年使用された「薬事法」が依然として使用されている（本項も「薬事法」と略記する）。

「薬事法」の名称から推測し、医薬品に限定した法令と誤解されるケースが多い。しかし、実際には極めて広範囲の品目が対象になる。対象品目は医薬品、医薬部外品、化粧品、医療機器の４つのカテゴリーに分類され、個々のカテゴリーの範囲は次の通りである。

【医薬品】
・日本薬局方に収められている物。
・人または動物の疾病の診断、治療または予防に使用される物。

【医薬部外品】
次のイからハまでに掲げる目的のために使用される物であって人体に対する作用が緩和なもの。
- イ　吐きけその他の不快感または口臭若しくは体臭の防止
- ロ　あせも、ただれ等の防止
- ハ　脱毛の防止、育毛または除毛
- ニ　人または動物の保健のためにするねずみ、はえ、蚊、のみその他これらに類する生物の防除の目的のために使用される物

【化粧品】

人の身体を清潔にし、美化し、魅力を増し、容貌を変え、または皮膚若しくは毛髪を健やかに保つために、身体に塗擦、散布その他これらに類似する方法で使用される物。

【医療機器】

人若しくは動物の疾病の診断、治療若しくは予防に使用されること、または人若しくは動物の身体の構造若しくは機能に影響を及ぼすことが目的とされている機械器具等であって、政令で定める物。

薬事法に関し貿易取引で注意すべきは次の点である。

(A) 薬事法の四つのカテゴリーは、「化粧品」を除き動物用が含まれる。
(B) 化粧品の定義は広く、いわゆる女性用の化粧品の他に「身体を清潔、美化、健やかに保つ」ものが含まれる。具体的には石鹸、歯磨き粉、保湿クリームなどである。
(C) 医療機器は、Ⅱ．の表にある「許可の種類」の通り第一種から第三種まであり多種多様の機器が含まれる。病院で使用する高度医療機器から血圧計、体温計、メガネ、コンタクトレンズまでが対象になる。

薬事法は我々の日常生活になじみの深い石鹸、歯磨き粉、メガネなども対象にする法律である。実務スペシャリストは、新規の商品を輸入する際は薬事法、特に医薬部外品や化粧品に該当する可能性を慎重に確認すべきである。

Ⅱ．対象品目の製造・販売

薬事法の対象品目を製造、販売するには厚生労働大臣の許可が必要である。許可の対象、ならびに種類は、品目により以下の通り細かく規定されている。

品目	許可の種類
医薬品	第一種、第二種医薬品製造販売業許可
医薬部外品	医薬部外品製造販売業許可
化粧品	化粧品製造販売業許可
医療機器	第一種、第二種、第三種医療機器製造販売業許可

これらの許可は、個々の品目を対象に取得しなければならない。上記のカテ

ゴリー、たとえば、「医薬部外品」全般を対象に許可を受けることはできない。輸入品に関しては、国産品と同様に、最初に製造所の許可を受け、次いで品目ごとの許可を取得する。また、薬事法の対象品目の輸入者は、輸入する品目ごとに製造者と販売者のペアで厚生労働大臣の承認を受けなければならない。

並行輸入業者は、厚生労働大臣の承認を受けた販売業者に該当しないので薬事法の対象品目を輸入して販売することはできない。ただし、外国で販売されている薬事法の対象品目を個人が輸入し使用するのは「販売」に当たらないので薬事法に違反しない。個人輸入は規制の対象外になるが、輸入者が個人で使用するものに限定される。たとえば、友人の使用分と合わせて輸入する行為は許されない。

Ⅲ．品質管理業務

医薬品等の輸入販売者は品質管理業務が課されている。以下は、「医薬部外品と化粧品に関する省令」であり、医薬品と医療機器にも同様の規定が施行されている。

「医薬部外品・化粧品の製造販売業者は、品質管理業務を適正かつ円滑に実施するため、次に掲げる手順に関する文書を作成しなければならない。

一　市場への出荷に係る記録の作成に関する手順
二　適正な製造管理及び品質管理の確保に関する手順
三　品質等に関する情報及び品質不良等の処理に関する手順
四　回収処理に関する手順
五　文書及び記録の管理に関する手順
六　その他必要な品質管理業務に関する手順」

これらの手順書は、いわば品質管理のためのマニュアルである。もちろん、マニュアルに従って記録を保管し問題が発生すれば対処しなければならない。

14. 他法令

> **POINT**
> 実務スペシャリストは薬事法の対象品目を正しく理解しなければならない。対象は広範囲であり日常生活に密着した品目が含まれる。薬事法の対象品目と理解せずに輸入する間違いを犯してはならない。

②食品衛生法

Ⅰ．食品等の輸入手順

食品を輸入する際の業務フローは次図の通りであり中心になるのは食品届（正式名称は「食品等輸入届出書」）である。食品届は、食品等の安全性確保を目的とし提出先は厚生労働省検疫所である。

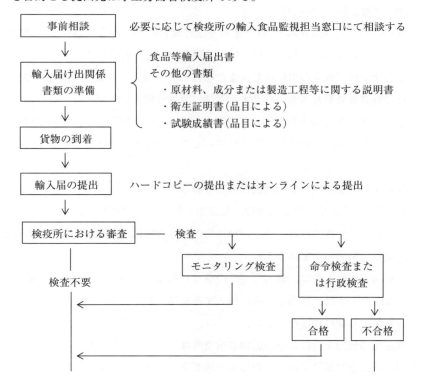

食品等の輸入手続き（厚生労働省検疫所のホームページより作成）

【厚生労働省ホームページ】
「輸入される食品については、その安全性確保の観点から食品衛生法第27条に基づき、輸入者に対して輸入届出の義務が課せられています。食品衛生法第27条では「販売の用に供し、または営業上使用する食品、添加物、器具または容器包装を輸入しようとする者は、厚生労働省令の定めるところによりそのつど厚生労働大臣に届け出なければならない。」と定め、輸入届出を行わない食品等については販売等に用いることはできないとしています。」

食品届に関する注意事項は次の2点である。
- 対象は、「食品、食品添加物、食品用の器具または容器包装」であり、食料品以外が含まれる。また、幼児用のおもちゃは、幼児がなめることを想定し食品届の対象になる。
- 食品等の輸入者は、輸入の「そのつど」食品届の提出が義務付けられている。たとえば、毎週定期的に輸入する食品であっても、輸入のつど食品届を提出しなければならない。

食品届の提出を受けた厚生労働省検疫所は、食品衛生監視員が食品衛生法に基づき適法な食品等であるかの審査や検査を実施する。審査や検査に問題がなければ食品等輸入届出済証が発行される。輸入者は、税関に輸入申告書を提出し、税関の実施する貨物検査の際に食品等輸入届出済証を提示する。輸入者は、

税関の輸入許可を受けて貨物を国内に引き取る。

【検査の種類】

上図に記載がある「検査」の内容は次の通りである。

- モニタリング検査：食品衛生法に違反する可能性が低い食品等が対象になる。厚生労働省検疫所が品目ごとの年間輸入量及び過去の違反実績を勘案し検査の年間計画を策定し実施する。輸入貨物から検査用の検体を採取するが、輸入者は検査結果を待たずに輸入手続きを進めることができる。後日、不合格の検査結果が出た場合は、回収等が命じられる。
- 命令検査：食品衛生法に違反する可能性が高い食品等が対象になる。輸出国の事情、食品の成分や特性、過去の違反事例などから検疫所が判断する。輸入者は、輸入者の費用負担と手配により検査を実施し、合格の結果が得られるまでは食品届の発給は止められ、輸入手続きを進めることはできない。
- 行政検査：厚生労働省検疫所の食品衛生監視員が実施する検査である。対象は次の二種類である。
  - 初めて輸入する食品等
  - 輸送途中に事故が発生した食品等

初めて輸入する食品等の輸入者は、食品の衛生安全を確保する義務に基づいて必要な項目（たとえば、食品添加物の種類と量）の確認試験を指導されるのが通常である。

II．食品届

食品等輸入届出書に記載する主要な項目は以下の通りであり、輸入者は事前に必要情報を揃えなければならない。

- 輸入者：輸入者が日本貿易関係手続簡易化協会編「日本輸出入業者標準コード表」に掲載されている場合、または、税関発給コードを取得している場合は、取得したコードを記入する（食品の輸入者は高度の安全管理が求められるので、これらのコードを取得するのが一般的である）。
- 生産者：生産者に関連する次の情報をコードで記入する。

生産国、製造者名と住所、製造所名と住所、輸出者名と住所、包装者名と住所
- 試験成績：有効期間内の試験成績がある場合は当該成績書を添付する、または備考欄に検査実施時の届出受付番号を記入する。
- 品目コード：食品届出コード表に掲載された品目のコードを記入する。
- 登録番号：輸入食品等事前確認制度により登録を行っている場合、品目登録制度により登録を行っている場合、日本輸入食品安全推進協会の輸入食品等安全情報登録提供事業により登録を行っている場合に登録番号を記入する。

以上の通り、食品等の安全性を確保するために多くの情報を開示する必要があり、また、その大部分は事前に登録する制度である。記載項目の中の「試験成績」は、検査結果の有効期間を示す。検査結果を持たない品目、あるいは、検査結果の有効期間が経過した品目は民間の検査機関において細菌、農薬や添加物の分析を実施する。検査を実施する品目は、検査結果が判明するまで食品等輸入届出済証の発給は留保される。検査の対象品目と検査項目は決まっており、また、検査には１週間程度を要する。輸入者は、対象品目の検査を食品届の提出前に済ませるのが一般的である。

> **POINT**
> 消費者の口に触れる品目は食品衛生法の対象になる可能性が高い。実務スペシャリストは、新規の品目を取り扱う際は該当する可能性を検討すべきである。また、食品届が必要な場合は、事前に各種の登録手続きが必要である。事前の準備を怠ると食品等輸入届出済証の入手に多大な日数を要する。

③植物防疫法

植物、ならびに植物の加工品を輸入するには植物検疫を受ける必要がある。検疫は病害虫が植物に付着して侵入するのを阻止するもので、種子、切り花、野菜、果物、製材、丸太など全ての植物性生産品が対象になる。ただし、植物

を素材とする高度加工品は除外される。たとえば、木製のタンス、テーブル、椅子などで表面を磨きラッカーやペンキで塗装仕上げを施したものは検疫の対象外になる。また、輸入貨物の梱包に木製の角材や板を使用している場合は使用木材の検査が必要である。生木であれば植物検疫の対象になる。梱包用の資材として生木を使用するのは世界的に禁止されており、燻蒸した木材、あるいは、高度加工品に分類される合板の使用が義務付けられている。

　植物、ならびに植物の加工品の輸入手続きは次図の通りである。検査対象品を輸入するには、輸出国の政府機関が発行する検査証明書（「植物検疫証明書」または「Phytosanitary Certificate」と呼ぶ）を準備する。この検査証明書は輸出国における検査で検疫対象の有害動植物の付着がなかったことを証明するものである。輸入者は、輸入貨物の到着を待って輸入植物検査申請書に輸出国の検査証明書を添付して植物防疫所に提出する。

　植物防疫所は農林水産省の一部門であり、植物防疫官が輸入貨物を検査する。輸入貨物が輸入禁止品に該当せず、また、検疫の対象になる病害虫の付着がなければ合格証明書が発給される。病害虫が付着していた場合は不合格となり、消毒、廃棄、または返送の措置が命じられる。消毒が命じられた場合は、消毒後に合格証明書が発給される。輸入者は税関に輸入申告書を提出し、税関の貨物検査の際に植物防疫所の発行した合格証明書を提示する。

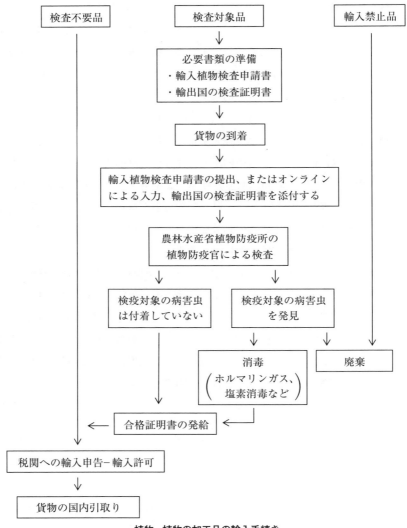

植物、植物の加工品の輸入手続き

　輸入禁止品に該当する植物や植物性生産品は、研究や試験など特別の目的以外に輸入は許可されない。輸入禁止品は次の通りである。

　　■ 検疫有害動物が付着する植物：昆虫、ダニ、線虫、その他の無脊椎動物、

脊椎動物等で有用な植物を害するもの。
- 検疫有害植物：真菌、粘菌、細菌、寄生植物、ウイルス等で有用な植物を害するもの。
- 土または土の付着する植物。
- 特定の国からのかんきつ類、ウリ科、あんず、さくらんぼなど。
- 特定の国からのきくごぼう、てんさい、アブラナ属、アスパラ、アボカドなど。

> **POINT**
> 実務スペシャリストが注意すべきは生木の梱包材料と土である。梱包に生木の使用を禁止する規制は世界的に認知が進んでいる。また、「土」は最も注意を要する禁止品目といえる。「土」及び「土の付着した植物」は輸入禁止品であり、消毒や燻蒸の対象にならず廃棄処分される。

④家畜伝染病予防法

家畜伝染病予防法は動物の生体や畜産品の輸入を規制する法律であり、畜産品に適用する比率が高い。畜産品は原則として輸入禁止であり、農林水産大臣の指定した畜産品のみが「指定検疫物」と呼ばれ輸入可能になる。指定検疫物を輸入するには、動物検疫所より輸入検疫証明書の発給を受けた後に税関の輸入許可を取得する。

Ｉ．指定検疫物

指定検疫物は次の通りである。

ア．生体及び死体

偶蹄類の動物、馬、鶏、うずら、だちょう、七面鳥、かも目の鳥類、犬、兎、及びみつばち

イ．卵

鶏、七面鳥、うずら、だちょう、及びかも目の鳥類の卵

ウ．アの動物の骨、肉、脂肪、血液、皮、毛、羽、角、蹄、腱及び臓器

エ．アの動物の生乳、精液、受精卵、未受精卵、ふん及び尿

オ．アの動物の骨粉、肉粉、肉骨粉、血粉、皮粉、羽粉、蹄角粉及び臓器粉
カ．ウのものを原料とするソーセージ、ハム及びベーコン
キ．家畜伝染病予防法施行規則第43条の上欄に掲げる地域から発送され、またはこれらの地域を経由した穀物のわら及び飼料用の乾草

上記の通りソーセージやハムなどの高度加工品も動物検疫の対象品目である。また、包装形態による検疫免除の規定はない。すなわち、缶詰や瓶詰などの密閉容器に詰められた肉類も検疫の対象である。植物防疫法は高度加工品を除外するが、動物検疫は加工度による除外規定はない。植物と動物の検疫対象が異なり混乱する輸入者が多いので実務スペシャリストは十分な注意が必要である。

Ⅱ．指定検疫物の輸入手順

指定検疫物である畜産品を輸入する流れは次の通りである。

14. 他法令

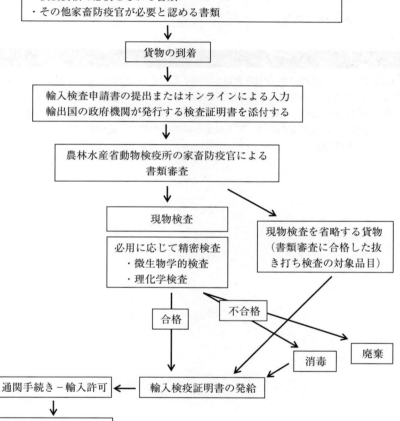

- 輸出国の検査証明書：輸出国の政府が発行した証明書であり、監視伝染病の病原体を広げる恐れがないことを確認した旨を記載ししている。「Health Certificate」や「Veterinary Certificate」と呼ばれる。
- 抜き打ち検査の対象品目：偶蹄類の動物（牛が含まれる）、馬、ニワトリ、犬、うさぎの骨、肉、脂肪、皮、毛、羽、角、蹄、腱、臓器、卵、ソーセージ、ハム、ベーコン。

POINT

畜産品の高度加工品は検疫の対象外と誤解する輸入者が多い。植物の高度加工品と混同するのである。食肉を原料とする食品は、食品衛生法と家畜伝染病予防法の双方に該当する可能性があり、実務スペシャリストは該当する他法令の判定を慎重に行わなければならない。不確実なものは、厚生労働省検疫所や農林水産省動物検疫所などに確認するのが良策である。

第4章　輸出業務フローと輸入業務フロー

　第4章は復習とまとめである。第1章から第3章の「貿易」、「輸送」、「通関」を組み合わせて輸出と輸入の業務フローを構築する。実務スペシャリストは、業務フローの中における自身の担当業務の位置づけと前後の業務との関係を理解するのがスタートである。最終的には、業務フローの全体を管理する知識を習得することで"実務スペシャリスト"になる目標を達成できる。

　本章にまとめた業務フローは基本となるものである。すでに見た通り輸出入申告書の提出にNACCSを使用する比率は98％である。また、船社や代理店、CY、CFS、通関業者などは業務のシステム化を進めている。第4章の業務フローの中で定型的な部分はコンピューターを使用した処理に置き換えられており、今後も置き換えは進むはずである。実務スペシャリストは、基本となる業務フローを理解した上でコンピューターを活用した最新の処理方法を習得すべきである。

　第4章に登場する輸出者と輸入者は全て非AEOである。

1．輸出業務フロー

（1）LCLの業務フロー

　海上輸送されるLCLの船積みまでの業務フローは次の通りである。

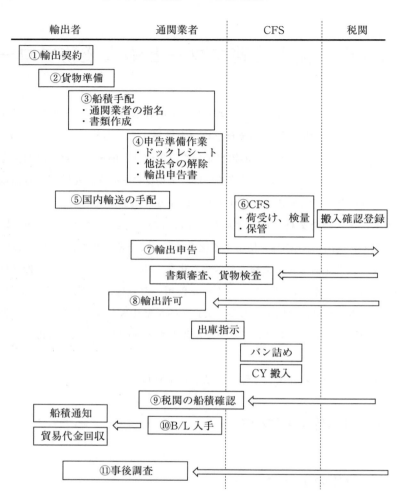

①輸出契約

日本の輸出者は外国の輸入者と貿易取引の売買契約を締結する。売買契約は、輸出業務フローに関連する次の事項を規定する。

- 貨物の明細（品名、数量、重量、容積など）
- 貨物の価格（金額、インコタームズの条件、使用通貨）
- 貨物の梱包方法

1. 輸出業務フロー

- **船積期限**

貿易取引の売買契約は輸出者と輸入者に限定した合意であり、日本の輸出申告書の記載基準に合わせる必要はない。輸出申告書は関税三法に従って作成する義務があり、売買契約の合意事項と差異を生じるのは当然である。以下は典型的な差異である。

Ⅰ．品名

売買契約は、貨物明細と数量に商品名を使用することができる。たとえば、携帯型パソコンの輸出であれば「NEC製 LaVie LL750 1,000台」である。契約の当事者である輸出者と輸入者にとって輸出貨物を限定できる記載であり誤解を生じることはない。いっぽう、輸出申告書に記載する貨物明細は、関税率表（実務では「輸出統計品目表」を使用する）に従って「携帯型のパーソナルコンピューター」とし、HSコードは8471.30.000♀である。ちなみに、このHSコードに対応する関税率表の品名は次の通りである。

『携帯用の自動データ処理機械（重量が10キログラム以下で、少なくとも中央処理装置、キーボード及びディスプレイから成るものに限る。）』

ただし、関税率表の分類品名を忠実に輸出申告書に記載する必要はなく、同様の意味を持つ表記で差し支えない。

Ⅱ．価格

売買契約の価格、インコタームズの条件、使用通貨は輸出者と輸入者の間で自由に決定できる。たとえば、C&F条件、USドル建で締結できる。いっぽう、輸出申告書に記載する申告価格は輸出港における円貨のFOB価格である。円貨のFOB価格を得るには、契約のC&F価格から運賃相当額を控除し、さらにドル建ての価格を円貨に換算する。換算には税関の発表する換算率を使用する。

Ⅲ．梱包

輸出貨物は海上輸送用の梱包が施される。パソコンであれば個装、内装、外装の３段階の梱包が一般的である。仮に個装が1,000個、内装が100個、外装を５パレットとする（内装は個装10個をまとめて梱包する、外装は内装20個

を梱包する）。梱包の段階と方法は輸出者と輸入者の間で自由に決定できるが、輸出申告書（輸入申告書も同様）はネットの数値を記入する。「携帯型のパーソナルコンピューター」の数量単位は「台」であり、ネットの個数は1,000台、重量と容積は1,000台の個装の合計値になる。いっぽう、B/Lなどの貨物輸送に使用する書類は目視で確認できるグロスの数値（パレットの個数、重量、容積）を使用する。

POINT

実務スペシャリストは、貿易取引の売買契約書に記載された品名や数量と輸出通関、船積手続きとの関連を正確に把握しなければならない。売買契約書の記載事項を輸出申告書やドックレシートなどに機械的に転記するのは危険である。「貿易」、「輸送」、「通関」のそれぞれの場面で輸出貨物は異なる視点で計測される。輸出者が「輸送」や「通関」の業務を通関業者やトラック業者等に委託する場合は、委託する業務によりネットとグロスを使い分けて通知しなければならない。通関業者にはネットとグロスの双方、輸送関連の業者にはグロスが基本である。

②貨物準備

輸出者は、売買契約した貨物を自社工場、あるいは、メーカーや問屋に発注する。発注は単に輸出契約した貨物を準備するのみでなく輸出通関や船積手配に関連する次の事項を決定する。

Ⅰ．輸出梱包

実務スペシャリストは梱包前の個数、重量、容積（ネット）と梱包後の数値（グロス）を正確に把握しなければならない。梱包明細書が必要であれば、梱包の発注先に様式と記載事項を指示する。発注先が梱包明細書の作成に不慣れであれば、梱包作業の資料を受け取り自社で作成する。

Ⅱ．納品場所

発注先が輸出梱包を受託する場合は納品場所をCFSとするのが簡便である。発注先が梱包を引き受けない場合は梱包業者に委託する。輸出者は、発注先から梱包業者までのトラック輸送と梱包後の貨物をCFSまで輸送するトラックを手配しなければならない。CFSまでのトラック輸送は、ドライバーにブッ

キングナンバーとドックレシートを持参させる。

Ⅲ．納品日

輸出者は納品日とCFSのカット日の間に輸出通関と船積手続きの全てを完了しなければならない。CFSのカット日は船社の定める日時であり変更はできない。カット日を基準に輸出通関と船積手配に要する日数を合算し逆算で納品日を設定する。

> **POINT**
> 実務スペシャリストは、輸出貨物の発注時に輸出通関や船積手配の予定表を作成するのが望ましい。さらに、納品日が近づくと予定表通りに業務が進行していることを確認する。「貿易」の貨物準備と「輸送」、「通関」を統合した管理である。不測の事態が発生すれば、直ちに対策を取れる体制を維持しなければならない。

③船積手配

輸出者の行う船積手配の具体的な内容は次の通りである。Ⅰ．～Ⅳ．は必ずしもこの順番になるとは限らない。前後が逆転する、あるいは同時並行的に進むことがある。

Ⅰ．通関業者の指名

輸出者は通関業者を指名し「通関業務依頼状」を発給する。通関業者に通関業務以外の船積手配を委託する場合は、シッピングインストラクションを作成し委託する業務の種類と業務を実行する上で必要な情報を提供する。輸出者が提供する情報は輸出申告書、B/L、他法令の解除などに使用される重要なもので、実務スペシャリストは情報に誤謬のないことを慎重に確認しなければならない。通関用の情報と船積手配用の情報は内容が異なることに留意する。

Ⅱ．ブッキング

船社に連絡し船積予定船のスペースを確保する。ブッキングの内容はCFSに通知され輸出貨物を受け取る準備に使用される。輸出者がブッキングで船社に通知した貨物明細はブッキング用でありB/L等に転記されることはない。

したがって、貨物明細はAboutでよいが、揚げ港や最終目的地（船社に内陸ポイントまでの輸送を委託する場合）は正確に通知しなければならない。売買契約に記載された荷渡し地とB/LのFinal Desitinationを一致させる。

Ⅲ．書類作成

輸出者は仕入書を始め船積書類を準備する。仕入書は輸出通関に必須の書類であり、通関業者が輸出申告書を税関に提出する時点で完成していなければならない。

通関業者に仕入書などの書類作成を委託する場合は、シッピングインストラクションに作成や取得を委託する書類の種類と個々の書類の記載事項を明確に指示する。船積書類は、記載内容や準備する通数に間違いがあってはならない。

Ⅳ．貨物海上保険

貿易取引に使用したインコタームズ条件により輸出者が貨物海上保険を手配する場合は運送に関する危険が発生する前に保険契約を完了する。保険条件、保険価格、保険の付保率などは貿易取引の売買契約にしたがって設定する。また、付保する保険の始点と終点の指示も重要である。貨物海上保険が船積み後に有効となる売買契約（FOBなど）の場合は、輸出者は輸出FOB保険の付保を検討しなければならない。インコタームズの条件と貨物海上保険の付保、また、運送危険の開始と保険契約の成立の関係に留意する。

④申告準備作業

輸出者から通関手続きの委託を受けた通関業者は、通関業務依頼状の到着を待って業務を開始する。最初に行うのはHSコードの選定である。輸出者から送られてきた貨物明細や貨物に関する資料やデータなどからHSコードを選定する。輸出統計品目表を使用しHSコードを選定すると他法令の有無が注記されている。他法令が適用される品目の場合は、他法令の解除から申告準備を進める。

Ⅰ. 他法令の解除

他法令の解除は通関業務に含まれないが、手続きに精通した通関業者が輸出者の手続きを支援するのが一般的である。他法令を管轄する官庁の輸出許可、輸出承認、検査の完了、条件の具備を証明する書類を取得する。たとえば、果実や盆栽などを輸出するには植物検疫証明書の発給を受ける。他法令の解除は、輸出申告書を税関に提出する前に完了しなければならない。

Ⅱ. 輸出申告書

通関業者は、輸出者が準備したインボイスやシッピングインストラクションなどに基づいて輸出申告書を作成する。輸出者、輸入者、積港、揚げ港、貨物明細などはシッピングインストラクションの記載事項をコピーする。貨物のHSコードはすでに選択したHSコードを使用する。申告価格は、通関士が法令に従って算出する。

輸出申告書の作成過程を監督し完成した申告書の最終審査を行うのは通関士である。通関士の審査が終了すれば税関に提出する準備が整う。ただし、輸出申告書は準備が整い次第税関に提出できるものではない。輸出梱包の終了を確認し、輸出貨物のネットの数値が正しく輸出申告書に反映されていることを確認しなければならない。輸出申告書はネットを記載しドックレシートやB/Lはグロスを記載する。ネットとグロスは異なる数値だが、差異は輸出梱包により発生したもので説明可能でなければならない。

LCLは、貨物がCFSに到着した時点（「⑥Ⅰ．CFS」を参照）で検数検量業者が個数、重量、容積を計測しグロスの正式な数値が確定する。通関業者は、CFSの計測数値を入手し輸出申告書の貨物明細と齟齬のないことを確認するのが通常の手順である。輸出申告書は「⑥Ⅱ．「搬入確認登録」」の後に税関に提出するのが一般的である。

⑤国内輸送の手配

Ⅰ. 国内輸送

貨物をCFSまで輸送する手配は、輸出梱包の完成予定が判明した時点でⅡ.

のドックレシートの作成と並行して進める。LCLをCFSまで運ぶ国内輸送はトラックを使用する比率が圧倒的に高い。実務スペシャリストは、第2章「3.（5）輸出貨物の国内輸送」を参考に最適な輸送方法を選択しなければならない。

輸出貨物をCFSまで輸送するトラック会社は、輸出者から得た貨物情報をもとに「トラック送り状」を作成する。「トラック送り状」は発地における荷受けとCFSの荷渡しの際に貨物の受渡しを確認する書類であり、品名、個数、荷主名、発地の倉庫や工場名、目的地のCFSなどが記載されている。輸出貨物を渡す側と受け取る側の双方が「トラック送り状」に記載された個数を確認し受渡しのサインを行う。

「トラック送り状」の貨物明細は輸出者の発注書をもとにするためネットに近い数値であり、輸送の現場で使用するグロスと異なる。CFSは「トラック送り状」に受領印を押印するのを避け、検数検量業者がCFS到着時に計測するグロスの数値を記載した入庫票を使用し貨物受渡しの確認を行う。

Ⅱ．ドックレシート

通関業者は、輸出者から受領したインボイス、シッピングインストラクション等に基づいてドックレシートを作成する。積港で船積みするまでの現場作業はドックレシートを軸に進められる。ドックレシートはB/Lの原本になるもので、貨物明細、輸出者、輸入者の名称にミスは許されない。B/Lの主要項目は信用状や売買契約と合致しなければならない。「貿易」と「輸送」の統合である。ドックレシートの一般的な記載は次の通りである。

- Shipper：輸出者名
- Consignee：To Order
- Notify Party：輸入者名
- Cargo Description：信用状や売買契約の品名

荷為替手形を使用し、輸入者が貿易代金を支払う、あるいは、支払いを約束するまで銀行が貨物の所有権を確保するためConsigneeはTo Orderとする。輸入者に所有権を移すときは裏書を行う。送金決済など貨物の所有権を留保

する必要のないときはConsigneeは輸入者名となる。

実務スペシャリストは、ドックレシートを完成させた時点で記載事項の確認を怠ってはならない。

⑥CFS
Ⅰ．荷受け

輸出貨物がCFSに到着すると「荷受け」が行われる。CFSが国内輸送を担当したトラックから輸出貨物を引き取る作業であり次の手順で行われる。

(A) トラック送り状と入庫票

CFSは、トラックドライバーが持参する「トラック送り状」の内容を確認し、「トラック送り状」を参考に独自の「入庫票」を作成する。

(B) 荷受けと検数検量

トラックから貨物を卸すのはCFSの作業員である。しかし、貨物の個数、重量、容積を計測し貨物の状態（ダメージの有無）を確認するのは検数員である。検数員はCFSに属さない第三者の検数検量業者の職員である。検数員の計測した数値が入庫票に反映される。

(C) 受渡しの確認

荷受作業の完了時に、ドライバーとCFSの双方が入庫票にサインし受渡しを確認する。

Ⅱ．搬入確認登録

CFSは搬入確認登録をNACCSに入力する。搬入確認登録に使用する貨物の明細は検数員が計測した個数、重量、容積である。CFSは貨物明細の他に輸出者名、積み揚げ地、予定船名、CFSの名称や住所などを入力する。

搬入確認登録は、輸出貨物が保税蔵置場に置かれたことを正式に確認する作業である。通関業者は輸出申告書を提出し輸出許可を受けることができる。貨物は「輸出しようとする貨物」として保税管理の対象になり、保税蔵置場は外国貨物として取り扱う。

輸出者が貨物の検品や梱包の変更などをCFSで実施する場合は、事前にCFS

に通知し「搬入確認登録」を止める必要がある。事前の通知がないと、CFSは受領した全ての輸出予定貨物を「輸出しようとする貨物」に登録する。登録された貨物は「外国貨物」として扱われ、輸出者であっても自由に貨物に触れることは許されない。

CFSは次の移転が行われる場所である。

- 「貿易」：貨物の所有権が発注先から輸出者に移転する（納品場所をCFSとした場合）。
- 「輸送」：陸上輸送から海上輸送に移転する。運送約款が変わる。
- 「通関」：貨物は内国貨物から外国貨物に変わる。保税管理の対象になる。

実務スペシャリストは「貿易」、「輸送」、「通関」を統合した管理が求められる。

Ⅲ．出庫指示とバン詰め

輸出貨物のバン詰めは、CFSが勝手に進めることはなく輸出者（通常は通関業者）がCFSにバン詰めと出庫を指示する。CFSがバン詰めを開始するまでに輸出貨物は輸出許可を取得し「外国貨物」になっていなければならない。通関業者がバン詰め指示を出すのは「⑧輸出許可」の取得後である。CFSは、通関業者から輸出許可書のコピーを入手し、さらに、NACCSで輸出許可の確認を行った後にバン詰めを開始する。

LCLは他の貨物と一緒にコンテナに詰められ、コンテナ内で他の貨物と上下や左右が接触した状態になる。また、コンテナ内で他貨と混じる可能性があり、LCLの梱包と荷印は重要である。荷印は輸出申告書やB/Lの記載事項である（輸出申告をNACCSで行うときは省略できる）。

> **POINT**
>
> CFSに輸送された貨物は船積みまでのベルトコンベヤーに載せられた状態である。CFSは、輸出者からの「通関完了、バン詰め、出庫」の指示を待っている。指示があれば、直ちにバン詰めを行いCYに輸送する手はずが整っている。ベルトコンベヤーに載らない貨物、たとえば、梱包の手直しなどをCFSで行うときは事前の手配が必要である。実務スペシャリストは予定する作業内容をCFSに伝えベルトコンベヤーから確実に外さなければならない。

⑦輸出申告

CFSが「搬入確認登録」を行った時点で、通関業者は輸出申告書を税関に提出するのが一般的である。大半の輸出申告書はNACCS経由で税関に提出され税関の回答もNACCSで送られる。

輸出貨物の書類審査や貨物検査は税関の判断で実施、または省略になる。区分2や3は全体の3％程度と言われ、省略される比率が圧倒的に大きい。しかし、実務スペシャリストは書類審査や貨物検査の実施を前提にカット日に間に合う船積手配を準備しなければならない。税関から書類審査や貨物検査の指定があった場合に免除を請求する方法は用意されていない。

⑧輸出許可

輸出の許可を取得すると貨物を船積みすることができる。しかし、実務では輸出許可後に船積みできない事態が発生する。

Ⅰ．輸出の取りやめ

輸出申告書を税関に提出した後に輸出を取りやめる場合である。輸入者から船積中止の要請が届いた、輸入者からの信用状が予定日に届かない、輸入国の政情が不安定になったなどの理由が想定される。輸出の取りやめは、輸出申告書を提出したが輸出許可前であれば「輸出申告撤回申請書」を税関に提出する。税関が申請を受理すれば、輸出申告はなかったものとして処理される。

すでに輸出許可を受けている場合は、輸出申告を撤回することはできない。輸出貨物は外国貨物になっているので輸入手続きが必要である。通常の輸入申告書を提出し輸入許可を受ける。免税扱いになるので関税の支払いは発生しない。

Ⅱ．船名、数量の変更

輸出許可の取得後に本船の変更、あるいは、輸出貨物の数量に変更があった場合の対応である。たとえば、台風の影響で予定船のスケジュールが乱れ別のコンテナ船に船積みする、あるいは、輸出許可を受けた貨物のバン詰め作

業中に事故があり一部貨物の輸出を取りやめる場合が該当する。いずれも「船名・数量変更申請書」を準備し、すでに受領している輸出許可書を添付して税関に提出する。税関は輸出許可書の船名や数量を修正して輸出者に交付する。

Ⅲ．事故貨物の交換

上記の数量変更と同様の状況、すなわち、輸出許可後の保管中や荷役中に事故があり貨物の一部が輸出に適さない状態になった場合である。損傷のあった貨物の輸出を取りやめるのはⅡ．の手続きであり、Ⅲ．は新しい貨物と交換する手続きである。輸出が不可能になった貨物を国内に引き取り、代わりに同種の別の貨物を輸出する。輸出者は「輸出許可後事故貨物補充等願書」を作成し、すでに受領している輸出許可書を添付して税関に提出する。税関の承認を待って事故貨物と代替貨物の交換を行う。

⑨税関の船積確認

LCLを混載した実入りコンテナはCFSの手配したトラクターとトレーラーでCYに搬入される。CYは、コンテナの搬入をNACCSに入力し、さらに、コンテナが予定船に積まれると船積みの入力を行う。以上で輸出貨物の船積作業は完了する。

CYは、本船に積まれた輸出貨物とコンテナのリストを作成し税関の確認を受ける。また、税関は船積みされた貨物のドックレシートに船積みの確認を行う。

⑩B/L入手

税関の船積確認があるドックレシートは通関業者に返却される。通関業者は、ドックレシートを船社に提出しB/Lの発給を求める。船社は、⑤Ⅱ．で保管したドックレシートをもとにB/Lを作成し発行の準備をしている。税関の船積確認のあるドックレシートと準備したB/Lの間に齟齬がなければB/Lが発行される。

船積みは、船社の確認を受けたドックレシート通りに実行されるとは限らない。「⑧輸出許可」で見た通り、輸出許可後に船名や貨物明細が変わる事態が往々にして発生する。船社の確認印を受けた後にドックレシートの内容に変更があった場合は、税関の船積確認のあるドックレシートに合わせてB/Lが発行される。

実務スペシャリストは、受領したB/Lの内容点検を怠ってはならない。貿易取引の売買契約書や信用状に記載された内容が正しくB/Lに反映されていることを確認する。

B/Lを入手した輸出者は輸入者に船積通知を送付する。輸出に関連する「通関」は終了し「輸送」は開始された。輸出者に残る作業は輸出代金を回収し「貿易」を完了させることである。

⑪事後調査

輸出者は貿易代金を回収した時点で貿易取引を完了する。しかし、輸出許可の取得は輸出通関の通過点であり事後調査が終了したときに通関手続きは完了する。

輸出者が意図的な、あるいは、不作為の不正を働いていない限り事後調査は単なる確認作業と認識すればよい。不作為の不正とは、輸出者が通関業者に渡した資料や指示が不十分なために、通関業者が提出した輸出申告書に正当といえない事項が記載された場合である。

実務スペシャリストは、輸出貨物に係る売買契約書、信用状、通関業務委任状、その他の関係書類を事後調査用にファイルしなければならない。

（2）FCLの業務フロー

FCLの輸出業務フローはLCLと基本的に同一だが、いくつかの工程、特に「⑤国内輸送の手配」と「⑦輸出申告書」はより多くの選択肢から輸出者に最も適した方法を選択できる。

① 輸出契約：LCLと同様である。
② 貨物準備：LCLと同様である。
③ 船積手配：LCLと同様である。
④ 申告準備作業：LCLと同様である。

⑤ 国内輸送の手配
FCLは、LCLと比較すればより多くの選択肢があり以下から選択できる。
Ⅰ．トラックでCFSに搬入する
Ⅱ．トラックで港湾地区のCFS以外の倉庫（保税蔵置場）に搬入する
Ⅲ．工場や倉庫でバン詰めし実入りコンテナを直接CYに搬入する

選択肢のそれぞれのメリットを見ていくが、一般的に採用されるのはⅢ．の工場や倉庫でバン詰めする方法である。

Ⅰ．トラックでCFSに搬入する
LCLと同様にCFSまで貨物を輸送し船社に輸送を委ねる。輸出者にとって簡易な手続きである。船社に委託する輸送方法はCFS-CFSとCFS-CYの2通りが可能である。輸出者は、売買契約に従っていずれかを選択する。
- CFS-CFS：揚げ地で船社がデバンした後に貨物を輸入者に渡す。
- CFS-CY：他貨と混載されることなく1本のコンテナを専用使用してバン詰めされる。船社は揚げ地で実入りコンテナを輸入者に渡す。

輸出通関はLCLと同一の手順とするのが通常である。

Ⅱ．トラックで港湾地区のCFS以外の倉庫（保税蔵置場）に搬入する
上記のⅠ．と同様に、輸出貨物をトラックで港湾地区まで輸送するが搬入先は輸出者が契約する倉庫（保税蔵置場）である。輸入者はCFSより複雑なサービスを委託できるので利便性は高い。たとえば、1～2週間の短期保管を行う、梱包を補修する、複数の出荷元の貨物を一の輸出貨物にまとめるなどである。倉庫に搬入後に輸出通関を行い、通関後にバン詰め、実入りコンテナをCYまで輸送する手順になる。CFSに搬入する場合と比較し複雑に見えるが、倉庫（保税蔵置場）はこの種の作業に慣れているので輸出者に代わ

りCY搬入までの一切を引き受けるのが通常である。輸出者にとって利便性は高いが倉庫（保税蔵置場）は作業内容に見合った料金を請求する。

Ⅲ．工場や倉庫でバン詰めし実入りコンテナを直接ＣＹに搬入する

空のコンテナを船社の保管場所で受け取り、輸出貨物を保管している工場や倉庫まで輸送してバン詰めする方法である。バン詰め後のコンテナはCYに輸送され、輸出通関後に船積みされる。作業工程が少なくコスト面で有利な方法である。

Ⅲ．を選択する前提は、バン詰めする工場や倉庫がコンテナに対応した施設と機器を保有していること、及び輸出貨物のバン詰めに関する知識を保有していることである。

POINT

発注先の工場や倉庫でバン詰めする方法はコスト的に有利である。ただし、バン詰めに関し一定のノウハウが必要である。輸送中の貨物ダメージを防止する、また、バン詰め後のコンテナの重心を中央に維持する詰め方が求められる。実務スペシャリストはノウハウの蓄積に寄与すべきである。たとえば、バン詰めに要した時間や資材を記録する、また、デバン時の貨物の状態を輸入者から聴取するなど複数の情報を収集する。

---

⑥CFS：CFSに貨物を搬入した場合は、CFSに依頼する作業はLCLと同様である。

⑦**輸出申告**

輸出貨物は、輸出梱包が整った時点で輸出申告書を税関に提出できる。LCL貨物とFCL貨物の双方に適用される規定であり、輸出貨物が置かれている場所に配慮する必要はない。また、FCLは、輸出者の工場や倉庫でバン詰めした後に輸出申告書を提出することが可能である。輸出申告書を提出した貨物は、保税地域に到着後に貨物検査を経て輸出許可になる。貨物検査は省略されることが多いが、実施か省略の判断は税関の権限である。実務スペシャリストは、貨物検査があるとの前提で準備を整えねばならない。工場や倉庫でバン詰めする

FCLは、コンテナ内部の積み付け状態を記録し税関検査の資料とする。また、バン詰め作業の進捗状況に合わせてコンテナ内部を複数回撮影し積み付け状況の証拠にする方法が広まっている。

⑧輸出許可：輸出の取りやめ、船名、数量の変更、事故貨物の取り換えはLCLと同様である。
⑨税関の船積確認：LCLと同様である。
⑩B/Lの入手：LCLと同様である。
⑪事後調査 ：LCLと同様である。

ココで差がつく！ トラック送り状

　小口の輸出貨物は、輸出者がメーカーや問屋に発注しCFSで納品を受けるケースが多い。メーカーや問屋の手配したトラック業者がCFSまで輸送し、CFSが貨物を受け取る時点が納品になる。輸出者は、納品と同時に船社に海上輸送を委託できる。
　CFSに来場した納品のトラックはトラック送り状（トラックB/L）を持参する。納品する貨物の明細、個数、重量、容積が記載されている。しかし、トラックB/Lが紛失するトラブルは高い頻度で発生する。日本のトラック業界は多重構造であり、元請の下に下請け、2次下請け、3次下請けと輸送業務が順次委託されていく。元請がメーカーや問屋から入手した情報をもとに作成したトラックB/Lが実際に貨物を輸送するトラックドライバーに渡らないトラブルである。CFSに貨物を搬入したドライバーは何らかの書類を持参するが貨物の確認には不十分な場合が多い。あるいは、全く書類を持たないドライバーも散見される。
　CFSが作成する入庫書類に記載する貨物の個数、重量、容積は検数検量業者が計測する。しかし、貨物明細は荷主から受け取らなければならない。CFSは、正式な貨物明細を受け取らない限りNACCSに搬入確認登録を入れることができない。搬入確認登録がないと輸出通関は行えない。予定船のCFSカットが迫っていると、CFSと通関業者が大慌てでメーカーや問屋、輸出者に連絡を取り貨物明細を確認する騒ぎになる。トラブルの真の原因は情報管理である。実務スペシャリストが進捗管理を適切に行い、メーカーや問屋の作成した貨物明細を関係先に漏れなく通知すれば避けられるトラブルである。

2．輸入業務フロー

　輸入貨物は、貨物を保税地域に搬入した後に輸入申告書を税関に提出する。LCLはCFSでデバンされた後に申告する。FCLは、保税地域（通常は保税蔵置場）で貨物をコンテナから取り出した後に輸入申告を行うのが原則だが、税関の許可を取得すればコンテナに詰めた状態での申告が認められる。

（1）LCLの業務フロー

　LCLの輸入業務フローは次の通りである。

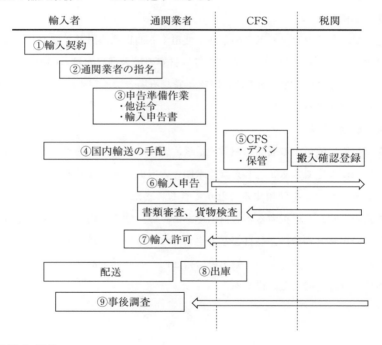

①輸入契約
　日本の輸入者は外国の輸出者と貿易取引の売買契約を締結する。売買契約の内容は、必ずしも輸入申告書と同一の基準を採用する必要はない。輸出の場合

と同様である。たとえば、次のような相違は日常的に発生する。ただし、これらの相違は輸入通関に影響を及ぼすので、実務スペシャリストは相違の内容をしっかりと把握しなければならない。「貿易」と「通関」の整合性の維持である。

Ⅰ．貨物の明細

売買契約は商品名を使用して支障ないが、輸入申告書には貨物の関税率表の品目名に準じた品名とHSコードを記載する、もしくは商品名と併記する。たとえば、契約上の品目を「マンデリン‐トバコ」とする場合は、輸入申告書に「インドネシア産コーヒー豆」と記載、もしくは併記する。HSコードの選択は、日本関税協会の出版する「実行関税率表」を使用するのが通常である。

Ⅱ．価格

売買契約のインコタームズの条件、使用する通貨は輸出者と輸入者の合意で選択できる。いっぽう、輸入申告書は日本の輸入港におけるCIF価格を円貨で記載する。契約価格がCIFの円貨と異なる場合は、定められた計算方法に従って換算する。

Ⅲ．重量と容積

売買契約に使用する商品の個数、重量、容積の単位は、輸出者と輸入者の間で自由に決定できる。たとえば、米国との取引であれば米国の度量衡であるポンドやガロンを使用することができる。また、取引単位を、個装、内装、外装のいずれを選択するかも自由である。いっぽう、輸入申告書に記載する貨物の重量と容積は、品目ごとに定められた単位（関税率表による）を使用したネットの数値である。輸出申告書と同一の基準であり、ネットとグロスの使い分けも輸出と同様である。

> **POINT**
> ネットとグロスは、一の輸出入貨物を異なる基準で計測したものである。
> - 「貿易」：信用状、売買契約書、インボイスの記載数量
>   　輸出者と輸入者が合意した単位を使用して計測した個数、重量、容積である。通常はネットと同一である。
> - 「輸送」：B/Lの記載数量
>   　グロスである。作業現場で目視で確認できる個数、ならびに、実際に計測する重量と容積である。
> - 「通関」：輸出申告書、輸入申告書の記載数量
>   ネットである。財務大臣が貨物の種類ごとに設定した単位を使用して計測した個数、重量、容積である。計測は輸出梱包の前に行う。

②通関業者の指名

輸入者は、通関業者を指名し通関業務依頼状を発給する。次に、輸入申告書を作成する資料として貨物明細と貨物の価格を通知する。貨物明細は売買契約書などから得られるが、最終的には輸出者から送られてくるB/Lコピーとインボイスで確認する。

③申告準備作業

Ⅰ．輸入申告書

通関業者は、輸入者から入手した貨物情報をもとに輸入申告書を準備する。通関士が、実行関税率表を参照してHSコードを選択し、法令に従ってCIF金額を算出する。HSコードとCIF金額が決まると、関税と消費税、地方消費税が算出できる。また、輸入貨物が他法令の規制を受ける品目に該当するか判定できる。

通関士はHSコードの選択とCIF金額の算定に関しいかなる疑問も生じない程度まで審査し、審査の正当性を担保する資料やデータを収集する。輸入貨物のパンフレット、仕様書、使用例、成分表、売買契約書、価格表、運賃明細書などである。実務スペシャリストは通関士の求める資料やデータを正確に理解し、該当する書類を輸出者に要求しなければならない。

Ⅱ．他法令の解除

輸入貨物が他法令の適用対象のときは、他法令の要求する許可、承認、検査の完了、条件の具備を満たす手続きを進める。輸出と同様に、他法令の解除は輸入者が担当する業務だが通常は通関業者が手続きを支援する。他法令の手続きは輸入申告書の提出までに完了しなければならない。

Ⅲ．申告内容の最終確認

輸出港で貨物が船積みされると、輸出者から船積通知が送られてくる。船積みされた貨物の数量、重量、容積（ネットとグロス）、価格が確定する。通関士は、船積通知をもとに輸入申告書の記載事項を点検し最終確認を行う。

④国内輸送の手配

コンテナ船のスケジュールは正確であり、大きな天候不順がなければ変更されるケースは稀である。輸入者は、本船の入港予定日をもとに輸入港における貨物の移動とデバン、ならびに通関に要する日数を計算し納品日を決定する。納品日に合わせて最適な輸送手段を選択しトラック業者に運送予約を入れる。

国内輸送の手配は本船の入港前に行うのが大半である。もちろん輸入通関の完了を待って国内輸送を手配するのは可能であり、デバンや通関に要する時間など不確定の要素を排除できるのでより確実といえる。ただし、輸入貨物が港に留まる時間が増加し、保管料の発生などコスト増の危険をはらんでいる。

実務スペシャリストは、「輸送」と「通関」の状況を見つつ「貿易」の輸入業務を完結する納品を設定する調整機能が求められる。

⑤CFS

Ⅰ．デバン

LCLを混載したコンテナはCFSに運ばれデバンされる。CFSは、デバン後に貨物をB/L単位にまとめ数量や貨物の状態（ダメージの有無）を確認する。デバンはCFSの作業員が行うが、貨物の個数と状態の確認は検数検量業者が請け負っている。検数検量業者はB/L情報と異なる貨物、あるいは、ダメー

ジのある貨物はリマークを付けて記録し、同時に税関に報告する。リマーク、特に数量の過不足のリマークが付けられた貨物は船積書類（B/L、インボイスなど）と差異が発生する。輸入者は、輸入通関時に差異の原因を税関に説明しなければならない。

デバン時に大きなダメージが見つかった場合は、マリーンサーベイヤーに依頼しダメージの程度と原因を調査しサーベイレポートを要求する。輸入貨物が有税品の場合はダメージ品と良品は異なるHSコードになる、あるいは、課税価格の調整が必要になる。輸入申告書の提出前にダメージ品と良品を仕訳ける作業が発生するので通関に時間が掛かり納品日が遅れる可能性が高まる。

POINT

貨物ダメージの発生は、実務スペシャリストが総合力を発揮する場面である。
- 通関：ダメージ品と良品の仕訳を指示し関税額の調整を受けることができる。
- 輸送：運送約款に基づいて船社に責任があるダメージは、船社に求償することで貨物海上保険の使用を控える。保険事故を避けることで将来の保険料の増額をおさえる。
- 貿易：通関に時間を要すると納品日の変更が必要となる。

Ⅱ．搬入確認登録

CFSは、デバンが完了すると「搬入確認登録」をNACCSに入力する。輸入貨物が保税地域に搬入されたことを正式に確認する手続きである。この入力を待って通関業者が輸入申告書を税関に提出する。CFSは、デバン時にB/Lと異なる数量や貨物が確認されたときは、検数検量業者の作成した貨物明細を入力する。

Ⅲ．保管

CFSは、デバンされた貨物をB/L単位にまとめ保管する。輸入貨物は、デバンの当日に貨物を引き取らない限り保管業務がスタートし保管料が徴収される。したがって、輸入者は可能な限り速やかに貨物を引き取る手順を選択する。輸入者は、貨物を受け取る前に貿易代金を支払う比率が高く、輸入貨物を納品し代金の回収を急ぐ理由がある。輸入貨物がCFSに長期間保管される

のは稀なケースである。

⑥輸入申告

輸入申告書の貨物明細は「搬入確認登録」と齟齬をきたしてはならない。通関業者はCFSと連絡を取り搬入確認登録の貨物明細を入手し、輸入申告書やB/Lなどの船積書類と照らし合わせ整合性を確認するのが通常の手順である。搬入確認登録と船積書類との間に差異がある場合は、差異を説明する書類が必要である。貨物の個数を記載する際に外装と内装や個装を取り間違えるのは発生頻度の高い差異である。たとえば、B/Lに個装の個数が記載されており外装の個数と合致しない場合である。梱包に起因する差異は梱包明細書（パッキングリスト）で説明できるものである。しかし、差異が複雑かつ根本的なケースは、最初に作成したインボイスやB/L等を積地で修正し搬入確認登録に合わせる事態も発生する。

⑦輸入許可

輸入許可は、輸出の場合の輸出許可と全く異なる効果をもたらす。輸出は、輸出許可により貨物は外国貨物になり保税管理が厳しくなる。いっぽう、輸入許可を受けた貨物は内国貨物になり保税管理から外れる。輸入者は輸入貨物を自由に処分することができる。

⑧出庫

貨物はすでに内国貨物になり税関の管理下から外れているので出庫から国内輸送までの手配に保税上の制約はない。ただし、輸入者が貨物を引き取るには次の手配が必要である。

Ⅰ. デリバリーオーダー（D/O）

D/Oは船社が発行する荷渡し指示書でCFS宛になっている。CFSは、D/Oに記載された貨物を、記載された受取人に引き渡す。

D/Oは、輸入者がB/Lを船社に提示し引換えに受領する書類である。船社は、

B/Lの提示者が正当な所有者と判定すれば当該提示者を受取人としてD/Oを発行する。B/Lは、通常は3通発行され記載内容は同一である。D/Oの交換に必要なB/Lは1通だが、裏書が連続していなければならない。輸出者の裏書からスタートし、D/Oへの交換を求める者（輸入者）まで連続する必要がある。連続が確認できない場合は発行したB/Lの全通を船社に提示しないとD/Oの発行を受けられない。

Ⅱ．輸入許可書

輸入貨物は、輸入通関が終了し「内国貨物」にならない限りCFSからの出庫は認められない。「外国貨物」の状態でCFSから出庫できるのは他の保税地域への保税運送に限られる。輸入者は、内国貨物の証拠として輸入許可書のコピーをCFSに提示する。事前にFAXで輸入許可書をCFSに送付する、あるいは、貨物を受け取るトラックドライバーに輸入許可書のコピーを持参させる方法を取る。CFSは、輸入許可書のコピーを確認すると同時にNACCSで通関済を確認するダブルチェックを行った上で貨物を出庫する。

Ⅲ．出庫指示書

輸入者は、事前に出庫の予定をCFSに通知し、貨物の明細と貨物を受け取るトラック会社名を通知する。CFSは貨物の所有権に関与しないので、輸入貨物の入庫や出庫の際に所有者の確認は行わない。所有者の代わりにCFSが確認するのは寄託者名である。CFSに貨物のデバンと保管を依頼した者（通常は輸入者）が「寄託者」になり、出庫指示書は「寄託者」の名義で行う規定である。CFSの保管中に所有者が変更になった貨物は、最初の寄託者が新しい所有者に「寄託者」を引き継ぐ「名義変更」をCFSに通知しない限り、新しい所有者は出庫の指示を出すことはできない。

＜名義変更＞

CFSにデバンや保管の業務を依頼した者（輸入者）が「寄託者」になる。その後の商取引により別人に貨物を売り渡したときは名義変更をCFSに通知する。最初の寄託者が、寄託者としての責任と権利を別人（次の寄託者）に渡したことを書面でCFSに通知する手続きである。この通知が完了すれば、CFSは、次の寄託者の指示に従って貨物を出庫する。新しい寄託者は、CFSに貨物の出庫を指示できるが、同時に保管料などCFSで発生した費用を支払わなければならない。

⑨事後調査

輸入通関の完了は、税関による事後調査が終了した時点である。これは輸出と同様である。輸入者と通関業者は、輸入申告書の作成に使用した資料やデータを一定期間保管する義務が課せられている。輸入者は帳簿を7年間、関係書類を5年間（輸出者と保管期間が異なる）、通関業者はいずれも3年間の保管義務を負っている。税関は、この保管期間中に輸入者や通関業者の事務所を訪問し輸入許可を出した貨物の関連書類を検査する。事後調査の中心はHSコードの選択と申告価格の算出過程の確認である。

右の表は、平成25年度に全国の税関が実施した輸入に係る事後調査の結果である（財務省の発表）。

全国の9税関の合計で3,614者（社）の事後調査が行われ、2,427者で輸入申告書に不正な記載が発見された。不正の発見比率は67.2％と高率である。不正申告を行う輸

調査を行った輸入者	3,614者
申告漏れのあった輸入者	2,427者
申告漏れの割合	67.2%
申告漏れ	
課税価格	888億1,810万円
関税	35億7,179万円
内国消費税	48億4,910万円
追徴税額	
関税、内国消費税	84億2,089万円
加算税	5億9,389万円
重加算税	1億4,279万円

入者が多いとみるのは間違いであり、事後調査の前に税関が進める調査が正確、かつ、周到と理解すべきである。輸入者が船積書類を丹念に偽造すれば、通関業者の審査をくぐり抜けるのは不可能ではない。しかし、税関の事後調査は貿易取引の契約書、販売先、支払記録、交信記録に及ぶので不正を隠すことはできない。

（2）FCLの業務フロー

FCLの輸入業務フローは基本的にLCLと同様である。FCLはコンテナ扱いの承認を取得すればコンテナに貨物を詰めた状態で輸入申告を行い輸入許可を取得できる。貨物はコンテナに詰められた状態で内国貨物になり、そのまま国内輸送に移行できる。ただし、内国貨物になった後のデバンに注意が必要である。

①輸入契約：LCLと同様である。
②通関業者の指名：LCLと同様である。
③申告準備作業：LCLと同様である。

④国内輸送の手配

　FCLの国内輸送は通関と密接に関連している。輸出と異なり、輸入許可を取得した時点で輸入された貨物は内国貨物になり一切の制約を受けることなく国内を輸送できる。CFSや保税蔵置場に貨物を留めると保管料が発生する。長期保管が必要な貨物は保管料が低額の郊外の倉庫を検討すべきである。輸入通関が終了したら速やかに貨物を港湾地区より輸送する方法を本船の到着前に整えるべきである。

Ⅰ．実入りコンテナの国内輸送

　税関からコンテナ扱いの承認を取得したときは、貨物をコンテナに詰めた状態で輸入許可を取得できる。国内輸送は、実入りコンテナとして輸送するのが簡便でありコスト的に優れている。コンテナの国内輸送はトラクターとシャーシーによる輸送が主流であり、輸送距離が長い場合はフェリーやRORO船の利用を検討する。

　海上コンテナのドレーは繁忙期と閑散期がある。また、ドレー業者にとって採算の良い輸送距離と悪い輸送距離がある。繁忙期に採算の悪い輸送距離のドレーを手配する場合は、前広に手配しかつ料金面の交渉を覚悟しなければならない。実務スペシャリストはドレー業者との交流を密にとりドレー業界の最新情報を常に持たなければならない。

　なお、採算の良い輸送距離の判定は多くの要因が絡むが、基本はドライバーの一日の拘束時間を過不足なく使用して往復できる距離である。拘束時間を大きく上回る距離のドレーは残業時間が発生する。また、拘束時間を下回る距離はドライバーに作業待ちの時間が発生するのでドレー会社にとって採算の悪い距離である。採算の善し悪しはドレー料金に反映される。

Ⅱ．デバン後の国内輸送

コンテナ扱いの承認が得られない場合、あるいは、デバン後に一時保管する場合である。CFSもしくは他の保税蔵置場に送られたFCLコンテナは、CFSや保税蔵置場の作業員がデバンし検数員が個数と貨物の状態を確認した後に輸入許可を取得する。納品先への配送は全ての国内輸送手段が利用可能だが中心はトラック輸送である。FCLは貨物量があるのでチャーターの利用を検討すべきである。

⑤CFS：FCLのコンテナをCFSでデバンした場合は、CFSの提供するサービスはLCLと同様である。

⑥輸入申告

輸入申告書を税関に提出する時期はコンテナ扱いの有無により異なる。

Ⅰ．コンテナに詰めた状態で輸入申告を行う

コンテナターミナル、もしくは他の保税地域に実入りコンテナを移動した後に輸入申告を行う。コンテナターミナルや他の保税地域は、CFSが行う搬入確認登録と同様に搬入を受けた貨物をNACCSに登録する。輸入貨物が保税地域に搬入されたことをコンテナ単位で正式に確認する手続きであり、登録手続きが完了すると通関業者が輸入申告書を税関に提出できる。

Ⅱ．CFS もしくは他の保税蔵置場でデバン後に輸入申告を行う

CFSもしくは他の保税蔵置場でデバンされた貨物は、デバン後の搬入確認登録が完了した時点で輸入申告書の提出が可能になる。

⑦輸入許可：LCLと同様である。

⑧出庫

Ⅰ．コンテナ扱いの出庫

コンテナ扱いで輸入許可を取得したFCLは、輸入者の指定する倉庫や工場に

輸送されてデバンされる。港湾地区でのデバンと異なり検数検量業者は立ち会わない。したがって、貨物ダメージを発見したときの処理は以下の通りである。

【「貿易」：貨物海上保険の求償】
直ちに貨物海上保険を付保した保険会社に通知し保険求償の手続きを取る。具体的な手順は保険会社の指示に従う。

【「輸送」：船社の輸送責任】
FCLは、貨物をコンテナに詰めた状態で船社に輸送を委託している。輸送中に異常な揺れや衝撃がない限り船社の輸送責任は問えない。

【「通関」：正しい申告と納税】
輸入通関は良品として完了しており、デバン時に貨物ダメージが発見されても輸入許可の内容を修正することはできない。ただし、デバン時に数量の過不足やインボイスと異なる貨物を発見したときは直ちに作業を中断し、税関に状況を報告の上で税関の指示に従う。

Ⅱ．デバン後に輸入許可を受け出庫
LCLと同様である。

⑨事後調査：LCLと同様である。

索 引

太字は詳細説明のページ

〔欧文〕

A/R（All Risks） ……………… 70
Acceptance Rate ……… 56
AEO（Authorized Economic Operator） ……………… **248**
AEO 制度 ……………… 248
ANNEX ……………… 212
As 取り ……………… 145
At Sight Buying Rate ……… 56
ATA カルネ ……………… **245**
B/L ……………… 23
BC（Bill for Collection） ……… 62
BC ディスカウント ……… 62
BC ユーザンス ……… 62
Cash Buying Rate ……… 56
Cash Selling Rate ……… 56
Certificate of Origin ……… 232
CFR（Cost and Freight） ……… 44
CFS（Container Freight Station） ……………… 22, **87**
CIF（Cost、Insurance and Freight） ……………… **44**
CIP（Carriage and Insurance Paid To） ……………… 42
COD（Cash on Delivery） ……… 46
CPT（Carriage Paid To） ……… 42
CTPAT（Customs-Trade Partnership Against Terrorism） ……… 248
CY（Container Yard） ……… **87**
D/A（Documents against Acceptance） ……………… 49
D/P（Documents against Payment） 48
DAP（Delivered at Place） ……… 43
DAT（Delivered at Terminal） ……… 42
DDP（Delivered Duty Paid） ……… 43

Demurrage ……………… 118
EPA（Economic Partnership Agreement） ……………… **198**
EPA 税率 ……………… 196
EXW（Ex Works） ……………… 40
FAS（Free Alongside Ship） ……… 43
FCA（Free Carrier） ……………… 41
FCL（Full Container Load） ……… **87**
First Original ……………… 31
FOB（Free on Board） ……… 43, **44**
FPA（Free from Particular Average） ……………… 70
Harmonized Commodity Description and Coding System ……… **176**
Health Certificate ……………… 280
HS コード ……………… 23, **168**
ICC（Institute Cargo Clauses） ……… 70
IQ 品目 ……………… 84, **264**
LCL（Less than Container Load） ……………… 13, **86**
NACCS（Nippon Automated Cargo and Port Consolidated System） … 82, **235**
NACCS 用番号 ……………… 177
NVOCC（Non Vessel Operating Common Carrier） ……… 41, **147**
OEM ……………… 10, **12**
On Board B/L ……………… 64
Open L/C ……………… 26
Phytosanitary Certificate ……… 275
PL 保険 ……………… 65
Received B/L ……………… 64
RORO（Roll on Roll off）船 ……… **112**
Second Original ……………… 31
SRCC（Strike、Riot and Civil Commotions） ……………… 68

SSBC（Stranding, Sinking, Burning, Collision）	70	エクセス条件	71
		延滞税	223
SWIFT	52	延納	175
TEU（Twenty-foot Equivalent Unit）	100	延納制度	238
		オープントップコンテナ	140
Through B/L	147	オンデッキ積	129
Trust Receipt	62		
TTB（TT Buying Rate）	56	**〔か行〕**	
TTM（Telegraphic Transfer Middle Rate）	56	海外商社格付	74
		外銀ユーザンス	63
TTS（TT Selling Rate）	56	外国貨物	10, 164
ULD（Unit Load Device）	143	外国為替及び外国貿易法	83
Usance Bill Buying Rate	56	海上運送約款	37
Veterinary Certificate	280	外装	94
WA（With Average）	70	買相場	55
WCO（World Customs Organization）	248	回転信用状	27
		買取銀行	24, 28
Without L/C At Sight Buying Rate	56	買取銀行指定信用状	26
WTO譲許税率	196	開発輸入	10
		確定保険	22, 66
〔あ行〕		確認信用状	26
アネックス	212	加算税	223
アメンドメント	28	過少申告加算税	223
異議申立	161	課税価格	82, 169
委託加工貿易	9	課税標準	182
一部指定検査	172	家畜伝染病予防法	81
一覧払手形	29, 30	カット日	90
一般の関税率	196	貨物海上保険	24, 37, 65
インコタームズ	16	貨物確認書	256
印刷条項	20	貨物貸渡し	62
インフォーム要件	261	貨物検査	170, 171
インボイス	23, 230	貨物船	122
ウイング車	107, 109	貨物専用機	143
移入れ承認	163, 164	貨物倉	132, 143
裏書	24	空コンテナ	87
売相場	55	為替	47
売手帰属収益	190	為替相場	47, 55
運送業者貨物賠償責任保険	156	為替手形	23, 28
運送要件証明書	213	為替予約	55
エアーウエイビル	145	為替予約票	59
エアーフォワーダー	143	簡易税率	196
営業トラック	101	換算率	243

関税	175	国際銀行間通信協会	52
関税暫定措置法	10, 82	国定税率	196
関税三法	81	個装	94
関税定率法	82	ゴトコン	111
関税法	82	コルレス契約	25
関税率表	177	混載	86
間接貿易	3	混載サービス	143
完全生産品	208	混載便	103
関連業務	150	コンテナ扱い	119, 120
疑義物品	124	コンテナ船	37
寄託者	303	コンテナターミナル	88
基本税率	196	梱包明細書	30, 233
基本通達	231		
逆為替	47	〔さ行〕	
逆輸入	7	サーベイレポート	98
客観要件	261	最恵国税率	196
キャッチオール規制	83, 259	最大積載量	104
ギヤ付コンテナ船	124	在来船	37
行政検査	273	先物相場	59
協定税率	196	三国間貿易	4
共同海損	69	三大添付書類	23
区分	171	暫定税率	196
組手形	29	仕入書	230
蔵入れ承認	163, 164	自家通関	160
クレーン	127	自家用トラック	101
グロス	23	時間調整駐車	119
クンロクバン	137	直物相場	59
経済連携協定	198	事業用自動車	103
携帯品、及び別送品の税率	196	自国関与品	208
携帯品、別送品、個人輸入の課税価格	201	事後調査	173
		自主記帳	165
欠格事由	250	事前確認品目	264
現金売相場	56	事前教示	163
現金買相場	56	実行関税率表	176
原産地証明書	30, 82	シッパーズユーザンス	63
現実支払価格	184	シッピングアドバイス	3
現実全損	69	シッピングインストラクション	150, 168
検数検量業者	155	指定検疫物	277
公海	164, 209	指定地外検査	165
航空代理店	143	指定地外検査許可	163
更正通知書	244	指定保税地域	164
更正の請求	163, 165	重加算税	223

従価税	182	総保入れ承認	163, 164
修正申告	163, 165		

〔た行〕

12フィートコンテナ	110	ターンキー	187
従量税	182	第7条の17の通知書	244
重量低減制	144	代金取立手形	62
受益者	21	対顧客仲値	56
少額貨物の税率	196	タイプ条項	20
小損害免責	71	抱き合わせ販売	191
譲渡可能信用状	27	宅配便	106
省令	259	他所蔵置	165
食品衛生法	81	他所蔵置許可申請	163
食品等輸入届出書	271	他法令	81
食品届	271	他法令の解除	82, 170
植物検疫証明書	275	タンクコンテナ	140
植物防疫法	81	単独海損	69
所属の決定	177	担保	240
書類審査	170, 171	知的財産権	189
申告価格	23	地方消費税	175
申告納税方式	222, 223	チャーター	103
審査請求	161	仲介貿易	4
信用危険	73	中小企業輸出代金保険	76
信用状	13	調査の3C	17
信用状付一覧払輸出手形買相場	56	直接貿易	2
信用状付一覧払輸入手形売相場	56	直行船	134
信用状付期限付輸出手形買相場	56	通関業者	160
信用状なし一覧払輸出手形買相場	56	通関業務依頼状	166
推定全損	69	通関士	167
ストライキ、暴動、一揆	68	通関時確認品目	264
製造物責任法	78	通知銀行	21, 27
税率	182	積荷目録	236, 238
政令	259	積戻し	163
世界税関機構	248	積戻し申告	164
背高コンテナ	137	定曜日ウイークリーサービス	124
接続水域	209	テールゲートリフト	110
絶対的担保	254	手形遡及権	77
セラーホールド	129	デバン	87
船倉	131, 132	デマレージ	118
全損	69	デリック	127
全部検査	172	デリバリーオーダー	154
船名・数量変更申請書	292	電信売相場	56
専用船	122	電信買相場	56
総合保税地域	164		

電信送金	52
統計細分	177
当初税額	225
特殊関係	191
特殊関税	232
特殊コンテナ	137
特定委託輸出者	251
特定製造貨物	255
特定製造貨物輸出者	249
特定分損	69
特定保税運送者	249
特定保税承認制度	249
特定輸出者	163, 249
特別積合せ	104
特別特恵受益国	197
特例委託輸入者	254
特例申告書	252
特例輸入者	163, 249
ドックレシート	151
特恵受益国	197
特恵税率	196
ドライコンテナ	138
トラクター	108
取扱い	165
取消不能信用状	26
ドレー	88
トレーラー	108

〔な行〕

内国貨物	164
内国消費税	175
内水	209
内装	94
並為替	47
荷為替手形	13
荷印	96
荷姿	98
ニッチマーケット	8
日本商事仲裁協会	247
任意担保	254
認定製造者	249
認定通関業者	249

ネッティング	53
ネット	23
納期	89
納期限	223
納税義務者	175
納税申告書	252

〔は行〕

ハイキューブコンテナ	137
排他的経済水域	209
パッキングリスト	233
発行銀行	20
ハッチ	132
パラメーターシート	261
バルクコンテナ	141
バルクライナー	141
ハンガーコンテナ	141
バン詰め	87
非自由化品目	265
非常危険	73
評価申告書	241
費用損害	70
平ボディー	107, 109
賦課課税方式	223
不可抗力	2
複合一貫輸送	45, 146
付帯税	222
艀中扱い	163, 165
普通送金	52
ブッキング	22, 149
船積み後のリスク	75
船積情報	4
船積書類	30
船積み前のリスク	75
船荷証券	23, 25
付保期間	65, 67
フラットベッド	140
フラットラック	140
フルケーブルアドバイス	27
フレーター	143
プレリミナリーケーブルアドバイス	27
分損	69

併科 …………………………… 226
並行輸入 ………………………… 6
米国の度量衡 ………………… 188
ヘッド ………………………… 108
ベリー ………………………… 143
便益関税率 …………………… 196
貿易一般保険 ………………… 76
貿易保険 ……………………… 65
法定納期限 …………………… 223
法律 …………………………… 259
ホールド ……………………… 132
保険価額 ……………………… 68
保険金額 ……………………… 68
保険証券 …………………… 23, 30
保険条件 ……………………… 69
保険約款 ……………………… 70
保税運送 ………………… 163, 165
保税工場 …………………… 9, 164
保税蔵置場 ………………… 87, 164
保税地域 …………………… 10, 164
保税展示場 ………………… 164
保税展示場に貨物を入れる承認 …… 164
ボリュームウエイト …………… 142
ホワイト国 …………………… 261
本関 …………………………… 160
本船 …………………………… 88
本船扱い ………………… 163, 165
本邦ローン …………………… 61

〔ま行〕

マーク ………………………… 96
マリーンサーベイヤー ………… 98
マルチネッティング …………… 54
実入りコンテナ ……………… 87
緑ナンバー …………………… 103
未納税額 ……………………… 224
見本検査 ……………………… 172
無過失責任 …………………… 78
無申告加算税 ………………… 223
名義変更 ……………………… 303
命令検査 ……………………… 273

免責歩合 ……………………… 71
モニタリング検査 …………… 273

〔や行〕

薬事法 ………………………… 81
ユーザンス …………………… 61
ユーザンス手形 …………… 29, 30
輸出 FOB 保険 …………… 66, 156
輸出許可後事故貨物補充等願書 …… 292
輸出梱包 ……………………… 93
輸出してはならない貨物 …… 83, 227
輸出申告撤回申請書 ………… 291
輸出手形保険 ………………… 76
輸出統計品目表 ……………… 176
輸出貿易管理令 ……………… 81
輸入許可前貨物引取承認 …… 163
輸入金融 ……………………… 60
輸入公表1号 ………………… 264
輸入公表2号 ………………… 264
輸入公表2の2号 …………… 264
輸入公表3号 ………………… 264
輸入してはならない貨物 …… 83, 227
輸入跳ね返り金融 …………… 64
輸入貿易管理令 ……………… 81
輸入割当品目 ……………… 84, 264
与信 …………………………… 21
予定保険 …………………… 22, 66
予備審査制度 ………………… 243
予冷 …………………………… 139

〔ら行〕

ライセンス保険 ……………… 76
リスト規制 …………………… 259
利用運送業者 ………………… 147
利用運送事業 ………………… 147
領海 …………………………… 209
良品とダメージ品 …………… 216
累積原産地品 ………………… 208
冷凍コンテナ ………………… 138
路線便 ………………………… 104

〈著者略歴〉

春山　利廣（はるやま　としひろ）

1973年3月	早稲田大学政治経済学部経済学科卒業
1973年4月	大阪商船三井船舶㈱（現㈱商船三井）入社
1984〜1989年	米国ロスアンゼルスに駐在。輸入貨物のロジスティクス構築に従事
1997〜2000年	タイ国バンコックに駐在。保税倉庫を運営
2001年1月	タイ国 Assumption 大学　MBAコース修了　経営学修士
2001〜2003年	米国ミシガン州駐在。保税倉庫を運営
2003年	㈱ジャパンエキスプレスに移籍。取締役兼保税倉庫部長
2012年	同社常務取締役。専務取締役を経て顧問
2013年	同社退社。コンサルタント業開設
現在	東海大学海洋学部非常勤講師 MCS（商船三井キャリアサポート）、大原学園他にて貿易、通関の講座を担当

ココで差がつく！
貿易・輸送・通関実務

定価はカバーに表示してあります。

平成28年5月28日　初版発行

著　者　春　山　利　廣
発行者　小　川　典　子
印　刷　勝美印刷株式会社
製　本　株式会社難波製本

発行所　㈱成山堂書店
〒160-0012　東京都新宿区南元町4番51　成山堂ビル
TEL：03(3357)5861　FAX：03(3357)5867
URL　http://www.seizando.co.jp

落丁・乱丁本はお取り換えいたしますので，小社営業チーム宛にお送りください。

©2016 Toshihiro Haruyama
Printed in Japan　　　　ISBN978-4-425-93121-7

成山堂書店　海運・保険・貿易関係図書案内

現代海上保険	大谷孝一・中出哲　監訳	A5・376頁・3800円
ソマリア沖海賊問題	下山田聰明　著	A5・224頁・2800円
海上リスクマネジメント【2訂版】	藤沢・横山・小林　共著	A5・432頁・5600円
液体貨物ハンドブック【改訂版】	日本海事検定協会　監修	A6・268頁・3200円
海難審判裁決評釈集	21海事総合事務所　編著	A5・266頁・4600円
ビジュアルでわかる船と海運のはなし【三訂増補版】	拓海広志　著	A5・230頁・2800円
新訂外航海運概論	森隆行　編著	A5・328頁・3800円
体系海商法【二訂版】	村田治美　著	A5・336頁・3400円
船舶知識のABC【9訂版】	池田宗雄　著	A5・226頁・3000円
船舶衝突の裁決例と解説	小川洋一　編著	A5・472頁・6400円
船舶売買契約書の解説【改訂版】	吉丸昇　著	A5・480頁・8400円
国際物流のクレーム実務 ―NVOCCはいかに対処するか―	佐藤達朗　著	A5・362頁・6400円
海上貨物輸送論	久保雅義　編著	A5・176頁・2800円
貨物海上保険・貨物賠償クレームのQ&A	小路丸正夫　著	A5・188頁・2600円
設問式定期傭船契約の解説【全訂版】	松井孝之　著	A5・354頁・4000円
新・傭船契約の実務的解説	谷本裕範・宮脇亮次　共著	A5・360頁・6200円
LNG船がわかる本【新訂版】	糸山直之　著	A5・308頁・4400円
LNG船運航のABC【改訂版】	日本郵船LNG船運航研究会　著	A5・240頁・3200円
載貨と海上輸送【改訂版】	運航技術研究会　編	A5・394頁・4400円
海上コンテナ物流論	山岸寛　著	A5・204頁・2800円
日中貿易物流のABC	岩見辰彦・石原伸志　著	A5・240頁・2600円
貿易物流実務マニュアル	石原伸志　著	B5・488頁・8800円
新・中国税関実務マニュアル（改訂増補版）	岩見辰彦　著	A5・300頁・3500円
港湾倉庫マネジメント	篠原正人監修／春山利廣著	A5・368頁・3800円
図解船舶・荷役の基礎用語【6訂版】	宮本榮　編著	A5・372頁・3800円
英和海事大辞典	逆井保治　編	A5・604頁・16000円
LNG船・荷役用語集【改訂版】	ダイアモンド・ガス・オペレーション（株）編著	B5・254頁・6200円
石油と液化ガスの海上輸送	タンカー研究会　著	A5・554頁・8000円
海運六法【年度版】	国土交通省海事局　監修	A5・1398頁・16000円
船舶油濁損害賠償保障関係法令・条約集	日本海事センター　編	A5・600頁・6800円
海事仲裁がわかる本	谷本裕範　著	A5・240頁・2800円
港湾六法【年度版】	国土交通省港湾局　監修	A5・920頁・12500円
ISMコードの解説と検査の実際【3訂版】	国土交通省海事局検査測度課　監修	A5・512頁・7600円
コンテナ物流の理論と実際 ―日本コンテナ輸送の史的展開―	石原伸志・合田浩之共著	A5・350頁・3400円

解説付総合図書目録進呈

※定価は本体価格（税別）です。
定価は変更する場合があります。最新の情報は、弊社webでご確認ください。
http://www.seizando.co.jp